Réflexions
dans le feu de l'action

Du même auteur

Algérie, la question kabyle, Michalon, 2004.
Le Siècle identitaire, La fin des États post-coloniaux, Michalon, 2010.
Afrique : le casse-tête français, La France va-t-elle perdre l'Afrique ?, Éditions de Passy, 2013.
Noël en otage, Michalon, 2015.
Kabylie, Mémorandum pour l'indépendance, Fauves, 2017.

9, rue de l'École-Polytechnique – 75005 Paris
www.fauves-éditions.fr
ISBN : 979-10-302-0392-9

Ferhat Mehenni

Réflexions dans le feu de l'action

Histoire de la renaissance du peuple kabyle

Essai

FAUVES ÉDITIONS

Avant-propos

Ce livre est un recueil de vingt ans de réflexions puisées dans le feu de l'action d'un combat politique singulier. Ces textes accompagnent ces deux dernières décennies, inédits à maints égards, dans la réalisation de l'histoire et la renaissance du peuple kabyle. Ils ont été écrits pour lever des obstacles idéologiques et politiques, sauter par-dessus des murailles de la pensée préétablie, escalader des montagnes d'idées abruptes pour avancer sur la voie de la liberté. Ils sont autant d'éléments d'une pensée et d'une volonté de redonner espoir à une société épuisée par un interminable combat qui, à maintes reprises, était conduit sur des voies d'impasse. Par manque de lucidité et de courage, la plupart des élites intellectuelles et politiques kabyles se dérobent devant ses responsabilités historiques à assumer une entreprise nationalitaire salvatrice.

Patiemment, ces écrits tentent, tant bien que mal, de rassurer un peuple, caresser ses espoirs et lui faire accomplir, quelquefois au forceps, un pas ou deux en avant. Au prix sans doute de quelques maladresses de style, les documents sont proposés « en l'état », authentiques, souvent dans le contexte historique qui lui est propre pour en pénétrer le véritable sens et en faciliter la compréhension.

L'entreprise peut paraître « donquichottesque », mais l'auteur est animé par la force de ses convictions et, pour lui, prendre le risque d'avoir tort en ayant prématurément raison ne l'a jamais découragé. En 2001, âgé de 50 ans, il « prend le taureau par les cornes » en décidant d'assumer le destin du peuple kabyle à recouvrer sa souveraineté, perdue depuis 1857.

D'emblée, se battre « seul contre tous » pour le droit à l'autodétermination de la Kabylie, l'a mis aux prises avec des adversaires dont les plus coriaces, ne se sont pas limités à ceux qu'il attendait de prime abord. Conscient qu'il allait naturellement retrouver devant lui les tenants de l'ordre colonial et le pouvoir en place, il trouva souvent des oppositions virulentes parmi les siens.

En militant aguerri, il anticipa le rapport de force immédiat avec le pouvoir algérien, dont les tenants ne peuvent ignorer, secrètement, la légitimité et le courage de son entreprise. L'auteur n'ignore d'ailleurs pas, non plus, le souci pour les États de préserver leur intégrité territoriale fut elle, comme c'est le cas de l'Algérie, héritée de l'arbitraire et de l'injustice coloniale. Le rapport de force qui s'avéra cependant, d'une brutalité inouïe. Le 19 juin 2004, Ameziane, son fils aîné paya de sa vie, la témérité paternelle. Il rendit l'âme, assassiné d'un coup de poignard en plein Paris, à l'âge de 30 ans.

Quant aux siens, les Kabyles auxquels il proposait de briser leurs chaînes, il a dû souvent essayer de les convaincre en déployant des trésors de pédagogie et s'armer de beaucoup de patience. Même si c'est parmi eux que ses ennemis recrutent ses adversaires pour le délégitimer et le désavouer, il se sent en devoir de ne pas baisser les bras. Tel un voilier dans la tempête, il se doit d'avancer contre le vent par la force même du vent.

Dès lors qu'il a choisi la force de l'argument contre l'argument de la force, le travail sur les idées est devenu son meilleur allié. Le choc idéologique est certes frontal, déterminé, puissant, mais toujours pacifique. À l'instar du travail sur le marbre, il a fallu extraire, produire, rectifier, ajuster et polir jusqu'à l'obtention d'une structure idéelle adéquate.

Par la Déclaration du 05 juin 2001, il engage un mouvement historique sur la voie de l'autonomie dont il n'a pu, officiellement, bifurquer qu'au bout de 12 ans vers le droit à l'autodétermination avant d'assumer à partir de 2016, l'option d'indépendance de la Kabylie. Ces virages stratégiques, très délicats, ont été à chaque fois, douloureusement négociée. Au départ, il n'y avait pas de plan préétabli. C'est avec le recul qu'on s'aperçoit qu'il y a eu de la méthode dans la gestion du conflit opposant la Kabylie à l'Algérie. Les étapes ainsi franchies montrent que le pragmatisme a prévalu. C'est au gré des obstacles idéologiques et politiques que la réflexion s'enclenche pour trouver la parade aux arguments-chocs de l'ennemi, débusquer ses artifices, se soustraire aux idées reçues et faire œuvre de pionnier sur le chemin périlleux de la liberté. En plus des idées, il fallait acquérir de la pédagogie, professionnaliser sa communication, sa transmission et se donner les armes de base de la polémique. Dans la tête de l'homme d'action et de réflexion, s'installe alors une incessante navette qui va de la praxis à la théorie, de la pensée à l'action. Il va formaliser, mener un combat épuisant sur un terrain toujours mouvant, déroutant, dynamique, fuyant, incertain… quelles que soient les difficultés, les épreuves et les nombreuses déceptions, quels que soient les revers et les échecs ponctuels, le combat pour la liberté ne s'encombrera d'aucun doute possible, et il restera inébranlable.

Certes, l'effort de réflexion, lui, est permanent, mais jamais dans le sens de la remise en cause du but suprême. Revoir certes et revoir encore, mais pour optimiser, améliorer, rectifier et ancrer davantage la justesse et la légitimité du combat, le rendre plus audible et séduisant et élargir les rangs des militants. Nul combat libérateur n'aboutit s'il n'a le soutien actif de son peuple. Le danger qui guette souvent cette activité idéelle est celui de faire prendre à son auteur « ses désirs pour des évidences ». Dans tout effort de prospective optimiste se niche le risque de se déconnecter d'une dure réalité sur laquelle vont se projeter des rêves pouvant fragiliser les thèses les plus solides qu'on est censé défendre. Promouvoir de l'optimisme est très enthousiasmant et nécessaire pour rassurer et galvaniser les partisans, gagner de nouvelles adhésions à sa cause, mais il convient d'en maîtriser le dosage. Toute analyse politique se doit cependant d'être sans concession ! Avoir le courage de briser des tabous, de bousculer des cumuls d'intérêts aussi solides que sordides est pour le responsable politique, un devoir ! De surcroît lorsqu'il s'agit de débusquer tous les obstacles qui perpétuent l'esclavage des peuples. Et il n'est pas utopique de vouloir changer le monde dans le sens d'une justice à rendre aux opprimés, aux colonisés. Comme il n'est pas impossible de créer de nouveaux équilibres, basés sur la raison et le droit, au bénéfice réel de l'humanité et de son environnement. Si le combat de la Kabylie pour son indépendance est au cœur de l'ouvrage, ce dernier est également riche d'un large spectre de disciplines aussi varié que les sciences politiques, la sociologie, la culture, l'environnement, la stratégie, la géopolitique et le droit.

Pour le confort du lecteur, la chronologie des contributions a été respectée et elles ont été classées en cinq parties distinctes dans lesquelles se retrouvent des textes connexes qui, aussi, se lisent tous, indépendamment les uns des autres. Parfois, les disciplines, les thèmes abordés sont nombreux et s'entremêlent. Le texte échappe alors à toute possibilité de classification.

Introduction

Les Kabyles et la Kabylie
Entre le marteau algérien
et l'enclume française

Cette présentation des Kabyles et de la Kabylie était destinée, en 2013, à un député français pour la diffuser au sein de son groupe parlementaire. Il m'avait recommandé de ne pas la publier. Plutôt que de l'insérer dans la quatrième partie de ce recueil, nous avons jugé utile d'en faire l'ouverture pour mieux poser d'emblée, la problématique kabyle.

La Kabylie et la France

Jusqu'en 1857, la Kabylie était indépendante. Les Turcs n'avaient jamais réussi à l'intégrer dans l'Empire ottoman. C'est avec la colonisation française qu'elle va entamer sa descente aux enfers. Pour n'avoir pas su reconnaître la valeur de la Kabylie, la France a raté son rendez-vous avec l'Histoire en le transférant vers l'Algérie. La France se découvrant un penchant pour la politique arabe, surtout après la reddition de l'Émir Abdelkader, menait une lutte sans merci pour réduire les indomptables montagnards kabyles. C'est la rage aux tripes qu'ils refusent à ce jour de voir leur pays, paisible et prospère, rétrograder au rang de région d'Algérie dans laquelle ils sont soumis à tous les maux dont les plus inadmissibles sont le déni d'existence et l'opposition violente à un foyer national qui leur soit propre. Après avoir réalisé qu'il leur était impossible d'avoir une supériorité militaire sur la puissance coloniale, il leur fallait un temps de récupération pour mieux connaître l'adversaire. C'est donc vers la fin du XIXe Siècle que les Kabyles, à la recherche de travail, commencent à affluer vers la France où ils vont se frotter à la modernité et aux idées des Lumières. Mais leur défaite de 1871 était d'une telle violence que leur conscience en porta le traumatisme durant près de trois générations. Ils s'étaient fait le serment d'une revanche qui ne se réalisera qu'avec la guerre d'Algérie dont ils étaient le fer de lance, de 1954 à 1962. Pour leur malheur ! Car, aussitôt l'indépendance acquise, un conflit armé les opposa de nouveau à l'Algérie. Finalement, qu'elle soit française ou arabe, l'Algérie est leur ennemi mortel.

La Kabylie et l'Algérie

En effet, sortie exsangue de cette guerre de plus de sept ans contre la France, la Kabylie n'avait plus la force d'en remporter une autre face à l'armée algérienne, arrivée du Maroc et de Tunisie où elle attendait tranquillement l'indépendance pour prendre le pouvoir. Défaite une fois de plus, la Kabylie se retrouve en enfer. Sommée de s'arabiser et de renoncer à ses valeurs de liberté et de laïcité, elle entame un nouveau chemin de croix, résolue à arracher son droit à la vie et à la liberté. Depuis sa malheureuse aventure militaire du FFS (1963-1965), le choix des armes qu'elle a fait jusqu'ici est celui des gentlemen : la politique. C'est ainsi que depuis 1980, elle résiste fermement contre l'arabo-islamisme, cette forme de racisme que lui oppose l'Algérie pour la dépersonnaliser. Païenne, musulmane à sa manière et quelque peu juive, elle matérialisait entre autres formes, sa laïcité en jurant « au nom de toutes les croyances ». Si l'action coloniale avait fini par réduire son étendue territoriale et linguistique, ainsi que sa diversité religieuse, l'Algérie arabo-islamiste, tente depuis plus d'un demi-siècle de venir à bout de sa langue et de sa légendaire tolérance religieuse qui consiste en sa permissivité face aux manquements aux rigueurs de l'islam. Ne pas observer le ramadan, boire du vin ou manger du porc font partie de la résilience kabyle. Aujourd'hui, certains de ses citoyens résistent à leur manière en s'évangélisant. Dès lors que l'islam est intolérant, autant aller trouver refuge auprès du Christ. Ainsi, bon an mal an, depuis plus de 20 ans, on recense plus de 5000 Kabyles qui se christianisent. C'est, là aussi, leur manière d'échapper à l'arabisation forcenée à laquelle les soumet l'Algérie depuis 50 ans. Mais si la Kabylie résiste aux assauts du pouvoir algérien visant à la détruire, elle le doit aussi en grande partie à ses deux communautés, l'une établie à Alger et l'autre en France. Il y a, approximativement, deux millions de Kabyles à Alger, huit millions en Kabylie et quelques dizaines de milliers à travers le reste de l'Algérie, surtout en Oranie et au Sahara.

La communauté kabyle à travers l'Algérie

À l'indépendance de l'Algérie, une très forte communauté kabyle s'installe à Alger et sa banlieue est où elle s'investit dans l'hôtellerie et l'administration. La guerre perdue contre l'Algérie en 1965 a eu pour conséquence de générer chez elle une certaine propension à cacher ses origines kabyles que trahit de toutes les façons un accent à couper au couteau. Elle déploie encore des trésors d'efforts pour en affranchir ses enfants en les poussant sinon à s'arabiser, du moins à parler arabe algérois sans accent. Mais la proximité d'Alger avec la Kabylie (50 km environ) a préservé la majorité de sa descendance de la déculturation. Devenue bilingue, par la force des choses, elle conserve l'usage du kabyle grâce à ses liens de solidarité communautaire, au renfort permanent de nouveaux Kabyles s'installant dans la capitale, ou y venant quotidiennement pour affaire. Toutefois, au bout de quarante ans d'usure, particulièrement dans les milieux défavorisés, même si cette génération postindépendance conserve encore des rudiments de la langue, elle en a perdu le substrat culturel, notamment sa laïcité. C'est ainsi qu'une importante partie de ses membres a fourni à l'islamisme le gros des troupes des années 90. Devant les retentissants échecs électoraux des courants arabo-islamistes en Kabylie, des éléments happés par l'idéologie intégriste, sont régulièrement envoyés en Kabylie dans le but de transmettre aux populations locales les germes de l'aliénation et du fanatisme. Le manège dure depuis plus de 20 ans. Pour la destruction du Kabyle, l'Algérie préfère celui-ci fanatisé pour la gloire d'Allah que tenant à rester lui-même. Toutefois, même cette frange culturellement perdue pendant un moment est en train d'avoir la gueule de bois. Le réveil nationalitaire kabyle a renforcé la suspicion générale des Algériens envers tous les Kabyles, et ce, quel que soit leur degré d'opposition ou d'adhésion aux thèses indépendantistes. Si la communauté kabyle établie à Alger n'a plus d'apport économique substantiel pour la Kabylie ; comme c'était le cas jusqu'en 1980, elle joue un rôle politique important et constitue une menace permanente contre le pouvoir algérien dans sa tentation génocidaire antikabyle. Celle établie en France est plus particulière encore.

La communauté kabyle en France, au service de la patrie ancestrale et du pays d'accueil

Forte d'environ 2 millions de personnes, la communauté kabyle en France a apporté à l'Hexagone une force de travail de qualité qui a, entre autres, fait le métro parisien, extrait le charbon français comme elle a participé à la reconstruction industrielle de l'Hexagone au lendemain de la Seconde Guerre mondiale. Longtemps cantonnée dans des emplois non qualifiés, elle était essentiellement masculine. Ce n'est qu'à partir de 1975, profitant de la politique du « regroupement familial », qu'elle va se densifier et se transformer radicalement. Elle va se vivre désormais en tant qu'immigrée, sans aspiration de réinstallation au pays d'origine. Ainsi vont ses paradoxes : étrangère en France tant qu'elle était officiellement française, et pleinement citoyenne sous la bannière de Marianne depuis qu'elle est devenue algérienne. Chargée initialement de pourvoir aux besoins des siens restés en Kabylie, elle s'occupe essentiellement d'elle-même depuis qu'elle est devenue familiale, mais sans couper le lien avec la terre ancestrale. Ses incessants allers-retours entre les deux rives de la Méditerranée entretiennent la personnalité de la Kabylie qui, tout en étant dynamique, sait toujours faire bon ménage entre tradition et modernité. Cette communauté kabyle de France joue un rôle de premier plan en Kabylie tout en restant utile à l'Hexagone. Là-bas, grâce à l'argent qu'elle y injecte, elle entretient un niveau de vie potable. Sans son apport économique, la Kabylie aurait déjà été étranglée. Le régime algérien y bloque tout investissement privé, public ou étranger depuis 1980. En plus de la pression fiscale qu'il exerce sur les téméraires locaux qui osent y implanter des entreprises, il a laissé s'y développer une industrie du kidnapping des entrepreneurs pour les dissuader d'y investir. Alors, par le biais du change parallèle, les capitaux kabyles viennent presque tous se faire fructifier en France où ils sont plus rémunérateurs et plus sécurisés. Sur le plan sociopolitique, elle participe à l'entretien de la modernité et au reflux de l'intégrisme islamiste. Sa proximité avec les médias et les organismes internationaux des droits humains en fait un rempart contre la répression algérienne en Kabylie ; elle arrive ainsi à protéger, à distance, un espace de démocratie et de liberté pour l'humanité. En 1980, c'est grâce à la présence de militants kabyles en France que les médias occidentaux ont pu alerter l'opinion sur ce qu'on appelait alors « les événements de Kabylie » et qui étaient l'équivalent du « Printemps de Prague ». Elle joue toujours ce rôle de vigilance et de sensibilisation de la communauté internationale sur les violations des droits humains dans cette partie du monde. Au printemps 2001, c'est cette communauté kabyle qui a organisé l'évacuation des blessés graves vers la France lorsque les gendarmes algériens avaient tiré sur les manifestants kabyles. C'est aussi en France, cela mérite d'être souligné, qu'a pu se constituer le premier Gouvernement kabyle de l'histoire de la Kabylie.

En France, la communauté kabyle s'intègre parfaitement, sans tambour ni trompette. Ayant succédé aux Auvergnats dans la gestion des bistrots parisiens, elle ne revendique aucune spécificité vis-à-vis de la République. Elle s'organise petit à petit pour défendre la laïcité. Ses mariages sont mixtes à plus de 53 %. Elle se sent proche de la communauté juive et kurde et constitue l'un des remparts actuels contre l'islamisme et l'antisémitisme dans les banlieues. Elle a développé des élites de qualité qui participent à la vie de la République. Il serait bénéfique pour tous qu'elle ait plus de visibilité que les groupes qui menacent la société française. Actuellement, la Kabylie est en marche vers sa liberté. Son accession à la vie des Nations ne peut qu'être utile à la paix et la stabilité en Afrique du Nord et dans le bassin méditerranéen.

Le 23 mai 2013

Première partie

La Kabylie et l'Algérie
Le rejet mutuel ou l'impossible cohabitation

Kabylie : Les revendications d'une révolte

Après avoir ouvert le feu le 27 avril 2021 sur des jeunes, manifestant pacifiquement contre l'assassinat d'un lycéen par un gendarme, la Kabylie descend massivement dans la rue. La presse algérienne et la classe politique, pour éteindre la colère, mettent les manifestations quotidiennes ainsi générées sur le compte du chômage des jeunes et du manque de logements, au lieu de les relier au crime et au contexte politique dans lequel il fut commis : la commémoration du printemps kabyle de 1980. Ce texte, publié dans « Liberté », indiquait déjà que l'option d'un destin kabyle libéré de l'Algérie était entamée.

Alors que la Kabylie n'a pas fini d'inhumer ses morts, une tendance au retour au calme semble s'y dessiner. Des relais sont à l'œuvre pour (re) pacifier la région. Le régime en place et ses séides sont pressés d'en finir, de tourner la page d'une révolte et de ses revendications.

Après avoir tiré à balles explosives sur nos enfants, le pouvoir va tenter d'enterrer jusqu'à leur mémoire. Nous ne pouvons l'admettre. Même acquise au prix le plus fort – des dizaines de morts et des centaines de blessés –, cette victoire de notre jeunesse sur la lâcheté et la soumission est un trophée historique qui marquera longtemps de son empreinte notre marche vers la liberté. Son feu restera éternellement vivace dans nos cœurs et nos regards, et nul pompier politique ne saura l'éteindre tant que ces sacrifices n'auront pas été couronnés de succès. Un retour au calme sans acquis est très dangereux pour l'ensemble du pays. Si d'aucuns pensent que le gros de l'orage est passé, ils oublient qu'une tempête peut le suivre. Il ne sert à rien de faire la sourde oreille devant les revendications de la Kabylie insurgée en essayant d'en falsifier jusqu'au sens. Nous assistons à un révisionnisme en temps réel. « Non ! Cette révolte n'est pas celle de l'amazighité, mais celle de la *hogra* (cocktail de pouvoir, de mépris et de lâcheté), du chômage, du manque de logements sociaux etc. » Si tel était le cas, pourquoi n'a-t-elle eu lieu qu'en Kabylie où la question identitaire et politique est posée depuis plus de vingt ans ? Pourquoi ne s'est-elle pas déroulée en dehors de la commémoration du printemps amazigh d'avril 80 ? Pourquoi, lors des marches pacifiques qu'elle a générées, les manifestants réclamaient-ils plus particulièrement la langue amazighe ?

L'amazighité est au cœur de cette révolution. Ceux, bien intentionnés dans la classe politique nationale, qui l'omettent, procèdent au mieux d'un volontarisme qui vise à déghettoïser le soulèvement kabyle pour susciter une solidarité nationale. Enlever l'amazighité à ce qui vient de se passer revient à l'amputer de son âme. C'est à prendre ou à laisser. C'est sur cette revendication essentielle que sont venus se greffer d'autres éléments, dont l'exigence d'un État de droit, pour que nul gendarme n'ait plus l'impunité de décharger son arme sur un jeune Guermah Massinissa, puis sur d'autres dizaines de ses frères. C'est pourquoi il est primordial de remettre en place toutes les revendications de ces événements dont la satisfaction nous paraît en mesure de contribuer à un apaisement relatif, voire durable de la situation. En premier lieu, il est urgent que le pouvoir prenne un engagement solennel de procéder, à court terme, à une révision constitutionnelle dans laquelle tamazight sera consacrée, au moins, comme langue nationale, en attendant mieux. Ensuite toutes les victimes, morts et blessés, de ces massacres doivent être reconnues par l'État et prises en charges par lui. Les responsables de ces tueries (gendarmes, commandements de la gendarmerie nationale et leurs donneurs d'ordres, les walis des départements où ces carnages ont été commis) doivent être sanctionnés au plan administratif sur le champ, en attendant leur éventuelle mise à la disposition de la justice. Même le ministre de l'Intérieur qui reconnaît n'avoir pas été, durant ces événements, à la hauteur de sa tâche aurait dû démissionner; du moins si l'on ne veut pas remonter plus haut dans la hiérarchie. Les populations exigent toujours le départ des gendarmes dont on peut prévoir le remplacement par des policiers. Un bain de sang sépare désormais les deux camps. Il est aussi vital que toute la lumière soit faite sur ces tueries comme sur l'assassinat de Matoub Lounès. La commission d'enquête, confiée à un proche de Bouteflika, ne saurait être légitime qu'avec une composante humaine dont les compétences, la probité et le sérieux sont connus de toute la région. Si, en plus, à ses côtés, les ONG des droits de l'homme sont appelées à travailler, ses conclusions seront incontestables.

Enfin, ces événements qui ont singularisé davantage la Kabylie au plan national font remonter à la surface une aspiration profonde de la population à un statut d'autonomie qui puisse la prémunir contre d'autres dérapages et d'autres sanglantes répressions de la part d'Alger. D'ailleurs, il y va de la santé politique nationale. Ou le régime y consent et il obtient un répit relativement long, ou il s'y refuse et la Kabylie risque de contaminer toutes les autres régions. Comme en octobre 88.

Tizi-Ouzou, le 5 mai 2001

Kabylie : la déclaration qui a changé le cours de l'Histoire

Nous étions en 2001. C'était le Printemps noir ! la Kabylie était à feu et à sang. Une guerre est livrée par l'Algérie à un peuple pacifique et désarmé. Près d'une centaine de morts en 45 jours, abattus de sang-froid, et quelquefois à bout portant, par des corps de sécurité, dont les munitions, des balles explosives, ne laissaient aucune chance de survie à leurs victimes. Nous vivions chaque jour dans la douleur des enterrements et l'inquiétude des lendemains. Les hôpitaux étaient débordés de blessés par balles. Le ministre de l'Intérieur qualifie de « voyou » Guermah Massinissa, le premier lycéen tué par un gendarme dans sa Brigade d'At Dwala. Non content de tuer nos enfants, le pouvoir nous insultait. Il nous provoquait. À Wad Amizur, c'étaient des collégiens que les gendarmes sont allés chercher pour les passer à tabac en vue de susciter la colère des manifestations dans la vallée de la Soummam et se donner le prétexte de tirer sur la foule. Suprême humiliation pour nous, l'Assemblée nationale, convoquée pour débattre de ce que nous subissions, n'observa de minute de silence qu'à la mémoire d'un enfant palestinien au mépris de notre douleur et de nos larmes. Au lieu d'examiner les violations flagrantes des droits humains par les gendarmes, le parlement algérien fit le procès de la Kabylie et proposa même que Hocine Aït Ahmed (figure charismatique du nationalisme algérien, d'origine kabyle), soit déchu de sa nationalité !

La Kabylie était désespérément seule. Les Algériens descendus dans la rue, au même moment, préféraient eux aussi, exprimer leur solidarité avec leurs lointains frères Palestiniens, mais pas avec leurs proches voisins kabyles. On disait même que nous n'avions que ce que nous méritions ! Nous croyions naïvement que nous étions leurs compatriotes, des Algériens comme eux, nous nous sommes rendus compte que nous n'étions pour tous que des étrangers ! Le massacre à huis clos était béni de tous !

Les partis et la classe politique kabyles étaient perdus. Assommés, ils étaient ko dès le premier round ! Saïd Sadi était l'ami de Bouteflika et ses proches collaborateurs étaient membres du gouvernement ! Hocine Aït Ahmed était à l'étranger et son parti, livré aux luttes des clans qui finirent par en avoir raison. Il avait organisé une marche dans la capitale, le 02/05. Les manifestants furent pris à partie par des « Algérois », sur instigation des Services de police. Comme au temps des Ottomans, les Kabyles étaient de nouveau des indésirables à Alger. Seuls quelques quotidiens francophones rapportaient plus ou moins fidèlement les « événements » de Kabylie et s'en indignaient, mais tentaient tous d'en dépolitiser le sens en réduisant la colère et le drame kabyle au manque de logements, au chômage et à l'impunité, appelée horriblement la *hogra* ! Pendant que Bouteflika avait fui le pays pour ne pas avoir à donner l'ordre de cesser de tirer sur les manifestants, la Kabylie, livrée à elle-même, tentait tant bien que mal de s'organiser. Les Ârchs (des structures ancestrales de délibération) virent le jour et quelques-unes de leurs glorieuses marches furent celles des femmes Kabyles, elles étaient plus de 50.000 à battre le bitume sous les feux d'un soleil ardent du mois de mai. Malgré la caporalisation de quelques-uns de leurs chefs, ils ont néanmoins pallié à l'absence, pour ne pas dire la démission, des partis politiques. Toutefois c'était le brouillard total. Personne ne savait où l'on allait. La plateforme d'El-Kseur avec ses 14 doléances n'était pas encore élaborée. Devant un horizon bouché, mon ami, le Professeur Salem Chaker, venait de rendre public un texte proposant la revendication d'un statut de large autonomie pour la Kabylie. Je le voyais et échangeais souvent avec lui comme avec des militants du MCB (Mouvement culturel berbère, structure informelle), vivant en région Parisienne, sur la manière d'organiser la solidarité immédiate avec les blessés et d'envisager un avenir politique pour la Kabylie. Rentré au pays, j'ai eu à rencontrer quatre personnes dont Abdenour Abdeslam qui avait mis une voiture à ma disposition, le Dr Mahiou Faredj, Hemmu Boumedine et Hmimi Aït Bachir. Ce groupe venait de faire circuler sous le manteau une déclaration sous un sigle inconnu, le MKL (Mouvement pour une Kabylie Libre). Elle n'était pas assumée par l'un d'entre eux. Bref, il y avait un consensus général qui se dégageait pour revendiquer une autonomie régionale. Je leur annonçai que j'allais tenir une conférence de presse pour forcer le destin. La veille du 5 juin, vers 23 h je reçus deux coups de fil, l'un derrière l'autre. J'eus l'honneur, cette nuit-là, de discuter longuement avec deux rédacteurs en chef : le premier était du quotidien Liberté, proche du RCD, et le deuxième de « La Tribune », proche du FFS. Ils étaient tous les deux les porte-voix du Général Toufik qui voulait me dissuader d'aller au bout de ma témérité. J'ai passé plus d'une heure avec chacun d'entre eux. Mais je suis resté insensible aux pressions. C'est vers 1 h 30 que j'ai commencé la rédaction de cette déclaration qui a changé le cours de l'histoire en remettant en marche le peuple kabyle vers lui-même. Elle avait les limites de la prudence et l'élan et la fougue de la révolution.

Arrivé le 5 juin 2001 à onze heures, à la Maison des Droits de l'Homme, je n'avais que M. Hmimi Aït Bachir à mes côtés face au parterre de journalistes qui m'attendait. Le lendemain, la déclaration avait fait l'effet d'une bombe. Toute la presse me tombait dessus. Quelques jours plus tard, un quotidien met ma photo à la une avec, en grosses manchettes, ce titre « Cet homme est dangereux ! » Ma diabolisation ne date pas d'aujourd'hui. Toutefois, quand je regarde en arrière, le temps et les épreuves traversées, je mesure combien de chemin nous avons parcouru ! En vingt ans, nous avons rattrapé un retard de 150 ans. C'est à la bataille d'Icherriden du 24 juin 1857, et à la révolte de la Kabylie du printemps 1871 que nous avons enfin donné un prolongement, une suite logique pour que les parents de nos parents puissent enfin reposer en paix! Aujourd'hui, c'est aux militantes et militants qui sont en prison ou menacés d'emprisonnement pour leur engagement en faveur de l'indépendance de la Kabylie que je dédie cette cérémonie. Je les relie aux Kabyles tombés au Printemps noir, au soulèvement du FFS en 1963-65, à ceux qui s'étaient sacrifiés durant la guerre d'Algérie, à ceux tombés pour la liberté du peuple kabyle en 1871 et en 1857. Le lien ainsi renoué entre les différentes générations de notre combat pour notre liberté et notre dignité doit rester éternellement indestructible.

5 juin 2021

Déclaration du 5 juin 2001

C'est l'acte fondateur de la mouvance indépendantiste kabyle qui avait, par méthode, commencé à revendiquer une autonomie régionale. La veille de la conférence de presse, deux journalistes s'étaient relayés durant la nuit pour me dissuader de revendiquer un tel destin pour la Kabylie.

Si cela fait déjà plus d'un mois et demi que la Kabylie subit les assauts meurtriers du pouvoir dans un silence général assourdissant c'est parce que le régime et ses relais ont méthodiquement, depuis 1963, organisé la marginalisation de cette partie du pays. Présentés toujours comme l'ennemi intérieur par des élites et des médias aux ordres, la Kabylie et le Kabyle sont souvent suspectés, à tort, par le simple militant de l'ex-parti unique, de constituer une menace permanente sur l'unité nationale. Son particularisme multiforme, dont son irrédentisme identitaire et linguistique, est à l'origine de sa mise officieuse au banc de la nation. Bien des politiques aberrantes ont été justifiées sur la base d'une volonté officielle de réduire cette région insoumise : la politique d'arabisation de l'école, de l'environnement, de l'état civil et des prénoms ; le changement de dénomination des clubs sportifs, rien que pour faire disparaître le mot « Kabylie » de la JSK ; l'intensification de l'enseignement religieux du temps de CHADLI pour pacifier la région au risque de renforcer l'intégrisme islamiste envahissant à l'échelle nationale ; le dépeçage territorial de la Kabylie en en rattachant des pans entiers aux wilayas limitrophes afin d'en réduire l'importance géographique et faciliter sa répression ; et dans ce même ordre d'idées, il y a eu la multiplication, depuis 1980, des implantations de nouvelles casernes de gendarmerie nationale à tel point qu'aucune de nos daïras n'y a échappé. Ce sont celles-ci qui, en ce printemps 2001, tirent à balles explosives sur notre jeunesse au courage et à l'héroïsme inégalés dans toute l'histoire de notre pays.

Cela fait 21 ans que la Kabylie tente vainement de remettre l'algérianité au cœur de l'Algérie à travers ses revendications identitaires et linguistiques amazighes.

Cela fait 21 ans de répression et d'humiliation d'une région qui ne demande qu'à participer à l'essor du pays, au bien-être des Algériens et au respect de leur dignité et de leur citoyenneté. Si ce pouvoir n'a eu ni la volonté de nous écouter ni celle de nous respecter, s'il organise systématiquement notre isolement à l'échelle nationale et s'il tire à balles réelles sur de jeunes manifestants kabyles, c'est parce qu'il est l'héritier direct de l'ex-État colonial français, avec sa culture et ses missions : Diviser pour régner, confisquer la liberté et la démocratie au profit d'une caste qui considère le peuple et les valeurs humaines les plus nobles comme ses pires ennemis. Devant cet état de fait et l'épaisseur de la révolution que vit la Kabylie depuis 47 jours, n'en déplaise aux tenants d'une interprétation faussement nationale des événements de la Kabylie, la revendication de tamazight comme langue nationale et officielle paraît désormais dépassée, tout comme ses cadres d'expression que sont le MCB et les partis existants. Nous n'en voulons pour preuve que cette fulgurante émergence des Ârchs qui, devant l'urgence, ont su réaliser l'unité de la région par-delà les sempiternelles divisions partisanes.

L'aspiration profonde de la Kabylie à vivre en paix dans la nation, avec un statut de large autonomie, s'est fait jour. Sa réalisation pacifique sera enfin le début d'une véritable décolonisation institutionnelle de l'ensemble du pays. Par respect à l'Algérie, à la Kabylie et à la mémoire de nos martyrs, nous avons le devoir d'être fidèles à nous-mêmes et d'être à l'écoute de l'expression de notre peuple. Ce statut spécial dont il faudra doter la région, conforme à la constitution et consolidant l'unité nationale, permettra à la Kabylie de protéger ses enfants, son avenir et celui du pays en montrant à ce dernier la véritable voie de la liberté, de la prospérité, de la justice et de la dignité. Pour le réaliser, une pétition sera lancée dès aujourd'hui et un cadre porteur sera rendu public incessamment.

Gloire à nos martyres !

Vive la Kabylie !

Tizi-Ouzou, le 5 juin 2001

Discours d'Icerâiwen

Deux ans après la déclaration du 5 juin 2001, l'auteur a organisé un Séminaire au village d'Icerâiwen (18 août 2003) pour clarifier les objectifs du Mouvement pour l'Autonomie de la Kabylie (MAK). Ce texte contient l'argumentaire fondamental pour la suite du combat kabyle.

Yessetma, aytma,

Ce lundi 18 août 2003 et le village d'Icerâiwen resteront gravés dans la mémoire de notre région. Ce village près de Tizi Rached auquel nous rendons un vibrant hommage pour son réflexe fraternel de nous prendre dans ses bras et son flamboyant courage d'abriter cette première rencontre inédite en Algérie, portant sur l'autonomie de la Kabylie mérite toute notre déférence. Commencer l'écriture d'une nouvelle page de l'Histoire de la Kabylie à partir du village natal de deux immortels symboles kabyles que sont les poètes Si Muhand U Mhand et Ali Laimeche sont, pour nous, un insigne honneur. En accueillant le Mouvement pour l'Autonomie de la Kabylie après les conclaves des Ârchs de la région, le village ICHERÂIWEN perpétue la tradition de lutte pour la liberté qui a toujours été la sienne. Les générations futures le retiendront sans aucun doute. Aussi, permettez-nous, chers frères du village de vous renouveler nos remerciements les plus sincères et de saluer toutes et tous nos illustres et honorables invités ici présents qui nous ont fait l'amabilité et l'honneur de partager ce moment privilégié, ce moment historique avec nous. Nous formulons le vœu que cette considération et cette estime que nous nous portons mutuellement aillent en se densifiant, en gagnant en épaisseur, en respect et en profondeur.

Yessetma, aytma,

L'idée de l'autonomie régionale pour la Kabylie, demandée publiquement le 5 juin 2001 dans le chaud des événements du printemps noir, est née chez ses initiateurs d'une série de prises de conscience dont les plus importantes sont les suivantes :

1. Le peuple kabyle est une réalité intangible. Continuer de le nier revient, de notre point de vue, à cacher le soleil avec un tamis. Désormais, non seulement nous avons le droit de le revendiquer haut et fort, mais aussi le devoir de l'assumer et de le défendre en tous lieux et en toutes circonstances, quelle que soit la force du terrorisme politique ambiant qui sévit contre son affirmation et son émergence. Il faut rappeler que c'est au fait de l'avoir ignoré et de l'avoir tu que nous devons ces quarante ans de bras de fer et de confrontation permanents entre le pouvoir algérien et la Kabylie. En réalité, le déni de langue et d'identité que nous dénoncions depuis le printemps berbère de 1980 en cachait un autre plus grand : celui de l'existence du peuple kabyle. La revendication identitaire et linguistique amazighe dans laquelle des générations de Kabyles s'étaient tant investies contre le racisme du pouvoir algérien n'était en vérité que l'expression de notre difficulté à nous assumer en tant que Kabyles face à la répression. Il est donc venu le temps de déchirer le silence qui jusqu'ici offrait l'avantage pour chacun d'une sécurité physique par un confort langagier, mais qui avait aussi, pour tous, le lourd inconvénient de ne jamais crever l'abcès en traînant en longueur un problème qui n'a que trop duré, un mal qui ne nous a fait que trop souffrir. C'est un acte de toute noblesse que celui de revendiquer la reconnaissance nationale du peuple kabyle. Les élites et organisations algériennes qui ont

apporté leur soutien au peuple sahraoui depuis tant d'années ne peuvent aujourd'hui faire l'impasse sur le respect des droits du peuple kabyle à prendre son quotidien en main, surtout qu'il n'a jamais été tenté par l'aventure de celui qui pose problème au Maroc. Il faut le faire maintenant qu'il en est encore temps. Demain il sera sûrement trop tard.

2. L'isolement politique national de la Kabylie est une donnée incontestable. Sa manifestation la plus courante et la moins agressive est une indifférence générale des Algériens affichée face à la répression dont elle fait l'objet depuis l'indépendance du pays et particulièrement depuis le printemps noir durant lequel le pouvoir algérien a tiré sur nos enfants à balles explosives jusqu'à en assassiner 123 d'entre eux. La douleur kabyle n'a jamais été nationale, car chacun de nos compatriotes estime que nos revendications, quel qu'en soit le contenu, cachent des velléités de prise de pouvoir et de domination des Kabyles sur le reste du pays. C'est ce que le pouvoir et ses relais diffusent dans la société avec succès depuis toujours. À ceci s'ajoute l'accusation de francophilie qui était et demeure portée contre nous à cause de notre ferme refus de la politique d'arabisation. Enfin, la Kabylie a un rêve d'Occident pendant que le régime a pu, en quarante ans de mobilisation des appareils idéologiques d'état, cultiver dans le reste du pays un rêve d'Orient. Que tous ceux qui se sont empressés de nous faire porter la responsabilité de l'isolement kabyle au printemps noir 2001 revoient leur copie. À supposer que la revendication d'autonomie formulée par nous ait pu avoir quelque incidence sur l'attitude des élites nationales pour empêcher l'extension de notre révolte aux autres régions du pays, ce qui n'a jamais été le cas, cela ne peut justifier un manque de solidarité à l'égard de la Kabylie. Rappelons pour mémoire que cette revendication n'a été avancée par nous qu'après plus d'un mois et demi de massacres de nos enfants dans une indifférence nationale scandaleuse. L'isolement de la Kabylie, loin d'être un effet de conjoncture, est une constante nationale depuis au moins l'indépendance de l'Algérie. La Kabylie n'a opté pour son autonomie qu'après

avoir joué, en vain et des décennies durant, tous les jeux de « l'Algérie une et indivisible » y compris tous les jeux de la démocratie. Il suffit par exemple qu'un parti ait à sa création un leader d'origine kabyle pour qu'il soit plombé pour le restant de sa vie. Il est désespérément déserté et rejeté par le reste des Algériens. Les partis catalogués de « Kabyles » n'ont d'élus à l'Assemblée nationale que ceux que leur donne la Kabylie et dont le nombre ne dépasse pas le dixième des députés. Dans ces conditions notre région n'a jamais eu, comme elle n'aura jamais, la moindre chance de se faire entendre et de régler les problèmes qui sont les siens par la voie légale.

3. Le salut de notre région ne peut venir que d'elle-même. Il est inutile d'attendre des autres une solidarité qui ne viendra jamais, du moins à temps. En effet, les conditions sociopolitiques nationales d'aujourd'hui ne sont pas favorables aux effusions et aux bons sentiments. Il est donc urgent pour nous de nous atteler aussi bien à mettre notre jeunesse à l'abri de la violence étatique qu'à en finir avec cette défiance permanente qui sévit depuis quarante ans entre nous et l'état central algérien sur l'école et les langues, l'Histoire et l'identité, le développement économique et la culture, la sécurité et la justice, les droits humains et la démocratie. C'est là la seule solution qui nous reste si nous ne voulons pas être débordés un jour par un pourrissement de la situation qui, nécessairement, imposera une solution autrement plus extrême et plus dangereuse pour tous les Algériens. Nous nous demandons des fois si nous n'arrivons pas déjà trop tard avec le remède autonomie. Est-ce que le cours de l'Histoire n'est pas déjà tout tracé par toutes les injustices et toutes les humiliations subies par la Kabylie depuis 1963 ? L'interrogation n'est pas qu'une clause de style ou une hypothèse d'école, mais une probabilité d'un terrible coefficient.

Yessetma, aytma,

La politique de discrimination menée contre le peuple kabyle par des tenants du pouvoir aussi irresponsables, qu'incompétents, mais surtout racistes n'a fait qu'accentuer notre irrédentisme identitaire et souligner les contours et la puissance de notre personnalité. Le fait par exemple que les martyrs de la Kabylie tombés durant l'insurrection armée du FFS entre 1963 et 1965 n'aient jamais été reconnus et leurs familles jamais indemnisées, alors que la politique de « concorde civile » a permis la réinsertion, à coups de milliards, de criminels terroristes islamistes, a empêché tout apaisement du sentiment de frustration et d'humiliation de la région. Sommés par l'État algérien de s'arabiser ou de prendre le maquis, les Kabyles ont survécu en contournant ces deux extrêmes. Ils se sont attachés à des principes de sagesse et du respect des droits humains en empruntant des voies de revendications politiques biaisées. L'Histoire de l'Algérie indépendante se résume à ce perpétuel duel qui oppose l'arrogance du pouvoir en place à la résistance pacifique de notre région. Les Kabyles n'ont jamais été considérés comme des Algériens à part entière. C'est le système colonial légué par la France qui a continué de sévir contre eux. Non seulement ils n'ont pas de droits en tant que Kabyles, mais en plus ils font toujours l'objet d'une morbide suspicion. Ils sont vécus comme l'ennemi interne du pays ou comme ceux qui menacent en permanence son unité nationale. Finalement, ils se sont rendus compte que pour les dirigeants algériens, il n'y a de bons Kabyles que ceux qui deviennent des Arabes. C'est un état de grave malaise psychologique qui accable les Kabyles en ayant le sentiment d'avoir été floués par l'Histoire, d'avoir été payés en retour d'ingratitude. Eux qui s'étaient massivement investis dans le combat libérateur depuis 1926, qui avaient renoncé au leadership politique national dans un mouvement qu'ils avaient créé et animé à près de 80 % de ses effectifs, eux qui s'étaient tant sacrifiés pour l'indépendance de l'Algérie même après l'épisode de la crise dite « berbériste » de 1949, eux qui avaient organisé le Congrès de la Soummam et porté jusqu'à épuisement la guerre de libération en refusant une offre d'indépendance séparée qui leur était faite par la France en 1959, se retrouvent en fin de compte perçus comme les pires ennemis de leur pays.

Après la politique répressive de Boumediene à l'encontre de l'amazighité des Kabyles, l'époque de Chadli était consacrée à son approfondissement à travers un sabotage économique systématique de leur région. En effet, par mesure de représailles contre la fronde du printemps berbère d'avril 1980, tout investissement économique, dans la région, est gelé à ce jour. Les seuls établissements construits depuis sont des casernes de la gendarmerie pour le contrôle militaire de l'espace kabyle. Le massacre de nos enfants par les brigades de ce corps de sécurité était inscrit en filigrane de ce souci de contenir et de réduire militairement cette contrée qui reste politiquement insoumise. Maintenant que la politique de la terre brûlée est largement pratiquée par le régime algérien contre nous, maintenant que la Kabylie est soumise à une violence de guerre par le pouvoir en place, notre jeunesse n'a de choix qu'entre la précarité de l'exil en France où plus de 80 000 Kabyles se retrouvent « sans-papiers », la menace de prison politique, le handicap physique comme ces milliers de blessés du printemps noir qui n'ont même pas de prise en charge médico-sociale de l'État qui les a mis dans cette situation, ou enfin la mort du fait de la violence armée de l'état contre elle. Le racket fiscal empêche tout décollage économique en venant par sa force et sa violence particulières écumer en permanence tout surplus économique dégagé par la région du fait du dynamisme de son économie privée ou de l'apport d'une émigration restée très attachée à ses racines.

Sur le plan culturel, les artisans de la culture kabyles sont soumis à une politique d'exclusion de la télévision et des subventions de l'État. Même les droits d'auteurs des œuvres en kabyle étaient rémunérés moins cher que ceux des œuvres en arabe. Les chanteurs kabyles sont systématiquement affamés. Les cachets ridicules qu'on leur verse lorsqu'ils ont la chance d'être programmés par une institution de la région n'ont rien à voir avec ceux versés en centaines de milliers de dollars américains par le ministère de la Culture à des chanteurs de raï ou à des vedettes ramenées du Moyen-Orient. Nos chanteurs, eux aussi, sont sommés de se soumettre au diktat du pouvoir pour survivre économiquement. C'est ainsi que l'Année de l'Algérie en France est en soi un scandale. Elle a apporté une fracture au sein d'une corporation déjà durement éprouvée par sa précarité économique. La participation des artistes d'expression kabyle, insignifiante dans ses programmes initiaux est soudain médiatisée de manière à diviser la région. Ceux qui y prennent part sont présentés à travers les médias officiels comme des soutiens au régime contre l'autonomie de la Kabylie et le Mouvement citoyen kabyle. Le revers de la médaille pour eux est, malheureusement, d'être considérés par leur propre public comme peu dignes de l'adoration qu'il leur vouait jusque-là.

Chers amis !

Si la Kabylie avait son état régional, elle aurait protégé ses enfants contre la répression politique qui les tue, amorcé son décollage économique depuis longtemps, bâti sa télévision propre et soutenu ses producteurs culturels dignes de ce nom. Elle aurait montré aux autres Algériens l'exemple à suivre, la voie qui, à coup sûr, les émancipera de la tutelle mortelle d'un pouvoir attaché davantage à sa rente pétrolière qu'au rayonnement économique et culturel de l'Algérie. Ainsi cette autonomie que d'aucuns veulent présenter comme un égoïsme régional forcené est en fait un élan plein de générosité et de promesses de liberté pour tous.

Aytma, yssetma !

Le MAK s'est constitué dans la foulée pour se consacrer à la réalisation de cet objectif qui consiste à doter notre région d'un statut de large autonomie à matérialiser par la mise sur pied d'un état et d'un parlement locaux par des moyens pacifiques. Le courage, la persévérance et la sérénité dont ont fait preuve ses animateurs ont fini par payer. Non seulement ils ont réussi l'exploit d'instaurer le débat sur une idée qui, jusque-là, était taboue, mais en plus ils ont révélé que l'autonomie régionale était en fait une aspiration profonde du plus grand nombre en Kabylie, et ce depuis longtemps. Par les rencontres répétées avec les citoyens à travers la plupart des localités de la région, par les interventions dans la presse qui lui ouvre ses colonnes et à qui il exprime toute sa reconnaissance, le MAK continue de devenir, chaque jour un peu plus, le cadre de rassemblement qui manquait tant au peuple kabyle pour conquérir son droit à prendre son destin en main. Cette tendance s'est davantage renforcée suite à la mise en circulation du Projet d'autonomie de la Kabylie rendu public le 16 avril 2003. Le PAK est en passe de devenir le nouveau document de référence, le nouveau leitmotiv de la Kabylie. Loin de concurrencer la plate-forme d'El-Kseur élaborée le 11 juin 2001 par des délégués de diverses tendances politiques kabyles, il lui offre le seul cadre à même de parvenir à la satisfaction pleine et entière des 15 points de revendication qu'elle contient, mais qui n'ont de sens et de réalisme qu'accompagnés de l'autonomie régionale de la Kabylie. Sans cette dernière, la crise continuera de s'aggraver entre le régime et notre région y compris après l'application de la plate-forme d'El-Kseur, car elle fait l'impasse sur le destin du peuple kabyle. Or, c'est la place de celui-ci dans l'Algérie qui pose problème depuis l'indépendance nationale. Celui qui n'a pas encore saisi ce fait ne pourra ni comprendre ni résoudre la crise que traverse la Kabylie, rédacteurs de ladite plate-forme compris. Le MAK rend hommage à toutes celles et tous ceux qui, à l'intérieur ou à l'extérieur des Ârchs, ont œuvré à la cohésion régionale et à l'unité des rangs kabyles pour dépasser les luttes morbides et fratricides induites par les dynamiques partisanes issues d'octobre 88 et qui, consciemment ou non, faisaient le jeu du pouvoir en place. On se souvient de l'assassinat de Matoub Lounès quand les partis de la région rivalisèrent de zèle pour ramener le calme afin d'apparaître chacun comme celui qui maîtrisait le mieux la situation en Kabylie pendant que la rue criait justice pour le Rebelle.

Aytma, yessetma !

Face au danger de mort qui plane toujours sur la Kabylie, les Kabyles doivent plus que jamais se donner la main pour se faire respecter et arracher leurs droits en tant que peuple digne de ce nom. C'est le souci de préserver cette cohésion retrouvée sous la bannière de nos délégués de villages et de quartiers qui a, jusqu'ici, retenu le MAK d'appeler à des actions politiques d'envergure. Aujourd'hui qu'une perspective de dialogue se dessine, avec en toile de fond les présidentielles de mars 2004, le MAK invite les Ârchs à la plus grande vigilance pour ne pas compromettre les intérêts politiques de notre région. Si le pouvoir voulait réellement un dialogue même intéressé, il n'aurait pas attendu plus de deux ans pour en faire la proposition. Il n'aurait sûrement pas tenté de dialoguer avec lui-même lors de la mascarade des Ârchs « Taiwan ». S'il était animé un tant soit peu de bonnes intentions, il n'aurait pas mis en prison, à deux reprises, des délégués comme de vulgaires voyous pour les reconnaître aujourd'hui comme de bons citoyens. L'appel au dialogue lancé par Bouteflika n'est pas sincère. Dites-nous quel dialogue décent peut-on avoir avec les assassins de nos enfants ? Quel crédit peut-on donner à des gouvernants qui n'ont de souci que celui de museler la liberté de la presse ? La Kabylie n'a rien à perdre à attendre le nouveau président qui sera issu du prochain scrutin pour prendre langue avec lui. Les engagements de campagne électorale n'ont aucune valeur juridique. Le dialogue ainsi projeté n'en sera pas un. Ce sera, au mieux, une manœuvre pour diviser, une fois de plus, les rangs de la région. L'Histoire sera comptable des actes de toute personne engageant le destin commun à contresens de nos aspirations les plus profondes. Le rejet des élections présidentielles de 2004 sera un acte de sagesse et de maturité de la Kabylie qui soulignera, ainsi, un peu plus son identité et son droit à son autonomie régionale.

Quant aux préalables brandis par nos frères délégués des Ârchs pour aller au dialogue, ils nous semblent en deçà des exigences de l'Histoire. Nous avons exigé, en l'an 2000, que Bouteflika présente ses excuses à notre région pour ses propos insultants à notre endroit. Aujourd'hui qu'il y a 123 kabyles assassinés par les forces de sécurité du pays, et que lui-même en a reconnu la responsabilité comme étant celle de l'État algérien après que celle-ci fut établie par la commission d'enquête confiée au professeur Issad, le préalable, le seul qui vaille la peine d'être avancé pour entamer le dialogue avec le gouvernement est d'exiger que l'ALGÉRIE OFFICIELLE, par la bouche de son premier magistrat, DEMANDE PARDON A LA KABYLIE. Si les Ârchs n'ont pas la force de le faire, le MAK n'arrêtera pas de le revendiquer.

Aytma, yessetma!

Nous n'avons pas le droit de laisser les parents de nos martyrs et tous nos blessés notamment nos handicapés du printemps noir se sentir trahis, du jour au lendemain, par des préalables qui les oublient, des préalables au dialogue qui ne se soucient que des intérêts des vivants et de ceux, parmi eux, qui ne chercheraient qu'à briguer des mandats électoraux au lendemain d'un accord de dupes qui sera ainsi conclu. Devant la menace de division et d'implosion des Ârchs, que suscite l'entame de ce dialogue entre les délégués kabyles et les flibustiers du pouvoir, notre mouvement ne peut qu'en appeler au devoir de transparence, de vérité et au sens des responsabilités des nôtres pour aborder les débats internes et externes aux « conclaves » dans la sérénité et l'unité. C'est dans le même état d'esprit que nous invitons tous les acteurs politiques kabyles à une démarche de respect mutuel des identités et des différences qui tranche avec celle éprouvée par le passé et qui divisait aveuglément nos rangs. L'entente et le dialogue, la concertation et le compromis entre nous, dès lors que l'essentiel n'est pas en jeu, seront les éléments de base de notre culture et de notre action. À ce titre le MAK n'a le droit d'être exclusif de quelque nuance politique que ce soit parmi nos démocrates. Tous les militants de gauche comme ceux de droite ont tous leur place au sein de notre Mouvement. Une fois l'autonomie acquise, chacun pourra prendre à loisir sa liberté de créer une structure politique pour porter son projet de société. Aujourd'hui il y a de la place pour tous dans ce cadre de rassemblement en vue d'un objectif commun à toute la Kabylie : son autonomie. Les élites de la région comme l'ensemble des composantes sociales du peuple kabyle à commencer par sa jeunesse héroïque sont invitées à joindre leurs efforts aux nôtres pour un résultat salutaire pour nous et nos générations montantes. Le combat pour l'autonomie ne réussira que lorsqu'il mobilisera tous les Kabyles indépendamment de leur appartenance à une catégorie sociale particulière. Nous n'avons d'avenir que collectif. Unis, notre réussite est assurée.

Les acteurs économiques, durement affectés dans leurs intérêts matériels depuis avril 2001, sont assurés de notre compréhension et les invitons à demeurer sur place au service de la Kabylie qui les charge de la noble mission de son développement. Demain, notre chère région sera autonome. Elle saura récompenser chacune et chacun au-delà de leurs sacrifices d'aujourd'hui. Elle aura à assurer autant la sécurité de sa diaspora que l'ensemble des droits de tous ses habitants, quelle qu'en soit l'origine. L'autonomie est notre seule voie de salut. Elle préfigure un État fédéral à même de hisser notre pays et l'ensemble nord-africain à hauteur des nations qui dominent le monde aujourd'hui et qui sont appelées à construire de nouvelles relations basées davantage sur la solidarité que la confrontation. Ce nouveau monde, nous en commençons la construction aujourd'hui, à partir d'Icerâiwen. Le MAK s'incline devant la mémoire des martyrs de la Kabylie et rend hommage à toutes les femmes et tous les hommes qui ont fortifié l'identité et la culture kabyles à travers l'Histoire. Fort de la justesse de sa revendication et de l'adhésion du peuple kabyle au PAK, le MAK ne permettra jamais l'effondrement de la région et continuera à œuvrer sans relâche à l'émergence d'un état régional kabyle dans une Algérie plus fraternelle.

Gloire à nos martyrs !

Vive la Kabylie libre et autonome !

Icerâiwen, le 18 août 2003

Le système des présidentielles et le scrutin d'avril 2004

En 2004, c'était sur les cendres du Printemps Noir que les présidentielles allaient se dérouler. Un Kabyle y était admis comme lièvre pour faire voter la Kabylie. Ce texte, paru dans le quotidien El-Watan, démonte les mécanismes militaires qui en font une vulgaire mascarade électorale et positionne la Kabylie dans la perspective de sa reconnaissance en tant que peuple distinct du reste de l'Algérie.

Les élections présidentielles en Algérie sont fixées pour le 08 avril 2004. Il est pour le moins curieux que le débat public n'ait porté jusqu'ici que sur leur numéro gagnant et les abus en tous genres dont l'actuel président use pour se faire réélire. La plupart d'entre nous oublie que si nous en sommes là c'est d'abord par la logique d'un système qui a verrouillé et confisqué l'accession démocratique à la candidature au poste de chef de l'État et que personne ne remet en cause. Ensuite dès lors que les enjeux de pouvoir font croire aux Algériens qu'ils n'ont en termes de projet de société qu'un choix binaire entre les islamistes et les « républicains », autrement dit, entre la barbarie et le régime militaire en place, la question des hommes est secondaire. Seul le pouvoir a toute latitude pour désigner qui il veut, comme il l'entend, pour le représenter sans avoir à être inquiété autrement que par ses luttes des clans est-ouest ; luttes qui le rongent et qui ont des prolongements sournois dans la classe politique et la presse privée. Enfin, et la déclaration des 11 est là pour en témoigner, les vrais problèmes de démocratie liés au régionalisme et aux perspectives politiques, socioéconomiques et culturelles du pays sont totalement occultés. Ainsi, ne pouvant pas s'engager sur une véritable solution pour la Kabylie, chacun fait l'impasse sur la question comme il peut.

1. Un système verrouillé :

La campagne officielle ne démarrera que vers la mi-mars, mais cela fait déjà près d'un an que le titulaire du poste et quelques-uns de ses concurrents ont commencé à s'y préparer. Il n'est pas dit que tous ceux qui se sont portés candidats jusqu'ici le seront réellement. Ils sont rares ceux qui ont des structures en mesure de recueillir les 75 000 signatures de citoyens à travers la moitié des Wilayas (24 sur 48) où le minimum de paraphes requis dans chacune d'elles est de 1500. Si ce système dissuade les candidatures fantaisistes il rend aussi aléatoire toute chance de se porter candidat à la magistrature suprême en Algérie pour des personnalités d'envergure connues et reconnues. En 1995, Reda Malek ancien premier ministre de 1990 à 1991 a été retiré de la course pour cause de quorum alors qu'il avait obtenu plus de 80 000 parrainages. Ce mode d'accession à la candidature présidentielle est donc verrouillé et seuls les tenants du régime, ceux qui ont la réalité du pouvoir sur l'administration dans notre pays peuvent obtenir autant de signatures qu'ils le veulent, en général fausses, dans un temps record de moins de deux mois.

Cela est d'autant plus vrai que l'institution de validations des candidatures que seul le régime nomme et contrôle n'a matériellement aucun moyen de vérifier dans les délais la réalité des signatures qui lui sont soumises. Ainsi, ne peut être véritablement candidat que celui qui a une structure d'envergure ou surtout qui a l'aval de la hiérarchie militaire. Toujours en 1995, Said Sadi et Nouredine Boukrouh n'étaient candidats que grâce à la machine administrative mise en branle par le régime qui voulait se donner une caution démocratique nationale et internationale. Les candidatures uniques qui avaient caractérisé l'Algérie d'avant 95 sont, depuis la chute du Mur de Berlin, mal vues par les pays occidentaux qui souhaitent que le pluralisme soit respecté même de manière formelle.

2. Les présidentielles à un tour:

Par ailleurs, le régime redoute les duels pour ne pas donner l'occasion à un homme, un parti autre que le FLN ou le RND de s'ériger comme leader de l'opposition et qui finirait de provoquer par effet d'entraînement une véritable alternance au mandat suivant. C'est la raison pour laquelle les deux présidentielles pluralistes qu'a vécues l'Algérie se sont déroulées à un seul tour et ce sera probablement le cas en avril prochain. On se souvient que le désistement, deux jours avant le scrutin, des six candidats concurrents de Bouteflika en avril 1999 était dû au fait qu'ils avaient des informations leur annonçant que « l'élu de l'armée » allait être déclaré vainqueur plus par décision politique de la hiérarchie militaire que par les suffrages populaires attendus. Ce sont apparemment les mêmes informations qui ont amené cette fois Mouloud Hamrouche et Mokdad Sifi, ex Premiers ministres à jeter de nouveau l'éponge. Si les jeux sont déjà faits, pourquoi se lancer dans une partie où les dés sont pipés d'avance? Donc, près de 95 % des 41 postulants qui ont retiré le fameux formulaire de candidature présidentielle n'iront pas au bout de leur ambition. Mais pour éviter un face-à-face Bouteflika-Benflis dangereux pour le régime, celui-ci accordera sûrement son investiture par diversion à quelques prétendants qui accepteront de jouer complaisamment le rôle de lièvres dans une élection qui ne sera comme de coutume qu'une mascarade.

3. La responsabilité des candidats:

Pourtant de Benflis à Benbitour, de Benyelles à Reda Malek, de Taleb Ahmed à Moussa Touati..., chacun a sa part de responsabilité dans le système présidentiel algérien. Étant les enfants chéris du régime ils admettent tous collectivement que l'armée soit l'autorité et la seule source d'une éventuelle légitimité qui les porterait au pouvoir suprême. C'est pour eux un simple jeu de séduction dans lequel chacun espère secrètement être celui qui réponde le mieux aux insondables critères de sélection chez les seigneurs de la Grande Muette. La preuve en est que personne d'entre eux n'a le courage de rechigner, faire face à l'armée et de dénoncer le rôle illégitime qu'elle joue dans la désignation des présidents de la République. La preuve en est aussi que nul d'entre eux ne prend la peine de se mettre à la conquête d'un électorat dont curieusement chacun ne se rappelle l'existence qu'une fois tous les cinq ans. Une élection présidentielle vaut non pas une messe à la manière d'Henri IV, mais des sacrifices à la hauteur des espérances et des attentes des Algériennes et des Algériens. C'est un rapport de force politique qui se crée au quotidien sur plus de cinq ans de militantisme au bout desquels le candidat devra mériter son élection plus par le suffrage de ses électeurs que par celui de ses tuteurs militaires. Malheureusement ils pensent tous qu'il est plus facile de se faire élire par ceux-ci que par leur peuple. Chacun d'entre eux ne rêve que de devenir président de la République par le même mode de promotion politique que celui dont ont bénéficié Chadli, Zeroual et Bouteflika que personne ne connaissait avant d'être, une fois adoubés par les officiers supérieurs, soumis au plébiscite national. En Algérie l'élection présidentielle, c'est un secret de polichinelle, est une plaisanterie monumentale de mauvais goût. Ils sont donc mal placés ces prétendants d'aujourd'hui pour contester demain le verdict des urnes, car ils sont tous démunis d'une base sociale pouvant occuper la rue comme ce fut le cas à Belgrade et Tbilissi.

4. La lutte des clans :

L'essentiel de la réalité des luttes des clans est militaire et régionaliste. Grosso modo les clans d'Oujda et du Bec de Canard qui avaient trouvé un compromis sur le dos des Kabyles lors de l'insurrection du FFS de 1963 ont fini avec le temps par se faire des coups d'État internes au sein du pouvoir en s'alliant à ces mêmes Kabyles qui, malgré tous les obstacles qui étaient dressés sur le chemin de leur promotion, avaient réussi à gravir les échelons jusqu'au sommet de la hiérarchie. L'appui par ces derniers décide depuis la mort de Boumediene, de l'issue du duel. Mais nous devons tout de suite apporter des éclaircissements sur la définition des clans. Celui de l'Est qui a régné sans partage du temps de Boumediene à celui de Zeroual comme celui de l'ouest de Bouteflika n'ont jamais eu pour souci le développement de leur région d'origine. Leur régionalisme se matérialise essentiellement dans la cooptation des individus pour renforcer leur pouvoir et leur emprise sur l'appareil de l'État en vue de s'accaparer la fabuleuse rente pétrolière qui en est la récompense suprême. Par ce mode de fonctionnement ils ont contaminé toute la société au point que le commun des Algériens non seulement préfère en général un responsable, exécrable soit-il, de son terroir, plutôt que celui d'une autre région, mais en plus nourrit la suspicion et le rejet envers tous ceux qui ne sont pas de chez lui. Il n'y a pas de véritable nation algérienne, mais une mosaïque de peuples qui aspirent tous, manifestement ou non, à leur reconnaissance. Autrement dit, la construction nationale par le sommet s'est arrêtée depuis l'indépendance du pays en 1962. Son redémarrage ne pourra désormais se faire que par la base, d'où notre revendication d'une autonomie régionale pour la Kabylie.

5. La question kabyle :

Ce n'est pas par hasard que la Kabylie est en conflit avec le régime algérien depuis plus de quarante ans. Désignés comme « l'ennemi intérieur » de la « Révolution », comme la menace de tous les jours sur « l'unité nationale » les Kabyles sont arrivés à décrypter les signes de l'Histoire et les gestes de leurs compatriotes à travers lesquels ils ont fini par se révéler à eux-mêmes comme étant un peuple à part entière. S'ils n'en ont pas toutes les qualités, si les Kabyles ne sont pas un peuple, d'où tiennent-ils alors toutes leurs différences par rapport au reste des Algériens et comment expliquer leur fronde vis-à-vis du régime depuis tant de décennies ? Seul le terrorisme politique exercé à l'encontre de l'affirmation de leur identité d'une part et leur investissement militant total dans leur amazighité d'autre part les a empêchés jusqu'ici d'en prendre conscience et de s'en revendiquer, y compris dans la « plate-forme d'El-Kseur » de juin 2001.

Alors, le dialogue que certains délégués kabyles ont noué avec le gouvernement Ouyahia sur « la mise en œuvre » des quinze points de ladite plate-forme ne peut en aucune façon apporter le calme dans cette partie du pays. La crise qu'elle vit ne date pas d'aujourd'hui et ne saurait se résumer aux revendications des Archs sur lesquelles telles qu'elles sont énoncées, il n'y aura jamais d'accord. Si le futur président va se conduire demain comme tous ceux qui l'ont précédé, il est certain que la situation en Kabylie prendra une tournure autrement plus dangereuse. Après tant d'épreuves, venir expliquer aux Kabyles que nous sommes tous des frères dans une Algérie où ils n'ont officiellement aucune existence, ni identitaire ni territoriale, revient encore à leur manquer de respect.

Par ailleurs, dialogue ou non, la Kabylie n'ira pas voter le 8 avril prochain si elle veut mettre la pression sur le pouvoir pour une solution définitive au conflit qui l'oppose à Alger. Ce sera une attitude qui nous semble digne des sacrifices de tant de générations de ce peuple et des martyrs du « printemps noir ». Cette solution ne peut se traduire autrement que par un statut d'autonomie régionale ou un État fédéral à travers lesquels les Kabyles recouvreront leur dignité et la maîtrise de leur destin perdue en 1871 lors de l'insurrection d'El Mokrani et de Chikh Aheddad. Les candidats à l'élection présidentielle ne doivent pas se considérer offensés par le rejet de ce scrutin d'avril prochain par la Kabylie. Elle en a d'abord après un système et non après les hommes. Celui qui sortira des urnes, s'il en a l'intention, la volonté et les moyens, aura toute la latitude nécessaire pour se faire adopter par elle non pas avec seulement de belles paroles, mais aussi et surtout en lui reconnaissant ses droits dont celui de s'autogouverner.

Azazga, le 15 février 2004

Le défi permanent. Commémoration du 25e anniversaire du Printemps berbère de 1980

Endeuillé par l'assassinat de son fils depuis juin 2004, l'auteur se sentait en devoir de rester auprès de sa famille en France, au lieu d'être sur le terrain, en Kabylie, à l'occasion du 20 avril 2005. Étrangement, ce fut la première fois qu'il n'y avait aucune marche à l'occasion de cette date historique. Pour ne pas se taire devant la trahison des clercs, il rédige ce texte pour rendre hommage aux victimes du Printemps noir et faire renaître l'espoir d'une relève à la hauteur des sacrifices du peuple kabyle.

Il y a vingt-cinq ans, nous étions jeunes et conscients de nos responsabilités historiques. Tels des insolents, nous avions relevé le défi de fixer l'abîme algérien quitte à y tomber de vertige ou de cécité. Le monstre que nous narguions nous traitait de « téméraires » et non de courageux et il avait quelques raisons de le croire, notamment au vu de notre taille par rapport à la sienne. Nous avions réussi par le verbe là où les armes de nos aînés avaient échoué 15 ans plus tôt. Nous étions jeunes et soudés par la fraternité des batailles politiques que nous livrions au quotidien. Il n'y avait ni chef ni subalterne. Je n'oublierai jamais ceux qui partageaient à l'époque leur salaire avec moi pour que mes enfants ne meurent pas de faim. Je ne pourrais pas, non plus, oublier la solidarité de tous les Kabyles avec les prisonniers ni celle des avocats et des avocates qui avaient risqué jusqu'à leur cabinet pour nous défendre, et il est vrai qu'ils n'étaient pas tous kabyles. Nous étions tous étincelants de pureté et d'innocence devant la noblesse de nos idéaux. Nous poursuivions alors des objectifs de société et non des objectifs de pouvoir. L'amazighité était notre seul credo. Mouloud Mammeri et Kateb Yacine nos icônes. Le printemps qui nous avait surpris en avril 1980 n'en était que plus majestueux. Nous venions d'enterrer un système de terreur politique devant qui nos compatriotes pliaient l'échine. La Bête n'allait plus s'en remettre, croyions-nous du moins. Hélas ! Il en fallait davantage de douleur et de sacrifices pour la faire reculer et lui arracher quelques centimètres de démocratie ou plutôt d'espace libéré. Nous l'avions appris à nos détriments tout le long de nos multiples arrestations, envois au service militaire ou mutations professionnelles disciplinaires. En tous les cas, la Kabylie était de nouveau fière de ses enfants. Ils venaient, une fois de plus, de sauver son honneur. Le 20 avril 1980 entra triomphalement dans l'Histoire. Il est depuis notre repère qui se voit à partir de tous les coins de notre mémoire collective. C'est à lui que nous devons la « démocratisation » de l'Algérie.

Il y a quatre ans, au printemps 2001, ils étaient jeunes, ils avaient la beauté de tous ceux que la mort courtise. Ils étaient aussi précoces et conscients de leurs responsabilités historiques. Intrépides, les mains nues, ils ont eu à leur tour, l'audace de braver la Bête immonde que nous croyions avoir déjà terrassée depuis octobre 1988. Ils ont refusé notre lâcheté devant l'arbitraire d'un gendarme, apparemment agissant sur ordre, qui tua de sang-froid et à bout portant un jeune lycéen kabyle adorant Matoub Lounès, le chanteur assassiné lui aussi, trois ans auparavant. À leur tour, ils étaient descendus dans la rue pour racheter notre honneur et notre dignité d'adultes. Ils sont morts pour notre liberté. Leur sang a noirci pour des années notre printemps 2001 qui devait commémorer celui de 1980.

Ils nous ont ouvert les yeux pour revendiquer destin propre au peuple kabyle. Ainsi, de printemps en printemps, d'une épreuve à l'autre, la Kabylie se fraye son chemin de liberté à travers les ronces et la jungle de l'Histoire. Longtemps cantonnée dans un rôle qui s'apparente à celui d'une mère porteuse de l'Algérie indépendante au début, de la cause amazighe à l'échelle de toute l'Afrique du Nord ensuite, puis de la démocratie en Algérie. Après s'être honorablement acquittée de tous ses devoirs à l'égard des autres, elle songe enfin à son propre destin et refuse d'être l'éternelle oubliée de l'Histoire. Elle se veut désormais maîtresse de son destin. Elle lutte pour son existence politique et sa souveraineté régionale sur son quotidien et son avenir. Elle a pour devoir d'assurer à ses enfants éducation et sécurité pour leur plein épanouissement dans la fierté de leur identité kabyle. Cette révolution dans nos mentalités, cette soudaine prise de conscience chez nous de l'urgence qu'il y a à rectifier le tir dans le sens de nos intérêts supérieurs a déstabilisé tous ceux qui ne concevaient la Kabylie que comme un vulgaire instrument au service de leurs petites ambitions, ou comme un vivier pour leurs causes plus ou moins douteuses et ce, au mépris de nos souffrances et, aujourd'hui de nos martyrs. Que le pouvoir algérien se rende à l'évidence : il peut toujours acheter peu ou prou de Kabyles, mais il n'achètera jamais la Kabylie. Elle est sur sa trajectoire historique et rien ne pourra l'en dévier. Si ses élites ont eu de tout temps à bégayer devant leurs responsabilités, nous pouvons de nos jours affirmer sans risque de nous tromper que toute la sémiologie de nos expressions de ces années algériennes ne montre qu'une chose : que la Kabylie aspire à être elle-même dans la liberté, la paix et la prospérité avec son environnement géographique et humain. Elle aspire à un avenir de convivialité et de respect mutuel avec tous les Algériens et tous les Nord africains. Continuer d'ignorer cette vérité en lui tournant le dos reviendrait à jouer aux apprentis sorciers. S'il existe de véritables hommes d'État à la tête de l'Algérie, ils feront la démonstration de leurs compétences en allant dans le sens des revendications politiques régionales de La Kabylie et bien sûr des autres régions du pays. Mais si l'on continue, au sommet de l'État, à ne penser qu'à la meilleure manière de l'humilier et de faire obstruction à sa démarche, alors, il est fort à parier que le printemps noir ne sera qu'un épisode moins dramatique que le prochain puisqu'il fait de notre combat un défi permanent. Demain, ceux qui prendront la relève, seront toujours aussi jeunes, toujours aussi beaux., la mèche de cheveux toujours rebelle, obstruant souvent un coin des yeux. Ils seront aussi insolents que leurs aînés et, probablement, un peu plus aguerris, et donc plus efficaces. Leur printemps n'en sera alors que plus beau. De printemps en printemps, la Kabylie se construit au fil du temps.

Paris, le 19 avril 2005

Quelle solution pour la Kabylie ?

Ce texte est celui d'une communication faite au Symposium sur les Amazighs, organisé par EuroMed à Barcelone, en 2005.

L'autonomie régionale en tant que solution à la question kabyle est la dernière proposition que nous ayons faite pour dépasser cette dangereuse situation dans laquelle est enlisée la Kabylie depuis plus de quarante ans. Ce n'est qu'après avoir emprunté sans succès toutes les voies par lesquelles nous escomptions rencontrer, chez nos compatriotes non kabyles, compréhension et fraternité, compassion et soutien moral dans nos luttes au bénéfice de toute l'Algérie, que nous avons été amenés, par la dure réalité de notre isolement de Kabyles, à nous résoudre à la fatalité d'un combat en solitaires pour notre région. C'est une option par défaut plus que par choix. Elle est probablement la pire des solutions… après toutes les autres. Elle n'est le fruit ni de nos élucubrations ni de notre débordante imagination. Le peuple catalan qui nous offre cette tribune internationale à Barcelone, et pour laquelle nous lui exprimons notre reconnaissance, connaît mieux que quiconque les bénéfices qu'il en tire pour sa liberté et son épanouissement.

Bien sûr, tous les acteurs politiques kabyles ne partagent pas encore cette revendication. Nous ne sommes qu'au début d'un processus qui ne manquera pas de s'approfondir au fil des ans et qui ira en fédérant de plus en plus d'énergies possibles, y compris celles qui, aujourd'hui, lui sont hostiles. Ne serait-ce qu'en termes de temps, chacun sait qu'il y a toujours un tribut à payer à l'évolution des mentalités pour opérer un changement radical dans les objectifs que l'on se fixait jusque-là et les stratégies mises en place pour les atteindre. Quel est le véritable problème de la Kabylie ? Quelles ont été les démarches adoptées par ses élites politiques pour le résoudre ? Nous avons le droit aujourd'hui de nous poser les vraies questions pour leur trouver les vraies réponses.

Le problème essentiel de la Kabylie est celui de son existence en tant qu'État et en tant que peuple. Sa révolte armée de 1963 à 1965 face à l'Algérie indépendante est l'exacte réplique de celle qu'elle avait eue contre la colonisation française en 1871. Dans les deux cas, il s'agissait d'une réaction à la perte de sa souveraineté et de la maîtrise de son destin. Dans les deux cas, elle ne s'avoue pas vaincue et rêve d'une alliance avec tous les Nord-africains pour reconquérir ses droits. C'était le cas avec le premier parti indépendantiste qu'elle avait créé en 1926, l'Étoile Nord-Africaine, l'ENA, et qui visait la décolonisation de toute l'Afrique du Nord (Maroc, Algérie, Tunisie) comme avec l'Académie berbère et le Mouvement Culturel Berbère, le MCB de 1967 à 2001. Le problème de la Kabylie est qu'elle s'oublie, à chaque fois, en cours de route et perd de vue la raison initiale de son entreprise : celle de la reconquête de sa souveraineté. En effet, celle-ci s'était mue durant la période coloniale en celle de l'indépendance de l'Algérie, et après 1965 en une revendication identitaire, linguistique et culturelle amazighe. Ainsi, faute de pouvoir assumer ses ambitions et ses véritables objectifs, elle avance masquée. Avec le temps, son identité se confond avec son masque : algérien devant la France et amazigh devant l'Algérie. À la fin, elle confond un élément tactique, l'alliance avec les autres, en un élément stratégique. L'ombre devient la proie, la ruse se transforme en piège dans lequel elle s'enferme d'autant plus facilement qu'elle s'y engage avec passion et conviction, entièrement. Depuis trente-cinq ans, elle s'est réfugiée dans un engagement total en faveur de l'identité et la langue amazighes pour parer au plus pressé : lutter contre la politique d'arabisation qui vise à la dépersonnaliser sans s'exposer, après sa défaite militaire de 1965 sous la houlette du FFS, à l'accusation de séparatisme. Comme la plupart des peuples amazighs se trouvaient, et se trouvent toujours, dans la même situation qu'elle, cela a redonné corps au grand rêve d'un avenir amazigh commun. Pour que cet idéal devienne réalité, il y a lieu de passer par la réalisation d'états régionaux amazighs séparés. Se cantonner dans une revendication commune de langue et d'identité amazighes est un cul-de-sac politique face à des gouvernants dont l'objectif avoué est, à terme, d'anéantir notre identité en nous transformant en de petits Arabes.

Une identité et une langue ne peuvent s'épanouir qu'en ayant un état dédié entièrement à leur service. Seules des institutions souveraines de leur propre peuple leur permettront de se réaliser. Le valeureux peuple catalan est là pour en témoigner. Toute autre démarche est, à mon humble avis, risquée. C'est pourquoi j'estime nécessaire de lever quelques confusions sur la situation actuelle des Amazighs pour faire redémarrer un processus de construction berbère sur des bases plus réalistes, donc plus solides. Entre eux, les Amazighs ont presque autant de points communs que de différences. Le déni d'existence qui leur est opposé, depuis la décolonisation, par les états nord-africains, a sans doute été à la base de cet élan, remarqué depuis plus d'une décennie chez eux, de faire abstraction de leurs identités particulières et de cette croyance, irréaliste pour le moment, en une possible reconstruction de leur État commun édifié une fois, dans l'antiquité, par l'Aguellid Massinissa et une autre fois, au moyen âge, par l'almohade Abdel Moumen. En réalité, ils ne font que reproduire, sur eux-mêmes et à leur insu, le jacobinisme des états qui les arabisent et qu'ils ne cessent de dénoncer. Ils veulent gommer les différences au nom desquelles pourtant ils justifient leur action revendicative. Leurs élites, l'auteur de ces lignes compris, n'avaient pas pu se dégager des carcans idéologiques dans lesquels elles étaient prisonnières, il y a encore très peu de temps.

Malgré l'évocation de la solution fédérale dans les années quatre-vingt-dix en Algérie, c'est à partir d'événements sanglants comme ceux du « printemps noir » en Kabylie (2001) que l'on songe à d'autres voies que celles des utopies et des impasses qui engendrent égarement et/ou effusion de sang. Pour en sortir, rappelons quelques évidences que nos acteurs politiques n'ont pas prises en considération et qui risquent, en continuant de les ignorer, de nous faire toujours tourner en rond.

1. Lorsque l'on parle des Amazighs, c'est comme si l'on parlait des Latins. Ils sont plusieurs peuples, plusieurs pays et plusieurs langues. Certes, ils sont de même origine, mais celle-ci ne peut, à elle seule, fonder un projet étatique commun. Beaucoup de peuples aux origines communes (comme les Slaves) et à la même langue (comme les Arabes) ont des états séparés. Or, les différences identitaires et linguistiques chez les Amazighs sont beaucoup plus prononcées qu'ils ne le pensent. Il leur faudrait un processus historique autrement plus long et plus laborieux que celui de la construction européenne pour que puissent se dessiner les contours d'un destin commun et, forcément, avec l'association et la contribution de nos concitoyens qui se croient encore être des « Arabes ».

2. La langue amazighe en tant que langue commune est plus un mythe qu'une réalité. Il n'y a aucune intercompréhension naturelle entre le touareg, le chleuh ou le kabyle… Les associations amazighes du Maroc qui ont exigé de l'Institut Royal de la Culture Amazighe (IRCAM) de leur fournir immédiatement

une langue berbère unique, produite en laboratoire, en étalent toute l'innocence. Il est temps que les Amazighs se rendent compte que chacun de leur parler est une chance unique, une langue majeure, belle, admirable et qui mérite de la part de ses enfants davantage d'égards que du mépris. Construire une langue commune ne reviendrait-il pas aussitôt à jeter à la poubelle toutes celles que nous avions jusque-là en usage ? Est-ce réaliste ?

3. Les Amazighs ont des rêves qui ne sont pas tous les mêmes sur toute l'étendue de leur sous-continent. Il en est chez qui l'idéal religieux est supérieur à celui de l'amazighité et inversement. Or, face à des conflits de valeurs où, politiquement et idéologiquement, il y a difficulté de conciliation, le réflexe de division et de fraction chez nous est plus facile et plus naturel que chez d'autres peuples. À cet obstacle qui se dresse devant la possibilité d'un objectif commun, il y a lieu d'ajouter notre culture segmentaire qui imprègne des masses amazighes importantes et qui détermine des comportements allant souvent dans le sens du rejet de l'Autre… Amazigh.

Après cet inventaire sommaire des causes qui nous sont intrinsèques et qui rendent la mise en chantier d'un projet politique commun aléatoire, il est nécessaire de le compléter par celles qui ne sont pas de notre responsabilité, qui nous dépassent et sur lesquelles nous avons, me semble-t-il, une grande unité de vue et très peu de prise. Elles sont de deux ordres, nationales et internationales.

a). Nous sommes prisonniers des frontières de nos pays respectifs et de nos nationalités différentes. Nos gouvernants, mus par des considérations politiques et idéologiques aux antipodes de la démocratie et des droits humains, avaient tous décidé, dès l'indépendance, d'en finir avec l'identité et la langue berbères en mettant sur pied des programmes d'arabisation à grande échelle sous le fallacieux prétexte que nous serions Arabes. L'anti-amazighisme y était élevé au rang d'intérêt supérieur de la nation. Les pays européens, leur emboîtant le pas, nous insérèrent d'office et un peu trop vite dans le « monde arabe », malgré les mises en garde des historiens comme Charles André Julien.

b) À l'intérieur de chacun de nos pays, nous sommes loin de constituer des nations achevées. Nous partageons la nationalité avec des concitoyens qui se croient arabes et qui ne voient en la différence amazighe qu'un danger de division, un phénomène dont il faut se méfier et qu'il y a lieu de combattre. En Algérie par exemple, en dépit d'une quarantaine d'années de construction nationale pendant lesquelles nous n'avons ménagé aucun effort pour édifier une société solidaire en faveur de la démocratie et du pluralisme linguistique, nous n'avons jamais réussi à faire adhérer nos compatriotes aux revendications de la Kabylie. À ce jour, les Algériens non amazighophones ne veulent toujours pas d'une langue amazighe comme langue nationale et officielle au même titre que la langue arabe. Au Maroc, même si les Amazighs sont largement majoritaires par rapport à ceux qui ne croient pas l'être, le Royaume est décrété arabe.

c). Dans les pays anciennement colonisés comme les nôtres où coexistent difficilement des peuples différents, voire opposés, la démocratie élective a pour rôle non pas de faire jouer les mécanismes de l'alternance au pouvoir, mais d'assurer la domination d'un groupe ethnique sur les autres.

d). Les États qui nous discriminent ont autrement plus de facilités et de moyens pour s'entendre sur notre dos que nous les Amazighs sur le leur. Ils ont créé l'Union du Maghreb Arabe (UMA) pour, entre autres, organiser leur solidarité contre nous. Pour que les Amazighs puissent, un jour, construire un projet politique et culturel commun, ils devront d'abord se construire en tant que peuples distincts à l'intérieur de chaque pays.

e). Le droit international n'offre pas de cadre juridique pour la protection et l'expression des peuples sans État. Les intérêts géopolitiques des puissances occidentales dans la région ne permettent pas aux Amazighs de se faire entendre ou de se doter d'un état indépendant. Celui-ci déstabiliserait les rapports de forces internationaux établis et menacerait la paix dans cette partie du monde. Par conséquent, il ne reste aux Amazighs qu'une seule voie pour mettre leurs enfants à l'abri du danger de la dépersonnalisation ou de la violence physique et brutale des régimes en place : celle qui consiste pour chaque peuple à construire son État régional à travers un statut de large autonomie que d'aucuns appellent la « régionalisation » ou du fédéralisme. Il nous appartient de choisir entre les modèles catalan ou québécois, flamand ou écossais…

En guise de conclusion, nous pouvons dire qu'en tant qu'Amazighs, nous avons choisi de revendiquer pour la Kabylie un statut de large autonomie comme solution d'urgence, en attendant peut-être un hypothétique état fédéral. Celui-ci est un objectif plus lointain, car il suppose que toutes les régions d'Algérie aient une revendication et des aspirations communes avec la nôtre, ce qui est, malheureusement, loin d'être le cas pour le moment. La Kabylie ne peut plus revendiquer au nom des autres régions qui n'épousent ni sa culture ni ses objectifs politiques. Elle ne saurait non plus se figer dans une situation d'éternelle agitatrice ou d'éternelle victime du régime algérien, en compromettant durablement l'avenir de ses enfants par une instabilité politique chronique qui n'a déjà que trop duré.

Chaque problème politique a forcément une solution politique. Pour celui qui nous concerne, nous nous sommes orientés vers celle de l'autonomie régionale.

Est-ce pour autant la solution pour tous les peuples amazighs ? Il serait hasardeux de l'affirmer de but en blanc. Cela relève de la compétence de chaque région berbérophone non seulement d'exprimer et d'expliciter ses problèmes, mais aussi de leur trouver leur solution. Si la nôtre leur paraît la plus appropriée pour le contexte qui est le leur, cela ne fera que renforcer nos liens de solidarité et nourrir un peu plus ce vieux rêve de tous les Amazighs de mettre sur pied, d'ici quelques générations, un solide édifice institutionnel commun.

Je vous remercie.

Barcelone, le 30 juin 2005

Le printemps berbère et ses prolongements politiques

Après l'assassinat de son fils par des agents algériens (2004), l'auteur devait, par fidélité à Ameziane, continuer le combat et surtout l'effort de réflexion sur le sens de l'histoire de la Kabylie.

Le printemps berbère est, depuis 25 ans, un lieu si commun en Kabylie que le revisiter à la manière du premier venu, à la façon de ceux qui n'en retiennent que les aspects événementiels ou anecdotiques, ou comme ceux qui ne s'y réfèrent que pour s'y mettre en valeur ou chaparder un lambeau de légitimité politique mesquin, serait d'une monotonie accablante. Il me semble qu'avec le recul que permettent le temps et l'évolution des processus historiques complexes des peuples, la vigilance en matière d'analyse exige de l'intellectuel militant une relecture permanente du sens de l'Histoire, et ce, à la lumière des nouveaux concepts théoriques et politiques qu'il maîtrise. Les croyances et les idéologies d'un contexte qui a donné naissance à un événement sont une chose, sa réalité et sa signification profonde en sont une autre.

Revoyons donc notre passé. Le printemps berbère est historiquement daté de 1980. Il avait eu une gestation de trois décennies et une durée de vie de vingt ans. Le « printemps noir de 2001 » auquel il a donné naissance y a mis un point final en tournant une page de notre Histoire. Celle-ci, désormais, s'ouvre sur de nouveaux horizons où la revendication politique supplante l'ancienne revendication culturelle. Cinquante ans pour une quête identitaire! Nous avons pris les chemins les plus sinueux pour chercher après nous-mêmes.

Après avoir été écrasés en 1871 par l'armée coloniale française, les Kabyles qui avaient compris qu'ils ne pouvaient pas récupérer leur souveraineté sans alliance avec leurs voisins étaient contraints d'émigrer en France où ils étaient soumis aux prismes déformants des idéologies dominantes: le marxisme et le nationalisme jacobin qui les empêchaient de se repenser comme un peuple accompli. C'est là l'une des origines du paradoxe du kabyle: à la fois fier de son identité et complexé de l'affirmer face à autrui, de crainte de perdre un soutien, une fraternité ou une amitié. Son besoin inné de liberté a fait le reste. Engagés massivement dès 1926 pour la libération de l'Algérie, les Kabyles avaient subi en 1949 leur premier choc psychologique face à des Algériens qui, au nom de l'arabisme, préféraient continuer de vivre sous le colonialisme français que de reconnaître le fait berbère dans leurs rangs. La première graine du printemps berbère venait d'être semée. Derrière ce déni qui les exclut de la définition de l'algérianité post-indépendante et à la naissance de laquelle pourtant ils avaient tant donné, se profilait le racisme antiberbère dont le Kabyle était déjà le point de mire. Les rédacteurs de la déclaration du 1er novembre 1954, puis ceux du congrès de la Soummam en août 1956 avaient fait l'impasse sur un sujet qui risquait de laisser la Kabylie seule dans son soulèvement armé contre le colonialisme. « On règlera ça entre nous après l'indépendance », se disait-on à l'époque, d'après des témoins encore vivants. Il n'en fut rien. Le congrès de Tripoli en juin 1962, puis la guerre des wilayas au lendemain de l'indépendance de l'Algérie ont fermé la voie à tout règlement d'une question aussi vitale pour la cohésion nationale. La question du pouvoir était hier, comme elle le demeure de nos jours, prioritaire sur celles de la société.

Lorsque la Kabylie avait pris les armes sous la bannière du FFS en 1963, elle ne cherchait en réalité qu'à arracher ce qui, eu égard à ses sacrifices, devait lui revenir de droit : une position qui lui assure, au sommet de l'État, une participation conséquente dans la conduite des affaires du pays. Après sa défaite militaire en 1965, elle était sournoisement appelée « l'ennemi intérieur ». À partir de ce tragique épisode, l'option politique d'arabiser, coûte que coûte, la Kabylie était prise. Interdiction de sa langue à l'école, suspicion et marginalisation de ses élites sur le plan politique, fermeture de la radio kabyle à Tizi-Ouzou, tentatives de fermeture de celle basée à Alger…

Cependant, c'était compter sans la résistance légendaire des Kabyles pour la préservation de leur identité et de leur culture. Une académie berbère était créée à Paris avec Bessaoud Mohand Arav, Mouloud Mammeri assurait bénévolement un cours de langue amazighe à l'université d'Alger jusqu'à son interdiction en 1973, la chaîne II (radio nationale diffusant en kabyle) elle, était investie par de jeunes animateurs militants, les étudiants issus de Kabylie étaient en train, par leur nombre toujours croissant, de rekabyliser la capitale, une nouvelle chanson dite moderne était née et portait ouvertement la revendication de langue et d'identité malgré la censure, l'oppression et la répression. Ensuite, les « poseurs de bombes » de décembre 1975, les débats publics sur « la charte nationale au printemps 1976 puis les succès du club de football de la région, la JSK, avaient douloureusement rappelé au pouvoir que le feu kabyle couvait toujours sous la cendre. À la fin, il avait suffi d'une simple interdiction d'une conférence de notre illustre Dda Lmulud, le 9 mars 1980, pour écrire dans le ciel des Kabyles l'une des pages les plus glorieuses de leur Histoire contemporaine : le printemps berbère ! »

La vision des choses, à la fois généreuse et réconfortante, qui n'était pas que la mienne dans les années 80, et qui est encore celle de nombreux militants kabyles dits « berbéristes », était basée sur deux illusions : 1. Nous croyions que le rejet de l'amazighité n'était le fait que du pouvoir algérien et qu'il ne touchait pas la société arabophone. 2. Qu'il suffirait que notre langue soit consacrée par la constitution algérienne pour que disparaissent d'un seul coup, comme par magie, tous les maux politiques dont nous souffrions jusque-là. Nous fondions donc beaucoup d'espoir sur la démocratisation du pays pour en finir avec les dénis de langue et de citoyenneté qui nous frappaient.

L'onde de choc du printemps berbère avait généré dans notre pays le mouvement des droits de l'homme, ensuite octobre 88 qui a donné naissance au multipartisme que nous connaissons depuis la constitution de 1989 et dont le principal acquis, faute d'une alternance au pouvoir, est un ensemble de libertés démocratiques. Celles-ci ont impulsé chez nous un dynamisme tel que dès 1990 : a) Un département de langue amazighe est créé à l'université de Tizi-Ouzou, puis de Vgayet, b) Le Haut-Commissariat à l'Amazighité (HCA) rattaché à la présidence de la république est mis sur pied après huit mois de boycott de l'école conduit par le Mouvement Culturel Berbère (MCB) en 1994/95 et enfin, c) La reconnaissance de la langue amazighe comme langue nationale est acquise depuis mai 2002, après les événements meurtriers du printemps noir de 2001. Il y a également, auparavant, son introduction au journal télévisé depuis décembre 1991 et à l'école à partir de septembre 1995.

D'un autre côté, des phénomènes négatifs font partie de notre quotidien, issus de ce repère historique :

1. Le mouvement islamiste, préparé par les tenants du pouvoir, dès les années soixante, pour contrecarrer le « berbéro matérialisme » kabyle commence à échapper à ses sponsors contre lesquels il engagea dès 1981 une rébellion armée jusqu'en 1987. Il est réapparu depuis 1989 sous plusieurs sigles dont l'ex FIS, Hamas et Nahda.

2. Les luttes fratricides entre les « démocrates » kabyles ont empêché une avancée conséquente du combat démocratique et de la modernité.

3. Des leçons négatives de notre histoire récente sont aussi tirées par les stratèges du régime algérien qui a appris à manipuler la Kabylie et ses élites pour des objectifs qui ne la concernent

pas (Arrêt du processus électoral en 1992, l'assassinat de Matoub Lounès en 1998, le printemps noir 2001).

4. Un nouveau plan est échafaudé par le régime algérien contre la Kabylie pour la disloquer, y dissoudre les réseaux de solidarité en la livrant à l'insécurité et en réalisant une alliance stratégique avec les islamistes dont les éléments terroristes récemment amnistiés font peser de graves menaces sur cette partie du pays.

Il a fallu que le pouvoir tire sur nos enfants en 2001 pour qu'enfin, une partie d'entre nous en vienne à des révisions déchirantes sur nos croyances et notre itinéraire, nos actes et nos véritables responsabilités dans le drame que nous vivons depuis l'indépendance de l'Algérie en 1962. C'est ainsi que nous en sommes venus à rompre avec les cadres et les idées politiques qui étaient jusque-là les nôtres. Ce n'est qu'à partir de ce moment-là qu'une relecture de notre passé est devenue possible et urgente. Elle nous a fait remonter aux premiers temps de la colonisation française pour nous apercevoir de nos errements idéologiques et politiques et tenter de remettre le fleuve de notre Histoire dans son véritable lit : celui du peuple kabyle et de son droit à recouvrer sa souveraineté sur la gestion d'une grande partie de son quotidien. C'est ce qu'exprime depuis le 5 juin 2001 la revendication d'autonomie régionale pour la Kabylie que porte officiellement notre mouvement, le MAK Les Kabyles forment bel et bien un peuple digne des meilleurs qui existent sur la surface de la Terre. Par conséquent, l'Algérie n'est pas une nation, mais un agglomérat de peuples que tente le pouvoir en place de nier par le terrorisme politique et la confiscation de la démocratie.

Devant cette avalanche d'éléments ayant précipité notre prise de conscience nous nous sommes posés la question de savoir si l'on doit continuer à aller dans le mur ou trouver une autre voie, une autre démarche, une autre espérance pour que l'avenir de nos enfants ne soit plus celui de nos épreuves passées. Pouvons-nous leur préparer la paix, la prospérité et la citoyenneté pleine et entière qui ne se départit pas de la dignité et du respect de l'ensemble de leurs droits légitimes dans leur propre pays, ou bien vont-ils, à leur tour, subir dénis, prison, émeutes, blessures et la mort ? Enfin, allons-nous finir de prendre la Kabylie pour l'Algérie et cesser de nous battre à la place des autres Algériens pour un bonheur et des aspirations politiques qui ne sont pas les leurs ? Allons-nous cesser de leur confisquer la parole et leurs rêves pour vivre et exprimer à notre modeste échelle de Kabyles ceux qui sont juste les nôtres ? Et pour ce qui concerne la démarche n'est-il pas venu le temps de ressouder nos rangs, de réapprendre à dialoguer entre nous, à savoir composer au lieu de nous étriper comme de tradition depuis 1989 ? Pouvons-nous nous considérer comme des partenaires qui, ensemble, sommes promis à une victoire commune certaine ou bien, resterions-nous divisés et, rééditer éternellement nos échecs ?

C'est autant de questions qui nous ont amenés à avoir avec des groupes de Ârchs identifiés et respectés par tous pour la sincérité de leur engagement depuis le printemps noir, des personnalités culturelles de la région, des membres du mouvement associatif et syndical, une initiative pour une marche unitaire ce 20 avril 2006 à Akbou. C'est ainsi que nous lançons ensemble un appel à travers la « Déclaration de Tifrit » du 14/04/06 pour une rencontre régionale sur notre avenir collectif. En guise de conclusion, nous pouvons résumer notre intervention par ces quelques phrases. Le combat de la Kabylie, depuis 44 ans, qu'il ait épousé la revendication identitaire (Mouvement Culturel Berbère MCB) ou celle de la démocratie et des Droits Humains (FFS et RCD) a été un cheminement long et laborieux vers elle-même. Qu'elle ait emprunté la voie des armes sous la bannière du FFS de 1963 à 1965, celle de la manifestation pacifique, mais politique du « printemps berbère » de 1980 ou du « printemps-noir » de 2001, notre région a été de rupture en rupture pour se persuader de sa propre existence et de son bon droit le crier haut et fort, à en exiger la reconnaissance officielle nationale. Dans ce cadre, le 20 avril 1980 marque pour nous l'entrée, certes instinctive, mais par la grande porte, du peuple kabyle en tant qu'acteur dans la maison de son Histoire.

Université de Tizi-Ouzou, le
18 avril 2006

L'Algérie, la Kabylie et la « charte pour la paix et la réconciliation nationale »

Après le massacre du Printemps noir (2001-2003) Bouteflika voulant enterrer très vite ses propres crimes, mais aussi pour se donner de nouveaux soutiens auprès des milieux islamistes, prit l'initiative d'une mascarade référendaire par laquelle, non seulement il s'autoamnistiait, mais par laquelle, il amnistiait aussi les crimes terroristes tout en interdisant aux familles de leurs victimes de faire cas de leur douleur. Bien sûr, derrière l'absolution des islamistes, se cachait celles des tous les crimes d'État commis contre des Kabyles, à commencer par ceux du Printemps noir.

Un référendum visant à plébisciter une « charte pour la paix et la réconciliation nationale » en Algérie est projeté pour le 29 septembre 2005. Peut-on sérieusement accorder à ses initiateurs, à leur tête Bouteflika, le bénéfice de louables intentions ou doit-on considérer leur jeu comme suffisamment connu pour n'inspirer que répulsion et horreur à la Kabylie ? La question est trop importante pour se permettre la moindre légèreté. Aussi, revenons à l'essentiel de cette démarche. De quoi s'agit-il au juste ? Est-il réellement question de paix dans cette charte soumise à référendum comme le répète la propagande officielle ou sommes-nous devant un simple tour de passe-passe, une de ces manipulations à ciel ouvert, dont le système algérien est passé maître pour s'autoabsoudre de ses crimes? Pour nous en rendre compte, commençons par le début.

A. L'opportunité :

Ce n'est nullement le moment pour une telle démarche. Une « réconciliation nationale » suppose une paix déjà rétablie entre les éléments nationaux naguère en conflit. Nous n'en sommes pas encore là, tout le monde le sait. La guerre terroriste que mènent les islamistes algériens pour instaurer chez nous un ordre théocratique à l'iranienne est loin de prendre fin. L'un des deux principaux belligérants, en l'occurrence le GSPC, continue de semer la mort et l'insécurité à l'intérieur comme à l'extérieur du pays et ne cesse de faire connaître son opposition à cette initiative. Pour le moment, ce sont les rues d'Alger qui sont investies par des hommes portant barbes et *qamis* comme avant l'arrêt du processus électoral de janvier 1992. Plutôt qu'une réconciliation nationale, il aurait fallu dès la première année du terrorisme islamiste constituer un gouvernement d'union nationale pour faire face au fléau avec l'ensemble des forces politiques du pays acquises à la démocratie et à la république. Les tenants du système avaient alors craint qu'en contrepartie de cette lutte commune ils ne soient amenés, au bout du compte, à la logique du partage du pouvoir puis à celle de l'alternance. Ils avaient préféré confisquer à leur seul profit le combat national contre l'intégrisme au point de compromettre un rapide retour à la paix et de se rendre responsables de la mort de deux cent mille vies humaines. C'est là, pour eux, le prix à payer pour la réhabilitation de leur régime. Aujourd'hui, non seulement il est trop tôt pour engager un tel processus, mais en plus, il est trop tard pour appeler à la rescousse tous ceux qu'on a délibérément exclus hier du combat contre l'islamisme. Il est vital que l'État se réconcilie d'abord avec ceux-ci avant d'aller à une réconciliation avec ceux qui ont du sang sur les mains. Alors, il préfère, de nouveau, le camp intégriste à celui de la démocratie. Et puis, s'il s'agissait vraiment de paix et de pardon, pourquoi alors tant de gesticulations devant la loi que la France a adoptée sur l'enseignement de « l'œuvre coloniale », chez elle, le 23 février 2005 ? Il est pour le moins paradoxal que, pour des crimes commis il y a plus de cinquante ans, on refuse de passer l'éponge et pour ceux plus récents, donc plus douloureux, nous soyons enclins à fermer les yeux. Les crimes commis sur des Algériens par des étrangers sont-ils plus odieux que ceux commis par des nationaux ? Au vu de ce référendum, nous sommes tentés de le croire.

B. La confusion :

À travers cette charte attribuée à Bouteflika, mais dont l'idée lui aurait été soufflée par Ben Bella, le sommet de l'État s'octroie le confortable rôle d'arbitre dans un conflit qu'il a provoqué, nourri et dans lequel, pourtant, il est toujours aux avant-postes. C'est à la société qu'il fait endosser la responsabilité de la violence comme si, elle était l'un des belligérants. Cette manœuvre lui permet de faire de la victime un bourreau puisqu'il substitue les Algériens au pouvoir et va jusqu'à leur faire porter, à eux, le poids de la culpabilité qui est la sienne dans cette affaire. C'est ainsi qu'il charge le citoyen d'un acte qu'il n'a pas le courage d'assumer lui-même vis-à-vis de l'Histoire et de l'opinion nationale et internationale : effacer des crimes contre l'humanité par une perversion et un dévoiement de la démocratie. De quel droit pourrait se prévaloir l'électeur de ce référendum pour pardonner aux assassins de Boudiaf, de Matoub, de Senhadri... ? Comment pourrait-on expliquer aux filles de Tahar Djaout que, par la puissance d'un bulletin de vote, nous soyons en droit d'absoudre ceux qui ont tué leur père ? En dehors des familles et des proches des victimes de cette violence terroriste, qui peut s'arroger le droit de pardonner aux criminels ? Sinon, seul le président de la République a le droit de grâce. Si Bouteflika veut se montrer clément, magnanime et généreux pour pardonner à ceux qui ont assassiné, torturé ou violé d'autres personnes, la Constitution le lui permet. Il n'a pas, par ruse ou par peur de se griller vis-à-vis du Droit international, à se décharger sur le citoyen pour accomplir un acte dont il est le seul à en avoir les prérogatives. Or, non content de se servir de la légitimité populaire, de manipuler l'opinion publique pour faire porter à la société le poids de cette ignominie, le pouvoir algérien impose de fait un macabre compromis entre deux parties dont un côté n'en est pas une. Il entend ainsi confisquer aux victimes et à leurs proches leur droit au deuil et à la mémoire contre une somme d'argent. Une vie humaine peut-elle se résumer à une valeur marchande ? Il est vrai que la communauté internationale a créé un grave précédent en réintégrant Kadhafi sur la scène diplomatique après paiement d'indemnités aux familles des victimes des attentats contre des avions civils dont on lui attribue la responsabilité. Cela voudrait-il dire que dès lors qu'on peut payer, on peut tuer ?... Si tel est le cas, il y a lieu de s'attendre à des milliers de massacres et de génocides à l'échelle de la planète. Non ! Aucune somme d'argent, astronomique soit-elle, ne vaut une vie humaine, même si, pour ceux qui nous gouvernent, le pouvoir vaut toutes les vies.

Quant à la précision apportée dans le texte soumis à référendum sur les personnes exclues de l'amnistie, notamment celles ayant participé à des massacres collectifs, comment peut-on savoir qui a fait quoi ? Si ces personnes étaient identifiées, pourquoi n'a-t-on pas au préalable rendu publics leurs noms pour qu'elles soient mises au ban de la société ? Et celles ayant tué tel jour un intellectuel, tel autre un policier, un peu plus tard une femme dans une cité, sont-ils amnistiables ? La raison et la morale y perdent leur latin.

C. Violation des conventions internationales :

Les atteintes aux droits humains, notamment les crimes de guerre et ceux contre l'humanité sont imprescriptibles. Même si, officiellement l'amnistie projetée ne toucherait pas les terroristes ayant participé à des massacres collectifs, ce qui restera à démontrer, il n'en demeure pas moins qu'elle sera appliquée à des criminels ayant agi par haine idéologique et ayant commis des actes relevant de la Cour Pénale Internationale ou du TPI.

Personne, aujourd'hui ou demain, n'a le droit de les soustraire à la justice. Opposer le référendum national à la loi internationale est une manœuvre que les ONG chargées des droits humains comme Amnesty International dénoncent déjà. L'Algérie, à travers ce référendum, enfreint les conventions internationales qu'elle a signées et ratifiées et se met au banc des nations. On peut, sans coup férir, tricher avec ses citoyens muselés, mais pas avec les sentinelles internationales qui veillent toujours sur le respect des textes consacrés par l'ONU. Pour que ce référendum se conforme au Droit, il est nécessaire qu'il soit précédé par des procès publics pendant lesquels les criminels seront amenés à expliquer leurs gestes, à être confrontés à leurs victimes, si elles sont encore vivantes, ou à leurs proches. C'est seulement après l'expression du repentir accompagné d'une demande de pardon que l'on pourra accepter le principe d'une amnistie. Toute autre démarche viserait l'amnésie générale et l'impunité. Cela condamnerait le pays à revivre demain, sûrement à plus grande échelle, ce qu'il refuse aujourd'hui de regarder en face. Comme le dit une expression kabyle, ce référendum « *d aserwet verra i wennar*! », autrement dit, il est illégal.

D. Les véritables objectifs du référendum :

Officiellement, le pouvoir qui a initié cette opération chercherait à ramener la paix dans le pays. Ce n'est pas la première fois. Il y a déjà eu la *Rahma* (miséricorde ?) du Général président Zeroual dans les années 90 et la « concorde civile » du premier mandat de Bouteflika dont les résultats sont plus que mitigés. Pourquoi ce qui avait lamentablement échoué hier réussirait-il mieux aujourd'hui avec la « réconciliation nationale » ? Quels nouveaux arguments et quels autres avantages contiendrait cette nouvelle initiative pour avoir plus de succès que ses devancières ? Personne ne peut décemment en avancer un. Les plus optimistes vous diront juste « Ppourquoi ne pas lui offrir cette nouvelle chance ? » Nous voudrions bien leur faire plaisir tant l'aspiration à la paix est d'abord la nôtre. Malheureusement, pour nous tous, aucun indice ne milite pour le moment en faveur de cet optimisme béat. Dans toute guerre, les victimes sont dans leur écrasante majorité des innocents. Et, à chaque fois qu'il y a paix, des vies humaines sont sauvées. Dans les années 90, il y avait eu un armistice signé entre deux parties belligérantes : l'État et l'Armée Islamique du Salut (AIS) dont une partie des troupes avaient déposé les armes et sa réinsertion dans la société était financée par les monarchies du Golfe. Il y avait une comptabilité des terroristes ayant abandonné le maquis que l'on peut brandir. Avec Bouteflika, ce n'est pas le cas. La « Concorde civile » était une offre unilatérale d'amnistie lancée dans le vent à tout terroriste acceptant juste de rentrer à la maison sans obligation de déposer les armes. Un chantre du pouvoir de l'époque parlait de 4500 repentis. Le Premier ministre vient de porter ce chiffre à 6000. On escompte combien de redditions cette fois-ci ? 10 000 ? On peut toujours spéculer sur les prévisions, mais peut-on par contre nous dire combien sont « montés » au maquis depuis et combien vont leur emboîter le pas ? Dès lors que le terrorisme est une activité lucrative à travers le racket, les kidnappings et les assassinats, chaque opération assurant l'impunité à ceux qui se sont enrichis par les crimes de sang, la prochaine amnistie n'est qu'un encouragement pour de nouveaux adeptes de la Kalachnikov. L'amnistie est aux terroristes un appel d'air ! Pas plus que la « *rahma* » et la « concorde civile » qui l'ont précédée n'avaient ramené la paix, le référendum du 29 septembre 2005 ne mettra fin à notre calvaire terroriste. Bien au contraire ! Puisque la paix n'est pas au bout du référendum, puisqu'il n'appartient pas à la société de se substituer au pouvoir, puisque ce n'est pas encore le moment pour cette amnistie, pourquoi alors fait-on cette mascarade référendaire ?

1. l'un des véritables objectifs de ce référendum est donné dans le chapitre « I » de la charte, objet de cette consultation. Intitulé « Reconnaissance du peuple algérien envers les artisans de la sauvegarde de la république… » ce texte énonce dans son deuxième paragraphe : « En adoptant souverainement cette Charte, le peuple algérien affirme que nul, en Algérie ou à

l'étranger, n'est habilité à utiliser ou à instrumentaliser les blessures de la tragédie nationale pour porter atteinte aux institutions de la République Algérienne Démocratique et Populaire, fragiliser l'État, nuire à l'honorabilité de tous ses agents... ou ternir l'image de l'Algérie sur le plan international ».

Tiens, tiens, tiens! Ce n'est donc pas la paix et la réconciliation nationale qui sont recherchées, mais bel et bien l'impunité de ceux qui incarnent l'Etat et ses institutions. C'est juste une autoamnistie à brandir, en cas de poursuites citoyennes devant le TPI, on ne sait jamais! L'image du régime militaire algérien étant trop abîmée sur le plan international, il y a lieu d'interdire toute revendication de vérité sur les assassinats et les responsabilités qui y sont liées, que ce soit à l'intérieur du pays ou à l'extérieur. Ce qui semble gêner les rédacteurs de ce texte incohérent c'est le fait de pouvoir « ternir » l'image du pays à l'étranger. Ils oublient que ce qui porte atteinte à l'image de l'Algérie, je dirais même à l'image de l'Algérien à l'étranger, ce sont les pratiques déshonorantes du régime en place qui n'a pas le droit d'attenter à nos libertés et à notre honneur en essayant de nous réduire à l'état de zombies. Les auteurs de cette « Charte » oublient deux choses. La première est que ce sont ceux qui dénoncent les crimes de ce régime et ceux des terroristes, qui sont les véritables défenseurs de l'image et de l'honneur de l'Algérie. L'Algérien se sentira plus fier à l'étranger le jour où il n'aura plus honte de son régime politique. Recourir à la répression des démocrates et des militants des Droits de l'Homme pour protéger le système est le réflexe qui ternit le plus l'image du pays à l'étranger. Comme nous savons que le pouvoir a les techniques, peu scrupuleuses du droit, pour faire plébisciter sa « Charte » le 29 septembre prochain, il est nécessaire de le mettre en garde contre la promulgation, au lendemain de cette consultation, des lois scélérates qui remettront en cause la liberté d'expression des Algériens. Faire de tous les partisans de la liberté de pensée et de parole des prisonniers comme Mohammed Benchicou est la meilleure manière de salir l'image du pays dans l'opinion internationale. La deuxième chose que les organisateurs de ce référendum omettent, ce sont les dommages collatéraux qu'occasionne leur entreprise. Ils confisquent aux familles des victimes de cette violence terroriste le droit à la vérité, au deuil et au pardon, tout comme ils portent atteinte à la mémoire de ceux qui en sont morts.

2. Le deuxième objectif assigné à cette consultation référendaire est d'ouvrir la voie pour une révision constitutionnelle afin de permettre à Bouteflika de briguer un ou plusieurs autres mandats présidentiels, ce que la loi fondamentale lui interdit formellement aujourd'hui. Mais, ne sommes-nous pas dans un pays du tiers-monde où les Constitutions ne sont que chewing-gum dans la bouche du pouvoir ? Arbitraire quand tu nous tiens !

E. La Kabylie et la réconciliation nationale :

S'il y a une réconciliation nationale à réaliser dans notre pays et dans l'immédiat, c'est d'abord et avant tout celle qui se fera entre l'Algérie officielle et la Kabylie. Depuis l'indépendance (1962), le pouvoir et la Kabylie sont en conflit permanent, sourd ou fracassant. En faisant de la Kabylie l'éternel ennemi interne, les gouvernants successifs du pays ont délibérément choisi la voie de son agression et de sa répression à celle du dialogue avec elle, de l'entente et de la construction nationale. C'est ce qui a creusé chaque jour un peu plus le fossé qui sépare les deux entités depuis plus de quarante ans maintenant. C'est cette oppression au quotidien qui a façonné l'identité actuelle du peuple kabyle. Continuer à traiter la Kabylie par le mépris, à la désigner comme bouc émissaire de l'ensemble des problèmes de l'Algérie, à y entretenir une clientèle de corrompus qui sont vécus comme des traîtres, ne fera que renforcer la conviction des Kabyles qu'il n'y aura, pour eux, de destin accompli que dans le rejet de toute officialité algérienne. Il y a un lourd contentieux entre cette terre rebelle et le pouvoir algérien. Contrairement à ce que croient les tenants du régime en place, la Kabylie a une mémoire collective forgée dans la douleur des épreuves qu'elle a endurées face au système militaire depuis que celui-ci lui a confisqué l'indépendance de l'Algérie qu'elle avait arrachée de haute lutte.

La Kabylie ne se résout à aucun oubli et entretiendra la mémoire vive de Abane Ramdane, Krim Belkacem, celle des 497 éléments du du FFS tombés entre 1963 à 1965, des torturés en toutes périodes de cette histoire commune. Elle ne peut passer l'éponge sur la répression de 1980 et le quasi génocide du « printemps noir ». Elle n'est pas près d'oublier, non plus, l'interdiction de sa langue des décennies durant, la dévalorisation de son identité et de sa culture, le sabotage économique de son territoire et le déni opposé à son existence. La Kabylie n'oublie ni les insultes de Ben Bella, de Chadli Bendjedid, de Ali Kafi, ni celles de Bouteflika qui a poussé l'outrecuidance jusqu'à traiter les Kabyles de « nains » !

Pour qu'il y ait réconciliation nationale, il faut d'abord commencer par demander pardon à la Kabylie. L'actuel président qui avait juré que la langue amazighe ne serait jamais langue nationale et officielle au moment où il offrait sa première amnistie aux sanguinaires islamistes semble récidiver. Non seulement, il entend par ce référendum du 29 septembre lui confisquer sa mémoire en lui interdisant de revendiquer ses martyrs de 1963 à 1965 et ceux du « printemps noir », mais en plus il se donne les moyens politiques pour officialiser, demain, la répression antikabyle. En effet le chapitre que d'aucuns présentent comme celui qui est consacré à la Kabylie est écrit en termes sibyllins qu'il pourrait autoriser les détenteurs du pouvoir à en faire l'interprétation qui leur sied. Pour s'en convaincre, relisons le passage :

> « Tout en soulignant sa volonté d'ancrer l'Algérie dans la modernité, il proclame sa détermination à œuvrer à la promotion de sa personnalité et de son identité. Le peuple algérien appelle chaque citoyen et chaque citoyenne à apporter sa contribution au renforcement de l'unité nationale, à la promotion et à la consolidation de la personnalité et de l'identité nationales et à la perpétuation des nobles valeurs de la déclaration du 1er

> Novembre 1954, à travers les générations. Convaincu de l'importance de cette œuvre qui mettra les générations futures à l'abri des dangers d'un éloignement de leurs racines et de leur culture, il charge les institutions de l'État de prendre toutes les mesures de nature à préserver et à promouvoir la personnalité et l'identité nationales, à travers la valorisation de l'histoire nationale ainsi que dans les domaines religieux, culturel et linguistique ».

Allez donc comprendre ce que cela veut dire ! Si c'est l'amazighité qui est visée par cette « personnalité » et cette « identité » mentionnées ci-dessus, pourquoi ne la désigne-t-on pas par son nom ? C'est quoi l'unité nationale, l'identité nationale auxquelles se réfère cet extrait ? De quel domaine linguistique parle-t-on ? Nous avons tellement souffert depuis très longtemps de la signification de ces notions dans la bouche des chantres du régime, avalé de couleuvres de la part de Bouteflika et de ses prédécesseurs que nous sommes incapables de croire en des engagements formulés vaguement dans cette « charte » et sur lesquels, de toutes les façons, ils sont déjà revenus plusieurs fois.

La Kabylie fidèle à sa mémoire, à son histoire, à ses martyrs et à ses valeurs, la Kabylie fidèle à elle-même et à ses aspirations les plus profondes, n'a aucune raison pour aller voter le 29/09/05. Déjà trop singulière, elle gagnera davantage de lauriers que vont lui tresser ses générations futures en prenant, une fois de plus, l'Histoire à témoin. Notre région a appris à se méfier des sollicitations dont elle fait régulièrement l'objet pour venir en renfort à des entreprises qui visent sa propre destruction. Elle entend désormais ne se consacrer qu'à ses propres intérêts pour lesquels elle a besoin, elle aussi, de la sympathie, de l'aide et du renfort de tous ceux qui jusqu'ici demandaient son intervention.

Alors, le seul vote, le seul référendum que la Kabylie attend est celui qui lui demandera de se prononcer sur son autonomie régionale. Toute autre consultation est diversion et mascarade pour elle. Celle du 29 septembre 2005 comprise.

Kabylie, le 16 septembre 2005

Le Printemps noir : Origines et conséquences

C'est la première réflexion formalisée de l'auteur sur un événement majeur de la Kabylie du XXIe siècle, 3 ans après les faits. C'était dans le cadre de la célébration du 20 avril que l'association estudiantine kabyle « Tikli » de Paris VIII l'avait invité pour donner cette conférence.

Les événements sanglants de Kabylie qui avaient débuté en avril 2001 sont ce que désormais l'on appelle communément le « printemps noir » dont la durée a été de trois (03) ans. Déclenchés par l'assassinat d'un lycéen, le 18 avril 2001, dans l'enceinte de la brigade de gendarmerie de Beni-Douala, localité située à 18 km au sud-est de Tizi-Ouzou, on peut en dater symboliquement l'extinction en décembre 2003 lorsque les Ârchs avaient accepté de négocier perdants avec le pouvoir algérien.

Les origines de ce Printemps Noir sont à chercher autant dans la nature des relations opposant la Kabylie à tout pouvoir qui cherche à la réduire et à la dépersonnaliser que dans une manipulation orchestrée par un clan au sommet de l'État algérien. En effet, ni les Turcs (du XVIe au XIXe siècle) qui avaient réussi à construire quelques fortins sur son territoire, ni les Français (de 1830 à 1962) qui l'avaient écrasée militairement, n'avaient pu obtenir sa soumission définitive. La Kabylie restait toujours fidèle à elle-même et prête à repartir à la reconquête de sa souveraineté à chaque opportunité historique qui s'offrait à ses enfants. Son attitude d'aujourd'hui vis-à-vis du régime algérien ne fait pas exception.

Ayant, depuis 1926, porté et nourri le rêve d'une Algérie indépendante qu'elle a enfin réalisé, en 1962, au prix de plus de sept (07) années de guerre et de centaines de milliers de morts parmi ses enfants, la Kabylie s'est retrouvée de nouveau à sa case départ, face à son propre rejeton, l'État algérien. Celui-ci ne la traite guère mieux que ses prédécesseurs dont il s'est avéré n'être qu'un simple prolongement. Elle demeure pour lui une rebelle, un « danger pour l'unité nationale », « l'ennemi intérieur » pointée du doigt à plusieurs reprises et donc, la région toute désignée pour servir de bouc émissaire au règlement de n'importe quelle crise politique « nationale », la région sur laquelle se focalisent tous les regards de la haine massivement canalisés par les médias acquis aux thèses du pouvoir contre la différence antikabyle. Cette défiance mutuelle s'est traduite par une multitude de faits qui jalonnent leur parcours commun : une guerre, menée de 1963 à 1965, qui s'est terminée en faveur du régime fraîchement installé par la force des baïonnettes à Alger. Un bras de fer quasi quotidien entre les deux belligérants s'est poursuivi par le biais de multiples politiques d'arabisation qui se sont soldées par le printemps berbère de 1980, le boycott de l'école durant l'année scolaire 1994-1995 et l'introduction de la langue amazighe à l'école.

Ce duel permanent entre le pouvoir oppressif et la Kabylie résistante a fait comprendre à certains cercles dirigeants que celle-ci, de par son extrême sensibilité pour tout ce qui touche à sa personnalité, est aisément manipulable par provocation. Ils parvinrent ainsi à leur fin en juin 1998 lorsqu'ils vinrent à en finir avec la présidence du Général L. Zeroual pour mettre à sa place celle de son actuel successeur. Ils suscitèrent des troubles en Kabylie en combinant un effet d'annonce révoltant pour la région, puisque prévoyant la remise en service d'une loi portant généralisation de l'arabisation, et que le malheureux et éphémère président Boudiaf avait enterrée de son vivant, avec l'assassinat du chanteur populaire kabyle Lounès Matoub.

C'est, en apparence, ce qui semble être une tentative infructueuse de réédition du coup d'État de 1998 qui serait à l'origine du printemps noir 2001. Une lutte entre clans au sommet de l'État aurait amené l'un d'entre eux à recourir, une fois de plus, à la provocation de la Kabylie pour se défaire de son adversaire. Sauf que, cette fois-ci, les choses ne se passèrent pas tout à fait comme prévu. Des interventions discrètes, mais fermes de puissances étrangères auraient fait capoter le processus de destitution de Bouteflika tandis que la Kabylie était déjà à feu et à sang. Trois ans de troubles et d'agitation permanents y ont eu pour bilan, plus de 120 morts, des milliers de blessés dont des centaines de handicapés à vie. Ils ont eu, aussi, raison de l'hégémonie des partis et du mouvement qui y avaient un solide ancrage (FFS, RCD et MCB), l'économie locale y est ravagée par des grèves incessantes et les repères politiques y sont brouillés à tel point que les partis de l'oppression kabyle que sont le FLN et son clone le RND y ont obtenu des municipalités aux dernières élections tenues le 24 novembre 2005. Le mouvement des Ârchs que d'aucuns ont appelé « mouvement citoyen » et qui a eu une émergence fulgurante après le premier mois de troubles avait réalisé son haut fait d'armes le plus significatif le 14 juin 2001 à travers une marche organisée à Alger et qui avait mobilisé près de deux millions de citoyens kabyles. La plate-forme d'El-Kseur, du nom de la localité où elle fut adoptée le 11 juin 2001, était avec ses 15 points de revendication le leitmotiv de la Kabylie pendant toute cette période.

En bout de course, nous pouvons résumer le printemps noir et le mouvement des Ârchs à quelques faits majeurs dont certains sont positifs et d'autres dévastateurs.

Incontestablement, ces événements ont redonné cohésion à la Kabylie en la remettant en première ligne face au pouvoir algérien qui, comme sa nature le lui commande, ne sait user que de répression et/ou de corruption. Les sempiternelles et puériles divisions fratricides entre le FFS et le RCD étaient reléguées à l'âge de pierre. Même si la plate-forme d'El-Kseur était loin d'être la panacée au problème kabyle, elle avait eu le mérite de constituer un casse-tête au pouvoir algérien qui ne pouvait l'accepter sans se faire hara-kiri, notamment avec le point 11 qui ne demandait rien de moins que « le transfert des prérogatives exécutives de l'État (...) aux instances démocratiquement élues ». La langue amazighe est inscrite dans la constitution comme « langue nationale » depuis mai 2002, croyant faire barrage par une telle avancée à la revendication d'autonomie régionale apparue le 5 juin 2001. Enfin, ce sont les drames vécus par cette partie du pays dans un silence national et international assourdissant qui ont fait prendre conscience, à une poignée de personnes au début, sur la nécessité d'une autonomie régionale et sur l'existence d'un peuple kabyle que, jusque-là, tout niait.

La conséquence la plus grave du printemps noir, après les vies humaines qu'il a coûtées, est le discrédit du politique dans la région. Une fois les partis mis en marge de la société, le mouvement des Ârchs en est arrivé à se retourner contre lui-même tel un serpent qui se mord la queue. Les démons de la division y ont pris le dessus, mettant en évidence l'inévitable échec d'une organisation humaine horizontale, c'est-à-dire sans hiérarchie. Ceux qui, en dernier recours, y ont pris la grave décision de conclure un pacte de dupes avec le pouvoir algérien et de brader le sang des martyrs contre des avantages personnels ont humilié la Kabylie qui, dès lors, se sent poignardée dans le dos, trahie par ceux-là même en qui elle avait placé toute sa confiance. Elle se met alors à douter de toutes ses élites. À partir du moment où ses partis, ses personnalités en vue, se sont tous servis au lieu de la servir, comment se pourrait-il qu'il existe une exception ? Épuisée par trente-six mois de marches, de grèves, de sit-in, de meetings populaires d'anarchie et de gabegie, la Kabylie est aujourd'hui livrée à l'insécurité, la drogue, la prostitution et le banditisme. Démobilisée, elle a besoin de temps pour reprendre ses esprits et ses forces, pour recommencer à espérer en ses enfants qui lui sont toujours restés fidèles. C'est ce moment de décrue politique qui est choisi par le pouvoir pour tenter de lui planter de nouvelles banderilles en lui envoyant des contingents d'islamistes salafistes afin de réaliser son vieux rêve de l'arabiser par le biais de l'islam et, du coup, la soustraire aux valeurs universelles qui la relient à l'Occident. La Kabylie ne baisse pas pour autant la garde. Son combat séculaire pour sa souveraineté ne peut être abandonné par elle, et ce malgré des trahisons de quelques-uns de ses leaders conjoncturels. Ce combat est à chaque fois repris tel un chant beau et puissant par un passant qui le transmet à d'autres qui, à leur tour, l'amplifient jusqu'à devenir celui d'un groupe, celui d'une foule, celui de tout un peuple : le peuple kabyle ! Celui-ci est désormais en marche pour la réalisation de son destin. Qu'il ne peut concevoir, aujourd'hui, en dehors de son autonomie régionale. Même si le « printemps noir » a déjà des lectures différentes, plus ou moins vraies, plus ou moins erronées, il n'en demeure pas moins un pas dans le sens de la liberté, tel que l'avait prédit Mouloud Mammeri dans l'interview accordée avant sa mort à Tahar Djaout. Le monde libertaire occidental et une certaine gauche française y avaient cru voir se concrétiser l'une des plus vieilles utopies socialistes et de démocratie anarchiste. Le FFS, en revanche, ne le perçoit toujours que comme instrument ayant servi à le détrôner de sa position dominante en Kabylie. Le RCD, après s'en être servi comme d'une béquille pendant deux ans et demi, avait fini par dénoncer les animateurs des Ârchs qui s'opposaient à la candidature de son premier responsable aux présidentielles de 2004. Pour ce qui nous concerne, ces événements sont en fait une révolution politique. Ils marquent le passage d'une vision d'une Kabylie en soi, diluée dans le nationalisme algérien avec lequel elle s'était jusque-là confondue, vers celle d'une Kabylie pour soi. Le document qui en témoigne le mieux est la plate-forme d'El-Kseur. Ses quinze points de revendications sont pour certains de dimension algérienne, comme l'allocation chômage pour tous les Algériens adultes qui ne travaillent pas, la langue amazighe comme 2e langue nationale et officielle, le point 11 déjà évoqué plus haut, une 2e session du baccalauréat de l'année 2001 pour l'ensemble des candidats même s'il n'y avaient que ceux de Kabylie qui étaient concernés par les troubles du printemps noir, et pour d'autres, spécifiquement kabyles, tel le départ des gendarmes du territoire de la Kabylie, le plan d'urgence socioéconomique pour la région. C'est donc, avec le basculement d'un siècle à un autre, d'un millénaire à un autre, qu'il y a eu aussi le basculement de l'Histoire de la Kabylie vers l'Histoire du peuple kabyle qu'aucun pouvoir ni personne, ne peut plus arrêter. Le printemps noir est un accouchement qui s'est fait, comme de tradition, dans la douleur. Il reste au nouveau-né dans un premier temps à grandir et ensuite à postuler à ses droits légitimes. L'Histoire est désormais de son côté.

Paris, le 25 avril 2006

La symbolique du 20 avril 1980

La révolte citoyenne kabyle appelée le « Printemps berbère » est devenue un fonds de commerce de certains acteurs de l'époque avec laquelle ils obstruent l'horizon du combat kabyle pour la liberté. Cette conférence donnée à l'université de Tizi-Ouzou remettait les pendules à l'heure.

La symbolique du printemps berbère est, par certains aspects, autant galvaudée que dévoyée par ses propres artisans. Il n'y a donc pas lieu d'être abusé par ceux qui renient et occultent le sens du combat de la Kabylie en faveur de son identité et du droit à son existence en le noyant dans le seul combat pour la démocratie et le respect des droits humains. Autant le dire d'entrée : le printemps noir 2001, celui de la jeunesse d'aujourd'hui est aussi noble, aussi juste et aussi grandiose que celui de leurs parents, sinon beaucoup plus. Il ne s'agit pas pour nous d'opposer un printemps à un autre, des époques et des générations. À chaque temps, son combat. Il y a lieu de se décomplexer vis-à-vis d'un passé auquel le présent n'a rien à envier en termes de sacrifices. Nous avons encore du chemin à parcourir avant de mériter un peu de repos. La génération d'aujourd'hui ne connaît le 20 avril que par des récits plus ou moins vrais, plus ou moins tronqués, faits par un certain nombre d'acteurs qui n'hésitent pas à fonder leur trahison d'aujourd'hui sur leur héroïsme d'hier. Notre génération a fini par être rattrapée par ce qu'elle dénonçait naguère chez son aînée, parmi les anciens moudjahidine : aller à la soupe du pouvoir en récompense de ses sacrifices réels dans certains cas, imaginaires dans la plupart des autres, y compris lorsque dans ladite soupe, le sang des martyrs du printemps noir continue de fumer. Pour exemple, on ne peut qu'être scandalisé par la curée à laquelle s'adonne, pour des recasements sociaux, une frange d'anciens militants berbéristes à chaque échéance électorale. Pour autant, rien, absolument rien ne pourra altérer la symbolique d'un printemps kabyle, qu'il soit amazigh ou noir.

20 avril : journée anti-répression

La première symbolique apposée sur la journée du 20 avril 1980 est celle de la journée anti-répression. Dès 1981, du fait de la réaction violente, l'année d'avant, du pouvoir algérien contre la Kabylie cette journée a été placée sous le mot d'ordre de la lutte contre la répression. Ceci a été d'autant plus justifié que les arrestations étaient monnaie courante dans les milieux militants qui se donnent pour nom générique celui de Mouvement Culturel Berbère ou MCB. Je rappelle à titre d'exemple qu'en 5 ans, 1980-1985, j'ai été arrêté 11 fois. Cependant cette perception n'était historiquement qu'une croûte sous laquelle poussaient d'autres symboles, d'autres sens dont nous allons évoquer les plus significatifs d'entre eux à nos yeux. La lecture de l'Histoire ne doit pas s'arrêter à l'aspect anecdotique et aux visions idéologiques qui caractérisent un événement, une époque. Les acteurs croient toujours poursuivre un objectif, essaient de donner un sens à leurs actes sans pour autant savoir en percuter leur réelle signification. Il y a toujours un décalage entre la perception que l'on a d'une action à chaud et ce qu'elle engage en vérité d'historique. Aussi, sous les apparences des événements du printemps berbère se profile une cascade de lectures, dont celle du combat contre la dictature.

Le combat pour la démocratie et les droits de l'homme

En 1980, la dictature algérienne basée formellement sur le parti unique, réellement sur le pouvoir militaire, a plus de 15 ans. L'indépendance de l'Algérie acquise après plus de sept ans de guerre de libération nationale est confisquée à ses artisans, notamment la Kabylie, par ceux qui en guettaient l'opportunité à partir de Tunis et d'Oujda. Ben Bella puis Boumediene ont été les auteurs et les bénéficiaires de ce détournement de l'indépendance. Lorsque le 11 mars 1980 eut lieu, à Tizi-Ouzou, la première manifestation de rue contre le régime algérien, suite à l'interdiction d'une conférence de Mouloud Mammeri, c'était une page d'Histoire qui se tournait, et une autre qui s'ouvrait. La loi du silence imposée au pays par la terreur de la Sécurité Militaire venait de voler en éclats. Le combat démocratique postindépendance était né. Il y aurait de notre part atteinte à la mémoire des martyrs du FFS de 1963-1965 (près de 400) que de les spolier à notre tour de leur part de sacrifice en faveur du combat démocratique. Il y a juste lieu de faire la distinction entre une lutte armée pour la démocratie et qui, si elle avait réussi, aurait aussi pu accoucher d'une nouvelle dictature, et le combat pacifique d'avril 1980 pour les libertés démocratiques. Plutôt que de s'attaquer à la tête du régime comme visait à le faire l'insurrection du FFS, le printemps berbère en sape les fondements à travers la liberté d'expression avec laquelle il fit irruption dans la rue. Il a montré que chaque citoyen a le droit de protester contre l'injustice et l'arbitraire qui caractérisent le système politique algérien. Et ce n'est qu'une suite logique qu'un processus historique de démocratisation du pays, parti du printemps 80 ait pu avoir une extension au combat pour les droits humains avec, notamment, la création de la Ligue Algérienne de Défense des Droits de l'Homme. Mais du fait des causes réelles à l'origine de cette révolution politique, il est nécessaire de chercher sous le combat démocratique, celui mené pour les droits identitaires et linguistiques amazighs.

Le combat pour l'amazighité

Cela a commencé par la politisation de la culture. En consacrant par les textes et la pratique le déni identitaire amazigh d'un côté, et la survalorisation de l'identité et de la langue arabes de l'autre, la dictature a semé les germes de sa propre destruction et de celle du pays tout entier en semant la haine et la division entre Algériens. Le racisme anti-amazigh est désormais constitutionnalisé. L'Algérie ne dénonçait la politique d'apartheid de l'Afrique du Sud, en son temps, que pour mieux masquer celui qu'elle pratique contre les berbérophones chez elle. Elle est restée fidèle à l'irresponsable déclaration de Ben Bella à sa sortie de prison au lendemain de l'indépendance dans laquelle il proclamait en dépit du bon sens : « Nous sommes des Arabes, nous sommes des Arabes, nous sommes des Arabes ! ». S'ensuivit logiquement une politique d'arabisation de l'école, des médias et de l'environnement et dont l'objectif officiel était la « récupération de la personnalité algérienne ». Qu'y a-t-il de plus efficace pour la mort d'un peuple que de tuer sa langue ? La nationalité est ainsi déniée à tous ceux qui ne se reconnaissent pas en tant qu'Arabes. En réalité, cette arabisation ne vise que l'extinction du fait amazigh en général et du kabyle en particulier. La donnée amazighe est exclue des « constantes nationales » que sont l'arabité et l'islamité alors qu'elle est la seule donnée à avoir eu une permanence sur le territoire nord-africain depuis la nuit des temps. De déni en provocation des berbérophones, le régime en voulant pousser son avantage et donner le coup de grâce a fini par produire la révolte qu'il croyait impossible. Comme toutes les dictatures, il est resté aveugle et sourd aux souffrances et aux douleurs de ses opprimés. Le réveil fut donc brutal au printemps berbère de 1980.

Cependant, nous avons encore à aller en dessous de l'épaisse écaille amazighe pour y découvrir le combat identitaire du peuple kabyle.

Le combat pour les droits du peuple kabyle

Historiquement, une revendication en cache une autre. Tout en ayant une réalité socioculturelle et historique profonde et irréfutable en Kabylie, l'amazighité n'en était pas moins un simple paravent de la kabylité. Tout en restant le substrat humain et culturel dans lequel la Kabylie plonge ses racines, elle n'aura formé qu'une couverture, non pas pour la « langue française » comme s'évertuent à le dénoncer les islamo-baathistes de tous poils, mais, pour l'affirmation identitaire kabyle. Nous n'en voulons pour preuve que le fait que le printemps berbère n'a été des années durant que kabyle. Les autres berbérophones algériens, (Chaouias, Mozabites, Touaregs...) suivent les événements de Kabylie davantage en spectateurs qu'en acteurs. Les visières idéologiques vissées sur nos têtes depuis les années 20, superposées sur la peur de répression par un régime sanguinaire, justifiaient l'occultation du fait kabyle et la perception du mouvement de l'Histoire dont l'objectif est l'émergence d'un peuple et d'une nation du même nom. Les différentes époques historiques successivement enclenchées par la Kabylie de 1857 à nos jours s'articulent les unes aux autres, s'emboîtent harmonieusement dans un mouvement de quête de souveraineté et d'affirmation de son existence et de ses aspirations à recouvrer ses droits légitimes. La dernière phase marquée par le printemps noir de 2001 et qui est le prolongement historique naturel du printemps berbère d'avril 1980 nous en dévoile le véritable sens. C'est dans la plateforme d'El-Kseur qu'il faut en chercher les preuves. En effet, ce document ayant marqué cette étape de notre vie montre le moment M où l'Histoire a basculé. On y trouve aussi bien la prégnance des anciennes idées occultant la kabylité sous le manteau de l'amazighité et le début d'une affirmation kabyle, certes timide et diffuse, mais qui n'en est pas moins réelle. Ainsi, on peut y trouver d'un côté des revendications nationales voulant faire le bonheur des Algériens malgré eux comme une allocation chômage pour tous ceux qui n'ont pas de travail, le refus de l'économie de bazar et, de l'autre des demandes spécifiques à la Kabylie comme l'interdiction du corps de la gendarmerie sur le territoire kabyle ainsi que la mise en place d'un plan d'urgence socioéconomique pour la Kabylie. C'est aussi et surtout ce moment révolutionnaire qui nous a amenés, nous acteurs d'avril 80 et au nom du MCB à revendiquer une autonomie régionale pour la Kabylie. La boucle est bouclée. L'horizon, malgré ses nuages noirs, se dégage de plus en plus devant la marche du peuple kabyle vers sa lumière.

Symbolique de l'avenir

Nos peuples allant toujours de l'avant vers le recouvrement inéluctable de leurs prérogatives et de leurs droits légitimes réajustent leurs objectifs et leurs symboliques en fonction de la vision qu'ils ont d'eux-mêmes et de leur avenir. La symbolique d'une date, d'un repère historique est dynamique, jamais statique.

Par ailleurs, au vu des plans machiavéliques échafaudés contre la Kabylie, de leur mise en œuvre à travers des agressions quotidiennes contre le peuple kabyle j'invite l'ensemble des forces politiques, sociales, économiques et culturelles kabyles à réfléchir à la manière de mettre, ensemble ou séparément, sur pied un PLAN DE RÉSISTANCE PACIFIQUE DE LA KABYLIE.

Confiant en le travail inexorable du temps et de l'Histoire devant notre prise de conscience de ce que nous sommes et de ce à quoi nous aspirons, je reste persuadé que l'avenir de liberté n'est pas bien loin des peuples amazighs en général et du kabyle en particulier.

Université de Tizi-Ouzou, le
15 avril 2007

Demande officielle d'un statut d'autonomie pour la Kabylie

C'était à l'occasion du 7e anniversaire de la Déclaration du 05/06/2001 et à partir de la poste d'Adekkar (localité à mi-chemin entre Vgayet (ex Bougie) et Iâzzugen (Azazga) que cette lettre fut envoyée le 7 juin 2001, en recommandée avec accusé de réception aux instances algériennes (Présidence, gouvernement, parlement, sénat et conseil constitutionnel), avec copie aux instances internationales. Elle fut rendue publique lors d'une conférence de presse, le soir même.

La question kabyle empoisonne le climat politique de l'Algérie depuis que celle-ci a accédé à son indépendance. Au bout de quarante-cinq ans de confrontation, les relations tendues entre le pouvoir algérien et la Kabylie ont structuré, de part et d'autre, des réflexes de défiance mutuelle n'ayant fait, au fil du temps, que se radicaliser. Leurs rapports sont minés par ce qu'il convient d'appeler le principe de la « rivalité mimétique », ceux d'ennemis irréductibles. L'avenir, selon cette logique et le processus enclenché par la rébellion armée de la Kabylie en 1963 ayant abouti à la révolte du « printemps noir » (2001-2003) en passant par le « printemps berbère » de 1980, est très gros de risques si, du moins, un pacte sérieux n'est pas conclu entre les deux parties. Nous savons que pour la présente initiative, les élus et les forces politiques auxquelles ils appartiennent auraient pu constituer de plus légitimes « représentants » de la Kabylie et de meilleurs interlocuteurs pour le pouvoir. Hélas! Dès lors qu'ils ne reconnaissent même pas l'existence du peuple kabyle, celui-ci et l'Histoire les en a disqualifiés déjà à maintes reprises. Une fois insérés dans le jeu électoral algérien, ces partis et leurs élus ont des objectifs de carrières et de pouvoir aux antipodes des aspirations de leur société et de leur peuple. Si tel n'était le cas, le pouvoir algérien n'aurait pas été amené à négocier à deux reprises au moins (Boycott scolaire de 1994-95, et printemps noir en 2003-2004), avec des organisations populaires kabyles officiellement non reconnues : Le Mouvement Culturel Berbère (MCB) et le Mouvement des Ârchs! Le problème de la représentation démocratique du peuple kabyle sera résolu par les urnes, en temps opportun. L'essentiel pour le moment est d'identifier le vrai problème et d'apporter la vraie solution. C'est du moins notre devoir de le faire devant les hommes et devant l'Histoire avant que cette solution ne soit dépassée sur le terrain. Entre la Kabylie et le pouvoir algérien, il n'y a pas qu'un malentendu, il y a un abîme.

D'un côté, la Kabylie qui avait son organisation propre avant la colonisation française de 1830 et contre lequel butait déjà la Régence d'Alger croyait soit en un nouvel État algérien basé sur l'autonomie des Wilayas de la guerre d'indépendance, soit sur une Algérie confédérale dans laquelle la citoyenneté serait aux antipodes des « deux collèges » de la période coloniale qui discriminait les « indigènes » au profit des Européens. Bref, elle croyait en un possible recouvrement, ne serait-ce que de manière partielle, de sa souveraineté perdue face à la France. La guerre d'indépendance lancée le 1er novembre 1954 et sa Déclaration étaient davantage dictées par l'urgence historique qu'il y avait à mettre fin au système colonial que par la restauration d'un mythique État algérien. L'avenir de liberté était mal défini. Pire! Il n'a été à aucun moment discuté entre les rédacteurs de la Déclaration du 1er novembre 1954 qui n'énumère que des principes généraux susceptibles d'entraîner le reste des régions du pays, autre que la Kabylie et les Aurès qui étaient déjà prêts. L'essentiel était de déclencher un processus armé menant à terme à l'indépendance de l'Algérie. Les problèmes politiques internes étaient différés sine die. Le Congrès de la Soummam, tenu en Kabylie en pleine guerre et sur initiative de Abane Ramdane, un Kabyle, était préoccupé par les mêmes urgences et il fut contesté dans son fond comme dans sa forme par les adversaires déjà déclarés de la Kabylie et dont certains, même après avoir accédé à la magistrature suprême, en récusent à ce jour l'esprit et les termes. Cela n'a pas empêché la Kabylie de s'engager corps et âme dans la guerre jusqu'à son terme, le 19 mars 1962. C'est à ce moment-là que les responsables politico-militaires kabyles ayant survécu à plus de sept ans de guerre réalisèrent que leur idéal de liberté pour lequel leur peuple kabyle a tant donné était en train de leur filer entre les doigts. Ils engagèrent une guerre contre le nouvel État algérien sous la houlette du FFS et de son leader charismatique Hocine Aït Ahmed qualifié par les tenants du régime de « sécessionniste » et de « séparatiste ».

Après leur défaite face au régime d'Alger, les Kabyles ne se sont jamais reconnus dans l'État algérien qui se confond avec son pouvoir. Depuis l'indépendance de l'Algérie, le Kabyle tourne délibérément le dos au pouvoir et à ses institutions oppressives. Luttant pour son identité, sa langue et sa culture dans un nouveau pays qui se dit « arabe » et dans lequel il est minoritaire, il aspire à la démocratie et au respect des droits humains susceptibles de lui garantir un minimum d'espace de survie. La Kabylie a porté les coups de boutoir les plus décisifs au parti unique à travers le « printemps berbère » d'avril 1980 et la création de la 1ère Ligue algérienne de Défense des Droits de l'Homme. Après 1989, la Kabylie est isolée et son rêve de fraterniser avec l'Algérie démocratique s'envole en fumée de feux de pneus et de barricades, de grèves générales, de sit-in, de matraques et de répression qui la marque au fer pour au moins un siècle encore. Ce refus de s'intégrer dans une Algérie arabo-musulmane, antichambre d'une Algérie fasciste et arabo-islamiste à laquelle on arrive ces derniers temps, s'est manifesté par la marche du 25 janvier 1990, le boycott scolaire de 1994/95, la révolte ayant suivi l'assassinat de Matoub Lounès le 25/06/1998, et celle du « printemps noir » de 2001. Depuis, la Kabylie manifeste son désaccord politique avec Alger par le BOYCOTT DE TOUTES LES ÉLECTIONS (Référendums, présidentielles, législatives ou élections générales).

Du Côté de l'État algérien, les actes sont plus graves. En héritant de l'État colonial français, le régime algérien en a prolongé les pratiques, les méthodes, les visions et les réflexes colonialistes, du moins envers les Kabyles dont l'identité, la langue et la culture sont déclarées subversives et férocement combattues par le jeune État algérien. Celui-ci s'est donné pour objectif leur extinction définitive en mettant en place une politique de génocide culturel à travers l'arabisation de leur école qui n'a entr'ouvert ses portes (à la langue « amazighe » et non pas à la langue kabyle) que depuis 12 ans. La Constitution algérienne ne l'a intégrée qu'en 2002 en tant que « langue nationale » et non officielle, sans que cela se traduise par un changement réel de la situation de tamazight dans la société. Il y a donc, linguistiquement et culturellement des super-Algériens et des infra-Algériens. La politique des « deux collèges » sur la base de l'identité culturelle tant décriée pendant la période coloniale est ainsi largement reconduite depuis 1962. Les Arabes sont en Algérie citoyens à part entière, les Amazighs en général et les Kabyles en particulier, sont des sous-citoyens. Ils sont tués, emprisonnés, torturés, surveillés, provoqués, insultés, rackettés et désignés à la vindicte nationale pour leur refus de l'arabisme et de l'islamisme, deux éléments qui sont pour le pouvoir la marque exclusive de l'identité algérienne. Jusqu'ici, tous ceux qui ont eu à présider aux destinées de l'Algérie ont poursuivi inlassablement une politique de dépersonnalisation de la Kabylie pour en finir avec son identité millénaire à travers une arabisation toujours recommencée et toujours plus sophistiquée. Ils n'ont jamais hésité à réprimer, tuer, emprisonner et torturer des opposants ou des manifestants attachés à leur identité kabyle.

La résistance insoupçonnée de la Kabylie à ces assauts décuple à chaque fois la hargne des gouvernants à frapper plus fort, à aller plus loin dans leur hostilité et leur volonté de détruire les structures sociales kabyles. Nous en sommes au quadrillage militaire de la Kabylie pour prévenir des intentions qu'elle n'a pas. Les a-t-on du côté du pouvoir algérien ?

On le voit, les suspicions mutuelles sont l'expression d'un long compagnonnage mortifère où l'engrenage de la défiance a mené les deux parties à un point de non-retour. Le pouvoir algérien estime que les prétentions et les revendications kabyles sont irrecevables pour l'ensemble du pays, Les Kabyles qui sont un peuple autochtone d'Algérie n'ont plus confiance en l'État algérien, quelles que puissent être ses déclarations qui sont immédiatement contredites par ses actes. On n'effacera pas d'un coup d'éponge tant de décennies de souffrance, de discrimination et d'injustice à l'encontre d'un peuple. Un peuple a toujours une mémoire. Même une déclaration lui demandant pardon pour tout ce qu'il a enduré ne résoudra le problème qu'en réparant les crimes commis contre lui. La cicatrisation ne pourra se faire que le jour où la Kabylie accéderait à son autonomie régionale. Il est vital d'éviter l'usage de la force et les dérives de la violence pour résoudre dans le sens des droits reconnus à chaque peuple, la question kabyle.

Les négociations en période de crise aiguë sont toujours tributaires d'un rapport de force déséquilibré qui lèse l'une des deux parties. C'est maintenant qu'il y a une accalmie relative en Kabylie, que le pouvoir devrait faire preuve de sens des valeurs et de responsabilité en acceptant cette main tendue pour une solution de raison.

Aussi, devant l'opinion nationale et internationale, au nom du Mouvement pour l'Autonome de la Kabylie, (MAK) nous proposons :

1. La reconnaissance par l'État algérien, du peuple kabyle
2. l'application d'un statut d'autonomie pour la Kabylie.

Les textes internationaux ratifiés par l'Algérie font, normalement obligation à cette dernière, d'accéder à cette demande officielle émanant d'une organisation kabyle se réclamant du principe des droits des peuples à disposer d'eux-mêmes.

Si certains ont des doutes sur l'aspiration de la Kabylie à prendre en main son destin à travers un État régional articulé à l'État central algérien, nous proposons la tenue, le plus tôt possible, d'un référendum précédé d'un débat dans tous les villages et cités de la Région. Pour tout démocrate, le verdict des urnes est la seule façon de connaître la volonté d'un peuple.

Kabylie, le 5 juin 2008

Avril 1980 : la Kabylie reprend sa marche vers la liberté

La relecture de l'Histoire est un éternel recommencement. En général, ce ne sont pas les faits qui sont en cause, mais leur interprétation. Le regard sur un événement n'est jamais le même d'une époque à une autre, d'un angle à un autre, d'un pays à un autre, d'une génération à une autre et souvent, d'un témoin à un autre... Cela est dû à l'évolution des connaissances, des mentalités, des méthodes d'approche, mais aussi, et surtout des intérêts en jeu au moment où l'on s'exprime sur le sujet...

Le 20 avril 1980 n'échappe pas à la logique des lorgnettes. Bien que vieux de trente ans, il reste d'une actualité brûlante de par ses répercussions et les attestations de légitimité politique que d'aucuns continuent d'en tirer en s'en réclamant. Les événements du Printemps noir de 2001-2003, pourtant plus sanglants (127 morts), plus massifs et plus douloureux, ont laissé moins d'acteurs, à la mentalité de rentiers des « anciens combattants », que n'en a laissé le 20 avril 1980. On peut dire qu'après la guerre d'Algérie et l'entreprise du FFS de 1963, c'est l'événement majeur qui a marqué la Kabylie tant il fonde encore, à tort ou à raison, des convictions, des comportements et régit des stratégies politiques kabyles, individuelles ou collectives. Raconter à grands traits ce que j'ai vécu en 1980 pourrait n'avoir aucun intérêt. En tous les cas, cet acte ne saurait avoir d'autre ambition que de restituer des faits pour la mémoire collective. Notre génération a trop souffert du silence de ses aînés. Je ne voudrais pas que la jeunesse kabyle d'aujourd'hui vive sans repères et sans transmission de l'héritage mémoriel qui nous avait fait cruellement défaut au moment où nous en avions le plus besoin.

Les espoirs d'hier

Pour en imaginer la réalité, nous devons faire un retour sur les circonstances historiques dans lesquelles avril 80 fit irruption et déclencha une tempête dans un ciel, en apparence serein. Le contexte politique dans lequel l'interdiction, le 09 mars 1980, d'une conférence de Mouloud Mammeri, allait générer une révolution kabyle, était celui d'une oppression identitaire et linguistique que la Kabylie n'avait jamais connue auparavant, y compris du temps de la colonisation.

– Rappelons, chronologiquement, les faits saillants ayant précédé cette explosion politique.

– L'Algérie a obtenu son indépendance de la France le 18 mars 1962 suite aux Accords d'Evian.

– Le 29 septembre 1963, le FFS engageait une lutte armée contre le pouvoir d'Alger, incarné par la dictature personnelle de Ben Bella et le Parti unique dans la tradition des démocraties populaires si chères à l'Union soviétique.

– En 1966 naquit l'Académie berbère à Paris. Elle éditait une revue ciblant la jeunesse kabyle au moment où celle-ci commençait, à partir du début des années 70, à envahir et à kabyliser la ville d'Alger, capitale de l'Algérie. Pour parer à ce danger, Boumediene qui a renversé Ben Bella depuis 1965, décide de construire une université à Tizi-Ouzou, en Kabylie. Elle ouvre ses portes en 1977.

– À l'université d'Alger, depuis 1969, Mouloud Mammeri dispensait, aux étudiants kabyles et à titre bénévole, un cours de berbère qui était toléré. Il eut un tel succès qui le fit interdire dès la rentrée 1973-74.

– 1972, la chanson kabyle moderne qui vient de naître va jouer le rôle de relais d'un discours patchwork, composé du berbérisme de l'Académie Berbère, de la sagesse de Mouloud Mammeri et du marxisme de Kateb Yacine. Le tout, au nez et à la barbe de la censure et de la sinistre Sécurité militaire.

– 1974, le concert clôturant traditionnellement la « Fête des Cerises » de Larvâa Nat Yiraten est perturbé par les spectateurs qui réclamaient des chanteurs kabyles.

Décembre 1975, de jeunes Kabyles déposent une bombe devant le siège du quotidien « El Moudjahid » symbole de notre oppression et de notre déni.

– À partir d'avril 1976, un « débat » public est organisé sur l'ensemble du territoire algérien pour doter le pays d'une « Charte Nationale », un texte doctrinaire devant légitimer la dictature en place, en servant de référence au terrorisme politique du Boumédiénisme et à toute vie politique ultérieure. Ce débat, libre les deux premières semaines, révéla dans la société la vivacité de la revendication berbère, exclusivement portée par des Kabyles. Le texte final, soumis à référendum, n'en avait pas tenu compte.

– En été 1978, Me Ali Mecili réussit un attelage historique entre de jeunes militants berbéristes, dont Saïd Sadi, et le leader charismatique du FFS, Hocine Aït Ahmed. Avec le recul d'aujourd'hui, je me rends compte combien cet événement, que beaucoup de témoins passent sous silence, avait compté dans l'engagement du destin kabyle en 1980. Un nouveau programme politique intitulé « Algérie pour une alternative démocratique » fut élaboré et une coopérative culturelle, *Imedyazen*, fut mise sur pied à Paris, au 6 rue Lesdiguières, dans le 4e arrondissement. C'était Mecili qui en avait assuré le financement, y compris pour l'enregistrement de mes deux albums, « Chants Révolutionnaires de Kabylie » (1979) et « Chants berbères de lutte et d'espoir » (1981). La mort de Boumediene le 27 décembre 1978 porta au pouvoir un homme sans ambition et sans projet politique. Mais une fois installé, Chadli Bendjedid décida de passer d'un pouvoir militaire à un pouvoir policier, pour ne plus être l'otage des hommes de Boumediene. C'est ce moment historique qui favorisa l'éclosion du printemps d'avril

1980. La guerre des polices ainsi déclenchée entre DGSN et SM neutralisa les partisans d'une répression sanglante contre la Kabylie.

Si le Kabyle est toujours vécu comme un ennemi interne par l'Algérie, paradoxalement, c'était au moment où il avait le moins de revendications politiques particulières, clairement exprimées, qu'il était le plus opprimé et réprimé. En effet, en dehors de la berbérité comme composante identitaire de l'Afrique du Nord que portait notamment l'Académie berbère à partir de 1966, avec comme figures de proue le Commandant Bessaoud Mohand Arav, Mebarek Redjala, Said Hanouz ou Abdelkader Rahmani… il n'y avait pas d'autre cap que celui d'une Algérie devant intégrer, même de manière charitable, un peu de berbérité.

Les réalisations et leurs limites

La plus grande des réalisations est la démocratisation de l'Algérie. Une fois la liberté d'expression arrachée, les avancées allaient être substantielles, mais insuffisantes.

Le nom de Mouloud Mammeri est consacré au moins par deux institutions, l'université et la maison de la culture de Tizi-Ouzou. Mais il ne fait plus peur au pouvoir qui se permet désormais de le manipuler et le retourner contre les siens. Avec les pseudos colloques que les relais politiques du gouvernement organisent sur son œuvre, le régime dévoie son discours, en occulte le caractère subversif et le folklorise. Même l'alphabet qu'il avait institué pour tamazight, l'alphabet latin, est remis en cause par l'État algérien qui lui préfère la graphie arabe ou tout au moins la graphie libyque. Bref, faute de vrais défenseurs de sa mémoire et de son nom, ce géant, ce monument d'avril 1980 est domestiqué. La langue est enseignée, certes, de manière bancale, mais enseignée quand même, suite au boycott de l'enseignement algérien durant toute une année scolaire (1994-95) et dont je porte l'entière responsabilité. L'autre résultat de ce boycott est la mise sur pied d'un Haut-Commissariat à l'amazighité. Sa portée est anéantie par ses prérogatives bradées par Saïd Sadi en 1995 en échange de sa candidature aux présidentielles de la même année. L'ouverture d'un département de langue amazighe à l'université de Tizi-Ouzou, puis un autre à celle de Vgayet, forment des diplômés en tamazight depuis bientôt 20 ans. Les enseignants ne sont toujours pas titularisés. Un journal, sans images, est assuré à la télévision algérienne, alternativement en kabyle, en chaoui et en mozabite. La radio kabyle, appelée Chaine II, est devenue celle de toutes les langues amazighes d'Algérie : Touareg, Chaoui, mozabite et chenoui). Au lieu de donner à chaque langue amazighe sa radio, le pouvoir a préféré qu'elles se disputent une seule et même antenne. Il a ainsi créé, entre identités amazighes distinctes, des conflits qui leur font oublier celui qui les unissait contre lui. Pour autant, le mur politique dressé en béton armé contre nous depuis 1965 n'est plus que l'ombre de lui-même. Nos incessants coups de boutoir l'ont fait voler en éclats. Le printemps noir de 2001 en a eu définitivement raison. Mais il y a lieu de souligner que ce n'est que le jour où la Kabylie a changé de registre de revendication que le pouvoir a fait semblant de faire un geste en reconnaissant un statut « national » à la langue amazighe dans la constitution algérienne. Le passage de la revendication culturelle et identitaire du printemps de 1980 à une revendication d'autonomie régionale pour la Kabylie a révolutionné la donne politique. On se rend compte aujourd'hui du temps perdu à nous engluer dans des voies d'impasse. Le fait d'avoir passé plus de vingt ans à lutter pour une identité et une langue génériques occultant celles de la Kabylie démontre toute la passion que les Kabyles mettent dans leurs engagements, mais aussi, et surtout leur incapacité à se remettre en cause, à analyser les raisons de leurs échecs répétés. Il y a une telle solennité dans la parole donnée, une telle sacralité dans l'objectif adopté que l'ombre d'un doute leur parait une énorme trahison. Longtemps, nous avions cru que le printemps de 1980 était, au plus, celui d'une revendication de la « langue amazighe », quand par extension, il n'était pas le printemps exclusif de la démocratie. Se revendiquer de sa kabylité était impensable, un tabou. Avril 80 avait généré une matrice politico-idéologique qu'incarnait le Mouvement Culturel Berbère (MCB) et dont le RCD et le néo FFS sont les produits les plus finis. Cette idéologie, elle-même issue des traumatismes de notre histoire des 150 dernières années avait induit un certain nombre de complexes et de réflexes qui occultaient notre identité kabyle, plombaient notre vision de nous-mêmes, et par voie de conséquence de nos possibilités d'émancipation. Aujourd'hui, il serait bon de revisiter l'itinéraire du fleuve kabyle pour le remettre dans le lit de l'Histoire. On se rendra compte que des profondeurs de son peuple, des élites ont été appelées à présider à son destin dans le but de recouvrer sa dignité et sa liberté. Ces élites, en fonction de leurs compétences, de leur sens du devoir et de leur vision du monde ont pris des voies trop sinueuses pour ne pas les mener droit au but. Que ce soit en 1926 avec l'Étoile nord-africaine, le PPA, le MTLD, le FLN du 1er novembre 1954, ou le FFS de 1963 ou le « printemps noir de 2001… c'était ce cri qui jaillit des tréfonds du peuple kabyle sur le long chemin du recouvrement de sa souveraineté.

Après la défaite armée de 1965, le 20 avril 1980 n'était rien d'autre que la Kabylie qui reprend sa marche vers la liberté.

Paris, le 25 mars 2010

Droit de réponse au Premier ministre algérien, Ahmed Ouyahia. La vertu face à la corruption

Ahmed Ouyahia, Premier ministre algérien d'origine kabyle se devait de faire de l'antikabylisme pour se maintenir à son poste. Il avait accusé Ferhat Mehenni de « mercenaire » voulant vendre l'Algérie à Israël et autres ennemis. Telle une prophétie annoncée ici, Ouyahia fut arrêté 4 ans plus tard et condamné à 14 ans de prison ferme.

On dirait que le lever du drapeau kabyle auquel j'ai procédé à New York, devant les Nations Unies, le 11 octobre 2015, a fait trop mal aux tenants du régime algérien à tel point qu'Ouyahia, ex-Premier ministre, s'en est saisi pour espérer refaire surface. Mais en relisant de plus près sa déclaration m'accusant de « vendre l'Algérie aux juifs », j'en conclus qu'on est davantage devant l'ultime acte d'un condamné, qui s'adresse à son supplicié, « Bouteflika » lui demandant de l'épargner, que devant l'expression d'une quelconque conviction. Ouyahia est réputé n'en avoir aucune. Sa demande de grâce adressée à ses puissants adversaires peut aussi avoir deux lectures supplémentaires : La première révèle qu'il met genou à terre. Celui auquel d'aucuns prêtaient encore hier une ambition de présidentiable vient de céder et de les démentir. Pour le moment, il ne cherche que sa propre survie. La deuxième, fait de cette pathétique supplique un acte de trahison de son propre clan, celui du DRS dont il est devenu le dernier des Mohicans après la chute de Toufik.

Les observateurs du paysage politique algérien ont remarqué que tous les généraux qui ont été mis à l'écart ces derniers temps, de Djebbar à Aït Ouarabi, de Ben Hadid à Bendaoud, de Toufik à Touati… (sans compter les officiers d'un moindre rang), ont tous des origines kabyles. Comment peut-il encore croire qu'en tant que Kabyle, il ne subira pas le même sort que ses frères ?

Le rôle qui lui a été octroyé en contrepartie d'un poste à la tête du gouvernement était celui d'endosser les décisions les plus impopulaires. Maintenant qu'il est en disgrâce, il tente désespérément de séduire ceux-là mêmes qu'il contrait, les Bouteflika. Ils vont le jeter en pâture à qui voudrait s'en délecter. Le RND lui sera retiré pour la troisième et dernière fois. Mais revenons sur le fond de l'accusation de vouloir « vendre le pays aux Juifs ». Cette phrase raciste et criminelle a sûrement pour but de me diaboliser et de diaboliser tous les Kabyles épris de liberté. Mais elle nourrit surtout l'antisémitisme et la haine du Juif que cultivent les institutions algériennes à travers l'école, les médias et l'administration. Cette Algérie qui aurait pu être notre bien commun a été assassinée en 1962 par l'armée des frontières. Sa dépouille a été disséquée et vendue aux puissances de ce monde. Le Clan d'Oujda s'en repaît encore. Contrairement à mon accusateur, je n'ai jamais fait partie de ceux dont la liquidation de l'Algérie a permis de s'enrichir. Pour preuve, je suis prêt à rendre publique la situation exacte de mon patrimoine, mais je demande à Ouyahia, Bouteflika, Toufik et tous les autres d'en faire autant. Nous comparerons… Je n'ai jamais été aux affaires algériennes pour qu'on me prête cette intention, cette velléité ou, encore moins ce pouvoir.

Il serait temps que chaque citoyen se demande ce que sont devenus les 200 milliards de dollars supposés, il y a encore un an, être les réserves de change du pays ! Du jour au lendemain, on annonce que les caisses sont vides ! Je ne les ai quand même pas volés depuis mon exil ! Quant au fait de dire que mes intentions vont au-delà de l'autonomie dont il tolère enfin la perspective pour la Kabylie, et que mes velléités sont de « détruire l'Algérie », il y a à la fois une vérité et un mensonge. La vérité est que je milite ouvertement, sans tabou ni complexe, en faveur du droit du peuple kabyle pour son autodétermination, autrement dit, pour l'indépendance de la Kabylie. Le mensonge consiste à me prêter l'intention de « détruire l'Algérie ». À supposer que ce soit vrai, il n'y a plus rien à détruire. Ouyahia et ses maîtres l'ont déjà fait. Si l'Algérie pour laquelle s'était sacrifié mon père avait pris le parti de reconnaître tous les droits des peuples qui la composent ; que la liberté, la démocratie, les droits humains y étaient respectés ; si la préoccupation des gouvernements successifs était de construire un avenir à la jeunesse au lieu de les pousser à fuir, de cultiver le respect entre les identités en présence plutôt que de semer la haine pour les diviser, aurais-je eu l'idée de revendiquer l'indépendance de la Kabylie ? Je ne le crois pas. C'est parce que l'Algérie agonise que j'ai le devoir suprême de sauver la Kabylie. Nous sommes ceux qui grâce à notre combat pour arracher l'indépendance de la Kabylie, ouvrons la voie pour permettre aux autres peuples de ce pays créé par la colonisation de suivre notre exemple. In fine le respect, la solidarité, la coopération, l'échange entre tous les peuples de ce territoire émergeront.

Washington, le 17 octobre 2015

Algérie : après la révolution du vendredi, dictature ou chaos ?

Un mouvement de protestation contre un 5e mandat de Bouteflika à la présidence de la République a suscité de nombreux espoirs, contradictoires, au sein des Algériens. Ce texte paru sur le site Huffington Post Canada (27 mars 2019) met en garde les « démocrates », Kabyles dans leur écrasante majorité, contre leur fourvoiement.

Les centaines de milliers de personnes qui descendent dans la rue, grisées par l'euphorie collective et la certitude de faire chuter un système déjà largement craquelé, savent-elles ce qui les attend demain ?

Plus qu'au temps de leur guerre d'indépendance, les « Algériens » gagnent des sympathies en France où médias et classe politique semblent admiratifs devant la Révolution du vendredi. Pacifiques, colorées, souriantes et bon enfant, les gigantesques foules qui se déplacent chaque vendredi depuis le 22 février 2019 pour faire tomber un système politique mi-colonial, mi-soviétique, nourrissent l'espoir d'un printemps démocratique en pays dit d'islam.

Même si, chez les élites parisiennes, l'orientalisme a encore de beaux jours devant lui, et plutôt que d'avoir confiance dans le hasard, il serait bon de contester la symbolique et les rapports de force en présence à Alger. L'avenir risque de déchanter dramatiquement et plus vite qu'on ne le croit.

Dès lors que le problème n'est plus la candidature de Bouteflika à un 5ᵉ mandat présidentiel, essayons de voir un peu plus clair et plus loin.

Les centaines de milliers de personnes qui descendent dans la rue, grisées par l'euphorie collective et la certitude de faire chuter un système déjà largement craquelé, savent-elles ce qui les attend demain ? Assurément non. Elles sont, au mieux, en train de faire le lit d'une nouvelle dictature, plus féroce que la précédente. En effet, il y a lieu de s'attendre soit à l'émergence d'un nouveau Pinochet parmi les militaires assumant un bain de sang à grande échelle, soit au retour des islamistes qui tenteront d'imposer leur ordre en exterminant tous ses mécréants rationnels et autres rêveurs de démocratie. Les démocrates seront encore une fois les instruments de leur propre malheur comme en Iran en 1979.

Ce qui rend ces deux alternatives possibles, c'est un faisceau de principes de base :

1. Le système se confond avec l'État. Il n'y a pas de recette pour faire tomber l'un, tout en conservant l'autre.

2. Les élites politiques ont toutes été corrompues par lui et sont disqualifiées aux yeux de la majorité des Algériens. Il n'y a pas parmi elles une figure charismatique en mesure de fédérer une majorité de citoyens aux repères régionaux plus prégnants que les nationaux.

3. Dans un pays comme l'Algérie, irrigué par l'intégrisme islamiste, la xénophobie et la haine de l'Occident, il n'y a pas de projet démocratique qui incite à l'adhésion populaire. Une constituante signifie l'enterrement de toutes les libertés et des droits humains avec la légitimité des urnes.

4. Les islamistes sont en train d'intimer leur rythme à la marche des Algériens en ayant déjà fixé les mégamanifestations hebdomadaires algéroises au seul vendredi, après la prière du même nom. La charge religieuse du vendredi l'a emporté sur des jours comme jeudi ou samedi qui, pourtant, sont aussi fériés et qui auraient été à l'avantage des démocrates.

5. Il n'y a pas de nation algérienne. L'Algérie est une mosaïque de nations. Le slogan « *khawa, khawa* » (tous frères), ayant fleuri sur la bouche de la plupart des marcheurs et dans des messages Facebook, n'est là que pour demander aux Amazighs en général et aux Kabyles en particulier de taire leurs revendications nationales au profit d'un nouveau régime arabo-islamiste.

Les démocrates qui réclament à cor et à cri l'avènement de la deuxième république ne font que légitimer à l'avance la peine de mort à laquelle ils sont déjà condamnés dès son installation.

Enfin, si le scénario de la dictature ne se réalise pas, ce serait alors celui du chaos qui va bientôt se mettre en place. Dans un mois ou deux, les salaires ne seront plus versés, les services non assurés et les pénuries de carburants et de denrées alimentaires vont instaurer un climat de violence. Alors, seuls les peuples d'Algérie (Kabyles, Chawis, Mzabs, Touaregs, Constantinois et Oranais…) remplaceront, par leurs structures traditionnelles, l'absence d'État. Ils parviendront enfin à mettre sur pied ce que la communauté internationale empêche à tort d'émerger en Libye : de nouvelles entités étatiques plus apaisées et plus viables que celles issues de la décolonisation des années 50-60.

27 mars 2019

Algérie : La révolution du vendredi a échoué

Bilan d'une année d'agitation stérile en Algérie et recentrage du débat kabylo-kabyle sur le droit à l'autodétermination du peuple kabyle.
Texte mis en ligne par Causeur

Depuis une année, chaque vendredi, des marches imposantes sont organisées pour réclamer « le départ du système ». L'heure est désormais au bilan. D'emblée, arpenter indéfiniment les artères de la capitale algérienne constitue, en soi, une absurdité, n'en déplaise aux nombreux thuriféraires et tous ceux qui essayent d'en faire un support à leurs ambitions. Malgré, sans doute, un baroud d'honneur le 21 février prochain, le cœur n'y est plus, la désillusion installée et les rangs dispersés. La révolution espérée devient un « carnaval » où les ambitions, les espérances hétéroclites et le désœuvrement se rencontrent sur le même parcours. C'est la déroute. De nombreux facteurs l'expliquent, dont les plus essentiels sont :

– La nature coloniale de l'État

– Les enjeux internationaux

– Les intérêts contradictoires des manifestants

– Le caractère inorganisé du mouvement de protestation qui le prive de programme et de stratégie.

Un État colonial

L'Algérie est un avorton de la colonisation française. Sa gestation n'a pas pu aller à son terme pour aboutir à une sorte d'Amérique ou d'Afrique du Sud, où cohabiteraient Européens, Juifs, Chawis, Kabyles, Touaregs, Mozabites, Oranais... L'opération « la valise ou le cercueil » menée vers la fin de la guerre d'indépendance contre les Juifs et les Européens en a détruit les fondations, et a mis les peuples autochtones, fédérés un temps contre le colonialisme français, face à leurs véritables contradictions. Aucun compromis, aucun dénominateur commun n'ont pu réconcilier arabisme, islamisme, laïcisme, berbérisme, féodalisme et j'en passe, en un projet fédérateur national commun. La détention du pouvoir en devient dès lors le point nodal que seule la force (militaire, théocratique ou policière) est en mesure de garantir pour neutraliser de manière active ou dissuasive, les oppositions et sauvegarder l'État.

Une apparence trompeuse

À très court terme, la stabilité régionale et internationale semblait cependant préservée. Dans la plupart des pays décolonisés au milieu du siècle dernier, seuls les militaires se sont imposés et donnent forme au pouvoir. En réalité, ce pouvoir n'est qu'une apparence. Les peuples qui, par simple héritage colonial, ont été rassemblés dans une Nation algérienne fabriquée, aux contours étendus et trop géométriques, sans se concerter dans le cadre d'un pacte fondateur initial, restent opposés, méfiants, étrangers les uns aux autres. Leurs intérêts au demeurant, jamais clairement précisés, apparaissent pour une large part, dans les faits, comme étant très contradictoires. À l'occasion des marches ces douze derniers mois, leur éphémère alliance tacite contre le pouvoir militaire a rapidement volé en éclats. Certainement du fait que les Kabyles se sont massivement investis dans ces manifestations hebdomadaires, dans l'espoir inavoué d'une redistribution des cartes en leur faveur. Une étape capitale, indispensable, obligerait les entités régionales, les peuples dont la diversité constitue potentiellement une formidable richesse, à s'assumer, se reconnaître et si les intérêts sont convergents, à se fédérer autour d'objectifs communs. Cette étape n'a jamais eu lieu et de ce fait, la nation algérienne demeure une maquette, un concept, mais pas une réalité.

Aux ordres des uns…

Par l'ampleur de cette mobilisation, l'Algérie (à l'instar de la Libye) suscite des convoitises qui, par une chaîne de sous-traitances, aboutissent, in fine, aux grandes puissances. Devenue un simple pion sur l'échiquier moyen oriental où se joue l'éternelle querelle entre les pays musulmans (Turquie, Iran) et arabes (Arabie saoudite, Émirats, Égypte…), elle est sous obédience. Tantôt aux ordres des uns, tantôt aux manipulations des autres. Entre les responsables militaires qui reçoivent leurs ordres de la péninsule arabique et les islamistes financés par le mouvement Rachad pour infiltrer la contestation, la tenaille est douloureuse et dangereuse. Et le destin de l'Algérie encore davantage hypothéqué, par des ensembles géopolitiques belliqueux.

Intérêts contradictoires des autres

Les objectifs des marcheurs sont aux antipodes, trop éloignés les uns des autres. D'une opposition à la candidature d'un homme, gravement malade, à un cinquième mandat présidentiel (il aura fallu malgré tout attendre cette énième tentative pour obtenir une réaction) et dont s'est servie l'armée pour se débarrasser d'un président et d'une situation encombrants, le mouvement s'est enivré dans le dégagisme tous azimuts, au point où se mêlent dans la foule, des partisans qui rêvent de se dégager entre eux.

Drapeau fédéral amazigh contre drapeau algérien officiel, cadres et militants politiques confirmés contre nouvelles vocations, islamistes contre laïcs, etc. Renforcé, le pouvoir a jeté en pâture un subtil dosage de « têtes » qui représentent tous ces courants, pour faire plaisir aux uns et aux autres, tandis qu'il ravalait sa façade. Cette impossible coalition entre les « opposants » prédisposait ce mouvement à l'échec.

Ni programme ni stratégie

C'est être candide en politique que de croire que l'État militaire cédera la place à l'état civil au motif que des milliers de personnes le demandent chaque semaine avec des affiches, des banderoles et des chansons. La logique militaire veut que le pouvoir ne se donne pas, mais s'arrache. Et dans cette hypothèse, pour y arriver, il faudrait un mode opératoire de type révolutionnaire jamais envisagé dans sa forme adéquate, tant la dissuasion évoquée plus haut semble encore efficace. La télévision officielle algérienne, pour s'en assurer, n'a jamais autant montré de manœuvres, parades et cérémonies militaires, qu'en cette période. Dans sa forme idéologique, la machine est tout bonnement en panne. Des élections qui finirent après deux reports, par avoir lieu ont clôturé « le problème ». Un jeune septuagénaire a été « élu », un nouveau costume constitutionnel lui sera taillé, la parenthèse fermée.

Un mouvement sans organisation est voué à l'échec. Tous les stratèges vous le confirmeront. Et après une année, cette structuration n'est pas encore amorcée, car simplement impossible tant les positions et aspirations profondes sont irréconciliables.

Arabisme et islamisme

Plutôt que de choisir un chef « bien vivant », étape indispensable lors de la création de toute nouvelle structure, la nature ayant horreur du vide, les foules orphelines érigent en leaders des personnalités disparues souvent tragiquement et par trahison, durant de la lutte contre le colonialisme, dont elles brandissent le portrait et louent la mémoire. Certaines tentatives ont par ailleurs été rapidement neutralisées par les partisans du « flou », contexte qui se prête bien mieux aux manipulations déjà évoquées. Ces mêmes partisans mêlent deux objectifs devenus, avec le temps, classiques: favoriser l'arabisme, l'islamisme, l'un ou l'autre ou les deux lorsqu'il s'agit de se diriger contre la Kabylie, le véritable ennemi intérieur dont on veut déboussoler l'aspiration à recouvrer sa souveraineté, blesser son âme et détruire son identité. Avec l'aide de sponsors moyen-orientaux.

Des pions

À notre analyse, pour le moment, les Kabyles qui marchent « contre le système » apparaissent aux yeux des gourous du Rachad, comme des véhicules béliers au service de l'islamisme international et du leadership régional moyen-oriental. En cas de victoire de ce mouvement, ils en seront les premières victimes. Et la répression sera brutale, sévère, par l'alliance du « sabre et du goupillon ». Par son mode opératoire qui consiste en une marche chaque vendredi, un jour férié, après la prière islamiste, la « contestation » ne saurait sérieusement gêner le régime. Les deux parties préparent d'ailleurs ces manifestations à la manière d'une simple « journée sans voitures ». Fourgons de police alignés le long des artères autorisées, vendeurs ambulants d'eau, de thé, de petits drapeaux. L'animal « sans queue ni tête » a bel et bien été domestiqué et fait l'animation quelques heures, le vendredi en général ennuyeux. Mieux encore, ces marches ont davantage légitimé le pouvoir. Leurs laudateurs qui s'évertuent à encenser cette « kermesse hebdomadaire » en la qualifiant de « Révolution du sourire » (on en rit sous cape) contribuent à redorer son image au simple motif qu'il n'a pas tiré sur la foule. Il est aujourd'hui à nouveau fréquentable, voire courtisé, à l'échelle internationale. Chacun va enfin ouvrir les yeux pour constater avec amertume qu'un an de sa vie a été consacré à une entreprise dans laquelle il n'aura été qu'un pauvre pion instrumentalisé pour des objectifs totalement contraires à ce qu'il espérait. La montagne a accouché d'un monstre. Le système qu'on était censé dégager est plus enraciné qu'il ne l'était il y a un an ; le rêve d'un État civil s'est envolé, la démocratie est muselée et l'arabo-islamisme est triomphant ! Pour terminer, tout le monde fait fausse route : ce n'est même pas une affaire de « système », mais d'existence des peuples distincts qui, tant qu'ils n'auront pas chacun son État, seront toujours à l'étroit dans celui qu'on leur demande de partager. Dans toute cette histoire, seul le MAK (Mouvement pour l'autodétermination de la Kabylie) est resté lui-même, la tête froide, sincère et toujours lucide. Pour la Kabylie, comme pour toutes les régions d'Algérie, seule l'indépendance a un sens et un avenir pour leurs enfants.

17 février 2020

Kabylie : en finir avec le statut de « minorité nationale »

Texte inédit, rédigé en mai 2021.

En général, on distingue deux types de minorités nationales : les peuples éclatés et répartis sur plusieurs États par les vicissitudes de l'histoire et le tracé violent des frontières (Kurdes, Touaregs…), et il y a les peuples enclavés dans des pays donnés du fait impérial ou colonial comme l'Écosse, la Catalogne et tant d'autres encore dont la Kabylie. En Algérie, tout le monde le sait, les Kabyles forment un peuple à part. tout comme les Touaregs, les Chaouis et les Imzabs. Ils constituent des minorités nationales qui interpellent passionnément. Quel avenir pour tous ? Rester dans une Algérie qui, quel qu'en soit le modèle politique, les condamne à l'extinction, lente, mais sûre, ou en prendre le large ? Ces minorités ne doivent pas ignorer que leur existence même est une menace permanente sur l'unité du pays dans lequel elles se retrouvent malgré elles. N'ayant de légitimité à m'exprimer qu'en tant que Kabyle, je limite volontairement mon propos à la Kabylie. 60 ans après l'indépendance du pays, la question Kabylie est plus que jamais d'actualité. Elle suscite les débats les plus passionnés et crée des tensions électriques quotidiennes entre Kabyles et leurs vis-à-vis. Un seul tour sur les réseaux sociaux et leurs forums suffit pour en prendre la température. La Kabylie, par son désir de liberté, sa langue et sa tolérance religieuse, pose problème à un pays qui, soumis à l'hégémonie idéologique de l'arabo-islamisme, ne rêve que d'une chose : en finir avec les Kabyles en les assimilant par tous les moyens, y compris par le fer et la terreur. « L'Opération Zéro kabyle » projetterait même un génocide.

Pour que la situation de rupture ainsi engendrée ne s'empire et ne prenne des proportions beaucoup plus dramatiques, pour que les oppositions s'estompent, il y a lieu de régler le problème par la voie démocratique, notamment celle du droit à l'autodétermination. D'aucuns peuvent nous rétorquer qu'il y a d'autres issues au problème des minorités nationales. Or, ceux qui proposent une autonomie régionale, un fédéralisme ou une régionalisation, ne font que souligner davantage le malaise kabyle en tant que minorité algérienne et légitimer un peu plus l'option indépendantiste du MAK (Mouvement pour l'Autodétermination de la Kabylie). Mais pour que chacun s'en convainque, il est bon de s'entendre sur le sens basique de cette expression : qu'est-ce qu'une minorité nationale ? Une minorité, tout court, est d'abord une faible composante numérique. Elle se traduit par une incapacité légale à décider, aussi bien pour soi que pour les autres.

Appliqué à l'âge d'une personne, un mineur est un incapable au sens du droit, un individu sous tutelle, contrairement à un majeur responsable. Or, il en va des peuples comme des individus, à cette différence près que pour les enfants, le statut de mineur est fait pour les protéger, tandis que pour les peuples, il est là pour les dominer.

Une minorité nationale est un peuple prisonnier d'un État qui n'est pas le sien. C'est un peuple colonisé et sommé de se taire et de se fondre dans la majorité. La maîtrise de son destin lui échappe et se retrouve dans l'obligation de s'effacer, s'excuser d'être là, raser les murs jusqu'à devenir transparent. Il n'a droit qu'au folklore pour les besoins de sa dévalorisation et du reniement de ses origines. Une minorité nationale est une tumeur, une gangrène. C'est une malformation génétique à corriger.

Une minorité nationale est soumise en permanence à une forte tension entre l'assimilation et le rejet. Son existence dans un pays donné est toujours problématique. Elle témoigne souvent d'un passé douloureux et d'un avenir incertain avec ceux qui s'érigent en tuteurs de sa vie. Il est ainsi moqué, insulté et violenté. Il rencontre à tous les étages de son administration l'obligation de ne rien manifester qui le distingue des autres. Une minorité nationale est une pollution visuelle. Sa langue est une nuisance sonore. Un habit, un fanion, une musique irritent au plus haut point les regards des gardiens de l'unité nationale. Dans la plupart des cas, une minorité nationale est en fait un peuple étranger, un immigré qui n'a pas les mêmes droits que la majorité, sur sa propre terre. Cela s'est vérifié en Algérie lorsque, l'organisme algérien du Droit d'Auteur (ONDA), dès sa création en 1973, a établi un barème discriminatoire de ses rémunérations sur une base linguistique. Une chanson diffusée en langue arabe était rétribuée 0,50 DA, en français à 0,40 DA et en kabyle à 0,25 DA !

Un peuple minoritaire dans son pays d'insertion est un sauvage à civiliser par l'adoption de la langue et des coutumes des autres. Toutes les politiques nationales visent et tendent à le dépersonnaliser, l'amener à s'aliéner, s'échapper de sa condition identitaire. Une minorité nationale est une sorte de trophée ou de butin ramené d'une razzia. C'est un peuple captif, un prisonnier de guerre qui donne à celui qui l'a capturé un sentiment de supériorité sur lui. Le statut de minorité nationale est donc un enfer. C'est une humiliation et une condamnation à perpétuité, insupportables. Continuer de l'infliger aux peuples devrait être considéré par la communauté internationale comme un crime contre l'humanité. Le statut de minorité est de fait subi par le peuple kabyle depuis 1857. La guerre qu'il n'avait pu remporter contre les armées françaises l'a rétrogradé au rang de minorité régionale de l'Algérie. Si nous en sommes encore à nous battre pour notre droit à l'autodétermination, c'est parce que ce statut de minorité est pour nous une marque d'infamie. C'est un statut assassin, une insulte au peuple que nous sommes.

Quand on parle d'une minorité nationale, dans le meilleur des cas, c'est pour énumérer avec condescendance les rares droits qui lui sont formellement accordés, comme s'il était un individu en garde à vue. En vérité, pendant qu'on met en relief ces « privilèges », c'est toujours pour camoufler les conditions historiques que l'on renforce chaque jour pour le tuer à petit feu. Plus le temps passe, plus un peuple minoritaire se dissout dans la majorité linguistique, religieuse et identitaire du pays. À la fin, ses membres sont aliénés, perdus, digérés par la société, morts et enterrés dans les antres de l'Autre. Faire accepter aux Kabyles le statut de minoritaires, revient à les amener au suicide collectif. Voilà pourquoi il est de notre droit et de notre devoir de le rejeter de toutes nos forces. Maintenant que tout le monde est édifié sur l'issue fatale d'une minorité nationale, chaque Kabyle comprend qu'il y a péril en la demeure. Notre extinction, en tant que peuple, est planifiée ! Allons-nous donc participer au cortège de notre propre enterrement, en suivant ceux qui nous promettent autonomie régionale, régionalisation ou fédéralisme ? Ceci est d'autant plus insensé que l'Algérie ne veut d'aucune solution en dehors de l'assimilation. Il est plus facile pour nous d'obtenir notre indépendance que d'arriver à réformer un pays aussi vaste que l'Algérie et sur lequel, en tant que minorité nationale, nous n'aurons jamais d'emprise.

À cela s'ajoute la politique antikabyle, mise en œuvre depuis 1962, qui ne cesse d'être renouvelée, renforcée, ajustée, affinée, sophistiquée, mise à jour, rendue chaque fois un peu plus agressive, plus violente et plus efficace pour effacer toute trace d'identité kabyle. Les Kabyles sont sommés de s'arabiser et de se fondre dans la majorité des Algériens, s'y dissoudre et disparaître. C'est une politique génocidaire. Quel kabyle, digne de ce nom, peut-il donc accepter une telle perspective ? Dès lors que l'antikabylisme structure fondamentalement l'algérianisme, tout espoir de survie de la Kabylie en Algérie est pure illusion. À terme, la Kabylie devra périr. Tant qu'il y aura des Kabyles en Algérie, celle-ci ne sera jamais une nation aboutie. La Kabylie en est l'obstacle majeur.

En tant que telle, elle devra être neutralisée, vaincue, réduite à néant. L'Algérie ne sera en paix avec elle-même que le jour où tous ses Kabyles cessent de l'être. La mort de la Kabylie est pour elle une nécessité vitale. Tous ceux qui veulent nous faire croire qu'une Algérie plurielle, démocratique et fraternelle est toujours possible sont, au mieux des rêveurs. Nous ne pouvons plus croire au slogan algérianiste selon lequel nous serions tous des frères. Nous y avions cru pendant 50 ans. La fraternité qui n'a pu exister en un demi-siècle ne peut être à l'ordre du jour, à quelque horizon que ce soit !

La seule solution est l'indépendance !

Mai 2021

Deuxième partie

La Kabylie et les amazighs : le droit à la différence

L'avenir de la Kabylie et du monde amazigh

Conférence de presse tenue à Rabat sur invitation du Mouvement Populaire d'Aherdane.

Engagés, depuis les années quarante, dans le combat identitaire et linguistique, la Kabylie et le monde amazigh se sont subitement aperçus en 2001 que la voie qu'ils ont empruntée jusque-là est une impasse. Bien sûr, une impasse n'invalide pas une cause, mais ne lui permet pas d'aboutir. Ayant généreusement servi l'entreprise de décolonisation de leur pays respectif, les peuples amazighs se sont heurtés, au lendemain des indépendances, à des pouvoirs trop englués dans l'idéologie arabo-islamiste et qu'ils ont toujours du mal à délaisser quitte à passer pour de nouveaux colonialistes. Les États nord-africains, soyons magnanimes, ne pouvaient pas percevoir, dès le début de sa manifestation, la légitimité de la demande identitaire, linguistique et culturelle du Mouvement amazighe. Pour eux, l'amazighité était au mieux, une espèce d'étendard de notre arriération, une sorte de souillure de l'Histoire, une maladie honteuse à cacher coûte que coûte devant les autres nations. Mais cette revendication était surtout férocement combattue sous prétexte d'être une menace sur l'unité nationale dont l'arabisme était le socle assimilateur. Ils croyaient que le temps travaillait pour eux. Le monde figé par la guerre froide était de leur côté. Il ne restait à l'expression amazighe que sa répression dont ces États ont largement usé.

En cette opportunité historique qui m'est offerte en ce Royaume du Maroc que j'espère apaisé, je voudrais demander solennellement des pouvoirs en place qui sont, sur la terre de Tamazgha, les héritiers de ceux d'hier, de reconnaître les fautes du passé et de demander pardon à leurs peuples pour tout ce qui a été commis par eux et/ou par leurs prédécesseurs comme assassinat, torture, emprisonnement sur leurs propres concitoyens, ainsi que pour tout ce retard occasionné à la langue amazighe du fait de leur attitude négative vis-à-vis d'elle. Cela permettra de cicatriser les brûlures de l'Histoire récente et de permettre à nos peuples un redémarrage sur des bases plus sereines et plus équitables à même de leur assurer une meilleure insertion dans la modernité, la démocratie et le développement technologique dans le concert des nations. La stratégie du Mouvement amazighe, qui par ailleurs ne pouvait qu'échouer, se basait sur la revendication de la constitutionnalisation de Tamazight en tant que langue nationale et officielle. Une voie culturaliste qui ignorait superbement une donnée fondamentale de la nature de nos états respectifs : le caractère politiquement raciste de ces derniers à l'égard de notre identité et de notre langue. Seul l'élan donné à notre jeunesse par le Printemps amazigh de 1980 a permis de relancer un processus de réappropriation de notre mémoire et de notre quotidien à travers des actions pacifiques, mais qui, hélas, ne pouvaient remettre en cause l'option stratégique panarabiste des pouvoirs nord-africains. Il a fallu la création du Haut-Commissariat à l'Amazighité en Algérie en 1995, puis celle de l'Institut Royal de la Culture Amazighe au Maroc en 2002, pour nous rendre compte de deux phénomènes complexes de notre problème de reconnaissance : premièrement, tant que les pouvoirs anti-amazighs ont le monopole de la définition des objectifs, de la décision de nomination, d'affectation des crédits nécessaires à leurs fonctionnements ces institutions n'auront aucune chance de répondre aux aspirations des peuples qu'ils sont censés servir et qui ont placé tous leurs espoirs en elles. Deuxièmement, l'insoluble problème de la standardisation de la langue nous a révélé que les Amazighes sont des peuples distincts, entre eux, les uns des autres et que par conséquent il nous faut une révision déchirante de nos choix et de notre vision des choses.

Malheureusement, ce n'est qu'après l'effusion de sang de 2001 en Kabylie dont ont été victimes plus d'une centaine de vies humaines que nous en avons pris conscience. C'est alors que l'idée de réajuster notre tir s'est imposée pour nous pousser à revendiquer des autonomies régionales dont, aujourd'hui, dépend l'avenir de tous les Amazighs. En effet la conception jacobine du pouvoir dans les pays nord-africains, héritée de la période coloniale, conjuguée au despotisme oriental indissoluble de tout mode de gouvernance arabo-musulman connu jusqu'ici, ne permet pas d'espérer un changement qualitatif en faveur de nos identité, langue et culture amazighes. S'il en avait la moindre possibilité, nous l'aurions déjà connue. Il n'y a donc de solution que dans la maîtrise de notre destin à l'échelle de nos régions respectives pour que nous puissions changer la donne et faire en sorte que nous donnions à tamazight le statut que nous voudrions qu'elle ait sur nos territoires : celui de première langue, aussi bien à l'école, dans l'administration que les médias et la rue. Passer notre temps à revendiquer revient à nous condamner à la mendicité politique éternelle. Il me semble que nous méritons mieux. Les générations à venir ne nous pardonneraient jamais de réduire leur horizon à la répression, la violence, les sit-in, les grèves générales ou sectorielles pour lutter contre le déni de leur être individuel et collectif. La solution autonomiste ou fédéraliste a pour avantage de ne pas imposer aux autres, qui ne les partagent pas, nos revendications de langue amazighe comme langue nationale et officielle. Elle ne transforme pas le problème de langue, comme c'était le cas jusque-là, en une confrontation nationale entre les tenants d'une option et ceux d'une autre, pour ne pas dire en une guerre civile linguistique. À l'échelle internationale, cette solution des autonomies régionales présente un avantage insoupçonné :

elle évite les dérives humanitaires à la rwandaise, l'ivoirienne, la somalienne, l'irakienne, la soudanaise ou l'afghane... Les pays anciennement colonisés n'ont jamais eu le choix de leurs frontières ni de la définition de leur identité. Le colonialisme avait dessiné à Londres, Paris, Lisbonne ou Rome des cartes géographiques sur lesquelles il avait apposé des noms de pays au mépris des peuples qui s'étaient retrouvés saucissonnés, à cheval sur plusieurs nouvelles identités, et obligés de vivre après l'indépendance sous le joug de pouvoirs aux réflexes ethniquement sectaires, voire racistes. De nos jours, dans toutes ces contrées, la démocratie est compromise tant qu'on n'envisage pas la reconnaissance des peuples à disposer d'États fédérés ou régionaux, car les clivages y sont avant tout ethniques et non pas politiques.

Dans l'ensemble du monde amazigh où la France porte la première responsabilité historique de la situation de déni qui frappe toujours les Berbères, la solution des autonomies régionales est le meilleur garant des unités nationales si malmenées par les pratiques des pouvoirs en place depuis cinq décennies. Elle recréera des solidarités interrégionales et internationales à même de dépasser les rancœurs et les conflits locaux opposant des pays et des peuples. Ainsi, la proposition du roi du Maroc d'une autonomie régionale au Sahara occidental est une avancée significative pour le règlement du conflit qui y sévit depuis trente ans. Les États-Unis d'Afrique du Nord se feront ainsi avec les peuples des régions et non avec les pouvoirs actuels basés sur des considérations d'opposition à l'amazighité, exclue de la définition même de l'actuelle Union. Les unions les plus solides sont celles qui se font par adhésion et non par contrainte.

La Kabylie et le monde amazigh marchent main dans la main sur la voie d'un rêve de fraternité entre eux et avec leur environnement qui, pourtant, leur est hostile. Partis d'une revendication de langue et d'identité méprisée par les tenants des régimes islamo baathistes en place, ils débouchent sur celle de la maîtrise de leur destin en ce qui concerne l'essentiel de leur quotidien. Leur marche ira jusqu'au bout même si l'insécurité qui s'attaque actuellement aux industriels kabyles pour mettre notre économie à genou est voulue par l'A gérie ; même si l'on y envoie officiellement de grosses pointures de l'intégrisme international pour la dévier de son chemin et l'empêcher d'accéder à la liberté. Le combat de la Kabylie profite, de toutes les façons, à tous les Imazighen. Ne dit-on pas ici que « lorsqu'il pleut en Kabylie c'est au Maroc qu'on moi sonne ? !! » Ce n'est qu'une question de temps. Nous recommandons aux gouvernants actuels, y compris dans le souci de leur longévité par voie de réconciliation avec leurs peuples, d'accélérer le pas de cette marche pour éviter de nouvelles épreuves et de nouvelles atrocités à ceux qu'ils ont pour mission de protéger et non de contrôler comme s'ils leur étaient étrangers.

Rabat, conférence de presse,
le 3 juillet 2006

Amazighité : revisiter quelques évidences

Conférence donnée à Rabat (20 mars 2008) dans le cadre de l'Université de Printemps du Mouvement populaire marocain (obédience Amazighe). C'est là, la première tentative de définition de la notion d'amazighité (berbérité) et une invitation des Amazighs à s'accepter dans leurs différences.

Le premier écueil que l'on rencontre, dans l'approche d'un sujet d'étude, se trouve souvent dans sa définition et la manière de le cerner. Au risque de choquer l'assistance, ensuite le lecteur, il est bon de signaler que, jusqu'ici, personne ne s'est aventuré à donner une définition de l'amazighité. Les évidences qui l'entourent n'ont d'égales que l'ignorance et la confusion qui règnent en ce domaine. Tout le monde croit savoir ce que ce terme recouvre sans pour autant se donner la peine d'en creuser le sens. Cette absence de questionnement vient de la priorité imposée à nos élites intellectuelles et militantes de parer au pressé, le génocide culturel qui est en train de se réaliser à travers la politique scolaire d'arabisation. C'est une politique d'aliénation et de dépersonnalisation visant à falsifier notre histoire en inculquant à nos enfants de faux repères culturels et identitaires. L'interrogation et le doute n'étaient donc pas notre urgence, car quand on est engagés dans une action historique, mettant en branle des masses populaires, seules la foi et la conviction sont souhaitées. En fait, la réflexion aurait dû, théoriquement, précéder l'action. Mais c'est là un luxe et un privilège que l'Histoire n'accorde jamais aux opprimés.

Nous nous permettons de nous interroger aujourd'hui pour deux r isons : la première est que le danger, sans être écarté, est plus ou moins domestiqué, maîtrisé. Nous en avons un niveau de conscience et de mobilisation générale jamais égalé. La deuxième nous est offerte par le recul dont nous bénéficions sur notre propre expérience, cela fait au moins trois générations versées dans le même combat qui n'a évolué vers des revendications politiques plus significatives que depuis très peu de temps.

On se permet, en regardant un peu en arrière, un sourire d'admiration pour notre ténacité à persister dans l'erreur et à se complaire dans des voies d'impasse. Le passage qualitatif de la revendication identitaire et culturelle amazighe à celle de l'autonomie régionale nous donne enfin distance et hauteur, nous permettant d'entreprendre le travail de réflexion que nous n'avons, jusqu'ici, jamais pu engager. Aussi, est-il venu le temps de nous remettre en question, de revoir nos évidences surannées, encore cultivées par nos bases militantes. Ces évidences doivent être discutées. Faire l'économie de leur réexamen reviendrait à considérer encore valides des postulats obsolètes source de malentendus accumulés au fil du temps occasionnant de nouveaux retards préjudiciables à notre combat. Ces évidences doivent donc être les premières à passer au crible de l'analyse. Aussi, plutôt que d'aller vers l'étude des interactions entre l'amazighité et le développement, il serait logique de s'attarder sur la notion d'amazighité. Quelle réalité recouvre-t-elle sur les plans géographique et humain, historique et pol tique ? Peut-elle servir de projet commun à l'ensemble des Amazighs et sur quelles bases ? Ce sont là des questions fondamentales que nous ne pouvons esquiver si nous ne voulons pas hypothéquer l'avenir de nos enfants.

L'amazighité est, de notre point de vue, une donnée avant tout identitaire et culturelle de l'Afrique du Nord plutôt que celle de son peuplement hétéroclite. Libre aux anthropologues de tenter de nous définir le type humain pluriel qu'elle recouvre, notamment Méditerranéen au Nord et Africain au Sud. Les Amazighs sont les autochtones de cette terre aux confins méridionaux mal définis et s'exprimant dans une variété d'idiomes dont la très forte parenté ne fait aucun doute. Appelés « Barbares » par les Grecs, Numides et Maures par les Romains, de nouveau barbares par les Arabes qui en transmettent la dénomination aux Français auprès desquels ils sont assimilés aux Arabes en leur collant l'étiquette de Maghrébins, revendiquée par les États nord-africains depuis leur indépendance. Ce sont ces populations qui ont connu de nombreux apports humains venus, au fil des siècles et des millénaires, du pourtour méditerranéen et au-delà (Vandales). Ils ont su, par leur savoir-faire et leur sagesse, développer une culture de l'altérité, de la solidarité, de la démocratie et de l'objection de conscience sur un territoire de plus de 5 millions de km2. Ils y ont mis sur pied une civilisation rurale qui, tout en étant adaptée aux différents reliefs et aux vicissitudes de leurs climats, présente une formidable homogénéité. L'amazighité est un facteur insoluble dans les apports culturels de l'Histoire, un facteur fondamental réfractaire à l'assimilation par osmose ou par processus phagocytaire. Néanmoins, ceci n'est valable que tant qu'elle se stabilise dans sa ruralité. Hors de celle-ci, tel un poisson hors de son élément, elle s'amollit et cède plus facilement aux charmes des cités, sièges traditionnels des envahisseurs, jusqu'à y dormir du sommeil éternel. La cité « Décaplage », près d'Alger, habitée à 80 % par des Kabyles dont les enfants ne parlent plus la langue de leurs parents en est un exemple édifiant. La plupart de ceux qui se prennent aujourd'hui pour des Arabes, sur notre terre, n'ont jamais eu, de leur histoire, d'ascendant venu de la Péninsule arabique. Nous n'avions pas encore compris que l'identité n'est pas celle des origines oubliées, mais celle assumée à l'arrivée, celle de l'identification au moment où on en parle. Ainsi, un Amazigh qui se croit être Arabe peut se manifester comme le pire ennemi de l'amazighité et des Amazighs qu'il vit comme une menace sur son arabité, pourtant d'adoption. L'amazighité est identité, mais l'identité dans le cas des Nord-Africains est indissociable de la langue. N'est, en fait, Amazigh que celui qui pratique encore l'une des langues amazighes. Celui qui en a perdu l'usage, dans nos pays d'origine, est définitivement perdu pour nos revendications linguistiques et identitaires. Voyez l'exemple des Égyptiens. Ils ne convoquent leurs « pharaonité » que pour les besoins du folklore archéologique dont raffolent les touristes occidentaux. Sinon, dans leur quotidien, ils sont plus arabes que les Arabes. Nous, nous avons pour devoir de remettre à nos générations futures cet inestimable trésor linguistique de l'humanité qui n'est plus à présenter comme « l'héritage de nos ancêtres », mais, pour paraphraser les Indiens qui parlent de la planète, comme la langue que « nous avons empruntée à nos générations futures » auxquelles il nous revient de la restituer dans le meilleur état possible.

Ce trésor linguistique est si beau que nous avons failli, par mystification idéologique, le déparer de tous ses diamants. Cette diversité idiomatique n'est autre qu'une diversité de langues belles et majeures qu'il nous appartient de valoriser au mieux de nos compétences.

Tamazight est la matrice originelle qui a généré une pluralité de langues, au même titre que le Latin. Tuer l'une d'entre elles reviendrait à les tuer toutes. Derrière l'autonégation de ces langues se cache l'autonégation des peuples qui les parlent. Il ne s'agit pas de diviser les Amazighs plus qu'ils ne le sont aujourd'hui, mais de les inciter à ne pas reproduire entre eux les réflexes destructeurs dont ils sont victimes de la part des États qui nous gouvernent depuis la « décolonisation ». Nous avons trop souffert de la conclusion d'accords tacites qui ont fondé au Maroc et en Algérie des contrats nationaux sur la base d'une « unité nationale » qui nous nie. C'est pour cela que nous n'avons pas le droit de nous discriminer les uns les autres, entre Amazighs, en décrétant inconséquemment une unité berbère, inexistante dans la réalité. Cette diversité de nos langues va de pair avec une diversité de nos peuples, distincts les uns des autres de par leurs ambitions, leurs priorités et leurs aspirations actuelles. Ainsi, si les Kabyles sont foncièrement laïques, les mozabites, eux, sont fondamentalement ibadites. Maintenant que nous avons réussi à asseoir durablement la conscience identitaire amazighe, il est temps de passer à l'étape de reconstruction de la conscience nationale de chacun de nos peuples. En tant que Kabyle, je n'ai plus de problème à me dire amazigh. Tous les Kabyles savent qu'ils sont amazighs, mais tous les Amazighs ne sont pas kabyles. En assumant mon identité kabyle, il va de soi que j'assume ma berbérité. En n'assumant que mon amazighité, je me mutile de ma propre existence, de ma propre r alité : ma Kabylité. Je m'autodévalorise. Je m'ampute de ma propre dignité. Cela m'est inadmissible.

À partir de ce constat, quel projet réaliste commun peut-on avoir entre Am zighs ? Entre une coalition amazighe et son environnement qui se dit arabe ? Nous sommes en devoir d'apporter des réponses à la hauteur des défis qui sont, aujourd'hui, les nôtres et ceux de l'amazighité. Au vu des insertions géographiques et politiques qui sont celles de nos différents peuples, il serait vain d'espérer, dans l'immédiat, la construction d'un projet commun. Ce qui nous rapproche par-delà nos frontières et notre éloignement géographique les uns des autres, ce sont, essentiellement, l'oppression et la négation dont nous sommes tous victimes dans nos pays respectifs. Cette oppression ne peut pas, à elle seule, fonder un projet politique commun entre Amazighs. Ce sont essentiellement deux erreurs d'appréciation qui nous ont mis dans la situation déplorable dans laquelle nous sommes piégés depuis les « indépendances » de nos pays respectifs actuels.

En premier lieu, il y a cette illusion d'optique qui nous faisait croire, pendant la colonisation, qu'avec l'autre opprimé partageant le même sort que nous, face au même oppresseur, le colonialiste français d'alors, on pouvait construire un pays en toute confiance. C'est pratiquement ce qui est en train de se reproduire entre Amazighs confrontés aux mêmes problèmes face aux États qui les répriment. Deuxièmement, il y a cette forme de naïveté qui nous pousse à conclure des contrats politiques sur des bases sentimentales et non sur celles de nos intérêts communs ou particuliers, identifiés et acceptés par tous comme tels. Aussi, avons-nous préconisé pour la Kabylie un statut de large autonomie que nous avons détaillé dans nos divers documents et qu'il est inutile de reprendre ici. Pour nous, il ne s'agit plus de porter nous-mêmes, une fois de plus, le combat des autres, mais d'essayer d'être utiles en étant pédagogues. Il s'agit de faire en sorte que de notre expérience kabyle, les autres peuples amazighs puissent s'inspirer et se mettre en marche vers leur destin de liberté. Une fois nos États régionaux respectifs érigés, leur horizon éclairé, le rêve sera enfin permis.

20 mars 2008

L'avenir des Amazighs et de la Kabylie

Conférence à Milan, sur invitation de l'Association Amazighe locale. L'auteur y parle encore d'autonomie alors qu'il avait déjà mis sur pied l'Anavad ; le gouvernement provisoire kabyle en exil le 1 juin 2010.

L'étape actuelle de la mondialisation est en passe de liquéfier les dictatures mises en place au lendemain de la décolonisation. Pour autant les soulèvements contre les dictatures ayant touché partiellement l'Afrique du Nord n'ont pas été de nature à modifier structurellement la situation des peuples amazighs. Les promesses, si promesses de changement il y a, ne peuvent remplacer la réalité. Hormis les Libyens dont le sort n'est pas encore tout à fait joué, mais dont on peut déjà prévoir qu'il ne sera pas si enviable qu'on aurait aimé qu'il le soit, l'avenir auquel aspirent communément les peuples berbères est en partie la cause de leur échec et de l'impasse dans laquelle ils se sont mis depuis 1980. L'absence de projet politique autre que commun à tous les Amazighs ou propre à l'ensemble national postcolonial (Algérie, Tunisie, Maroc, Libye, Mali, Niger) auquel chacun d'entre eux appartient est leur plus grand boulet. Rien ne changera pour eux tant qu'ils n'auront pas chacun un projet pour lui-même. Ils croient pouvoir reconstruire un empire amazigh, reconstituer le Royaume de Massinissa d'il ya plus de deux mille ans, alors que chacun est incapable de se construire tout seul.

Pointer du doigt cette naïveté est cependant le signe d'un début de prise de conscience pour rectifier le tir, se remettre en cause et pousser chaque peuple à ne compter d'abord que sur lui-même au lieu de compter sur les autres. Nous réalisons enfin que le rêve d'une Tamazgha, de l'Oasis de Siwa (Égypte) à Ténériffe (Canaries) est si doux que la plupart des nôtres refusent de quitter leur sommeil. Faut-il, une fois de plus, rappeler ces deux vérités essentielles ?

1. Les peuples amazighs ne sont pas plus proches ou plus loin les uns des autres que le sont les peuples latins, slaves ou germaniques, par leurs langues, leurs identités et leur histoire respective.

2. Avant d'aller vers une Tamazgha, il y a des frontières entre ses États actuels qui interdisent à chacun de se concevoir en dehors d'elles. Par ailleurs les distances entre les identités berbères sont loin d'être seulement physiques. Les aspirations, les langues et les cultures sont trop différentes pour en faire abstraction avec autant de simplicité et surtout de cécité qui nous a tant frappés jusqu'ici.

Démocratie et renoncement identitaire

Il est évident aujourd'hui que les États hérités de la colonisation sont en fin de vie. Les aspirations des peuples à la démocratie semblent l'emporter partout où la dictature sévit. La question à se poser légitimement est la suivante : faut-il d'abord démocratiser un pays pour que ses peuples (amazighs ou non) puissent enfin ouvrir droit à une existence consacrée ? Ou bien, n'y a-t-il pas danger à ce que l'ordre démocratique, appelé à un règne mondial, les entraine vers leur renoncement identitaire, c'est-à-dire leur mort ? Et si la démocratie, mystifiant de nouveau le citoyen en le sublimant, se faisait de nouveau négatrice des identités culturelles et linguistiques ?

L'exemple kabyle

Depuis le 5 juin 2001, la Kabylie clame sa volonté d'exister. Elle n'a pas bouclé dix ans dans cette voie qu'elle s'est déjà dotée d'un gouvernement provisoire kabyle. On sait que tous les peuples dits amazighs la regardent avec autant d'admiration que d'espoir qu'elle vienne un jour les délivrer. Qu'ils se détrompent. Quand bien même elle souhaiterait ardemment leur venir en aide, la Kabylie est en prise avec ses propres problèmes qu'elle ne peut s'occuper que d'elle-même, et pour très longtemps encore. Autant que chacun d'entre eux songe à s'organiser en conséquence. Pour le moment, les autonomies régionales paraissent être la meilleure voie pour l'émancipation de ces peuples. À ce titre, les intentions déclarées du Royaume du Maroc de réorganiser ses provinces en entités autonomes ont besoin de connaître un début d'application pour impulser un processus qui, à terme, non seulement touchera l'ensemble des pays abritant des Amazighs, mais reconfigurera totalement l'espace politique nord-africain dans le sens d'une plus grande cohésion et d'une solidarité plus efficiente. Le conflit algéro-marocain sur le Sahara occidental n'aura plus sa raison d'être. Les Touaregs d'Algérie, de Libye, du Niger et du Mali n'auront plus à prendre les armes pour défendre leurs droits légitimes et pourront se regrouper sur leur territoire historique que la décolonisation a coupé en, au moins, six pays.

Les langues d'origine amazighe trouveront en chaque autonomie régionale le cadre de leur expression, de leur protection et de leur promotion.

Milan, le 19 mai 2011

Les Amazighs au cœur du changement

Sur invitation de l'association Twiza (Tanger), la conférence brosse un tableau comparatif des mouvements amazighs.

Le Maroc vient de se doter d'une nouvelle constitution qui fait de ses langues amazighes des langues officielles, autrement dit des langues de l'État. Les Amazighs libyens auxquels, il fut un temps, le régime de Kadhafi interdisait de parler leur langue même au téléphone, sont l'un des piliers de l'insurrection armée et, en intégrant le Conseil National de Transition ont pu faire en sorte que leur langue soit déjà à la télévision de la rébellion, soutenue par une coalition internationale. S'ils baissent la garde d'ici la chute de Kadhafi, il n'est pas sûr que la Libye de demain soit encline à l'enseigner. Les Berbères tunisiens commencent à peine à se structurer et à se prendre en charge. Dans un pays où la fragilité des équilibres politiques peine à convoquer une constituante, les Amazighs ont intérêt à se positionner dès maintenant à Matmata et Djerba pour imposer la prise en compte de leur existence dans une Tunisie aux cultures, aux langues et aux croyances religieuses plurielles. En Égypte, la communauté amazighe de Siwa (23 000 habitants) est si infime face aux 80 millions d'Égyptiens qu'elle aura, sans un minimum d'autonomie politique, toujours du mal à se faire entendre sa voix. Dans tous ces pays où des évolutions heureuses sont aujourd'hui soit en cours (Maroc), soit possibles (Tunisie, Libye), les Amazighes ont intérêt à entamer leur propre mutation pour passer du statut de forces de contestation à celui de forces de proposition. La démocratie est leur voie et leur allié naturel ; les valeurs universelles leur pilier. Ceci pourrait aussi être valable pour les Touaregs qui ont souvent été tentés par l'aventure militaire (l'Azawad) et qui commencent à formuler des revendications plus cohérentes et plus claires, avec soit des autonomies, soit des indépendances pour leurs territoires. Rappelons cependant que les Amazighs se doivent d'être présents dans le changement auquel ils ont tant aspiré, et non en dehors de lui. S'ils ne sont pas les artisans de ce qui arrive, ceci étant le fait de la dynamique historique de l'humanité comme le pressentait Tocqueville, ils y ont grandement contribué depuis plus de 50 ans. En quoi les bouleversements actuels relèvent-ils de la mécanique de l'Histoire ?

L'Humanité est à une nouvelle phase de la mondialisation. Celle-ci commencée par la colonisation dont la mission était, rappelons-le, d'intégrer tous les continents dans le système marchand européen, elle fut renforcée par les États de la décolonisation et la création de l'ONU. Deux obstacles s'étaient dressés sur sa route : le nazisme et le soviétisme, mais la mondialisation s'accommode davantage de la liberté que des dictatures. Et c'est cette dernière qu'elle a tant bien que mal érigée sur les ruines des deux systèmes totalitaires qui voulaient la maîtriser. La chute du Mur de Berlin est une sentence de l'Histoire contre la dictature qui est consubstantielle à l'État issu de la colonisation. C'est parce que la phase actuelle de la mondialisation ne peut plus supporter l'absence de liberté que la fin des États postcoloniaux est aujourd'hui à l'ordre du jour. Les changements dont nous traitons aujourd'hui n'en sont qu'un début d'illustration.

Je tiens à remercier l'association TWIZA de Tanger de nous avoir invités à en débattre, ne serait-ce que sur leur volet touchant les peuples amazighs. La fin des États issus de la décolonisation peut reconduire l'architecture et les frontières préexistantes, mais en change fondamentalement la nature et les missions. Au lieu de contrôler et de réprimer leurs peuples, ces États seront amenés à servir et protéger leurs citoyens. Le droit (politique, économique, social et culturel) remplace l'interdit, le dialogue et le débat l'emportent sur l'autoritarisme. Rappelons enfin, pour clore cette parenthèse sur un sujet largement développé dans *Le Siècle identitaire* (Michalon, 2010), disons que nous n'en sommes qu'au début d'un processus induisant des bouleversements géopolitiques sans précédent et qui, bientôt, vont affecter tous les pays d'Afrique et d'Asie anciennement colonisée

Pour revenir à l'Algérie, replaçons les éléments du décor: une junte militaire qui s'est installée par la force depuis 1962 gère toujours le pays avec les réflexes des anciens colonisateurs. Le changement a du mal à montrer le bout du nez, et ce malgré les pressions amicales de certains pays occidentaux. Les peuples amazighs ont des mobilisations et des aspirations communes quant à la reconnaissance de leur identité, mais différenciée politiquement. La Kabylie en est le fer de lance, surtout depuis le Printemps berbère d'avril 1980. Le poids de la sociologie, aggravé par la stigmatisation permanente des Kabyles en vue de leur isolement du reste des Algériens, la gestion clanique sur une base régionaliste, voire népotique, de l'Etat, le tout conjugué à la répression qui frappe la Kabylie depuis 1963, ont empêché la construction d'une nation algérienne. Les dégâts générés sur ce plan ne permettent plus la redéfinition d'un contrat national sans la reconnaissance officielle de l'identité de chaque région et de son droit à s'autogouverner, à maîtriser son destin. Il est révolu le temps où l'unité nationale s'obtenait par la force des armes, la terreur politique, la torture et la prison… La contrainte cède enfin le pas à la libre adhésion qui se fait sur la base des intérêts bien compris de chacun des peuples composant le pays. Bien que le vent du changement ait violemment soufflé début janvier 2011 sur l'Algérie, le régime a survécu à la bourrasque. Fort de ses réserves de change que lui procure la manne pétrolière qu'il dilapide sans vergogne, le régime pense que la tempête est derrière lui et qu'il peut de nouveau se montrer méprisant et arrogant envers les citoyens. La grande différence entre le Maroc et l'Algérie réside essentiellement dans le fait que les tenants du pouvoir algérien n'aiment pas leur pays. Ils se comportent en colonisateurs étrangers qui, un jour ou l'autre, doivent partir. Ce sont donc des pays occidentaux qui ont, à maintes reprises, pressé les autorités du pays à introduire au plus vite des changements pour mettre le pays au diapason des nouvelles exigences de la mondialisation. Enfin, en avril dernier et du bout des lèvres, il est annoncé une révision constitutionnelle. Une mascarade de consultations eut lieu où le FLN a discuté avec le FLN et les problèmes essentiels furent évacués. La Kabylie n'a à aucun moment été conviée à exprimer son point de vue. Cette révision constitutionnelle aura probablement lieu avant la fin de l'année. Ce qui va lui imposer quelques changements conséquents ce ne sont pas les pressions occidentales, mais la nouvelle constitution marocaine. Désormais, l'Algérie ne peut plus être en reste des évolutions survenues chez le voisin. Cela veut dire probablement que le générique « langue amazighe » sera consacré par un statut de langue officielle, du moins sur papier. Et si c'est le cas, ce ne sera que pour contrer le MAK (Mouvement pour l'Autonomie de la Kabylie) devenu sur le terrain la force politique principale de la Kabylie, et dont le cheminement l'a portée à mettre sur pied un gouvernement provisoire kabyle en exil le 1er juin 2010.

Là où, une fois de plus le pouvoir algérien se trompe est le fait que le registre revendicatif kabyle n'émarge plus à la page linguistique et culturelle, mais à celle de sa propre existence politique. La revendication d'une autonomie régionale pour la Kabylie passe avant celle de la langue ou de la culture. Par ailleurs, la Kabylie ne veut plus se cacher derrière son doigt amazigh. Son identité première est sa kabylité, car elle induit autant son algérianité que son amazighité dans lesquelles elle se sent un peu trop diluée.

Bref, le train des revendications des années 90 a quitté la gare de la Kabylie depuis le Printemps noir de 2001, lorsque le pouvoir algérien avait tiré sur nos enfants faisant plus de 120 morts. Désormais, ce n'est plus celui qu'elle va prendre. Et personnellement, je sais que celui d'aujourd'hui partira sans l'Algérie qui va être confrontée à sa propre agonie.

Enfin, si la volonté existe de ne plus louvoyer avec les aspirations profondes de la Kabylie et des Amazighes d'Algérie, des solutions sont toujours possibles. Cela se fera dans la transparence et avec toutes les garanties nécessaires, dont l'implication des instances internationales. Le référendum pour l'autodétermination de la Kabylie revendiqué lors de la grandiose marche du 20 avril 2011 est devenu un passage obligé pour tous.

Alors, comme pour les autres Amazighs, les Kabyles seront enfin une force de proposition et participeront autant à la prise de décision qu'au partage équitable des richesses du pays dans la démocratie et la liberté.

Tanger, le 22 juillet 2011

La spécificité de la langue kabyle

Ce texte brise un tabou linguistique. C'est la première fois que chez les élites kabyles, le kabyle est assumé en tant que langue, et non en tant que « variante » d'une prétendue « langue amazighe ». C'était aux « Jeudis des langues » à la Salle de La St-Jean Baptiste de Montréal.

La linguistique n'est pas ma spécialité. Toutefois, pour les nécessités de mon combat, j'ai eu à en fréquenter quelques arcanes, depuis les années soixante-dix. Comme chez la plupart des militants kabyles dits « berbéristes » ayant cheminé le long du fleuve amazigh, mes connaissances, approximatives ou approfondies dans ce domaine, m'avaient apprêté davantage à défendre le postulat de l'unité de la langue amazighe qu'à le remettre en cause. Le conflit vertical qui nous opposait au pouvoir algérien empêchait un débat horizontal, entre nous, sur ce sujet. Disons que nous avions jusque-là d'autres priorités. Aujourd'hui que le combat pour un État kabyle nous a ouvert les yeux sur une tout autre réalité, nous avons pour devoir de lever tous les obstacles idéologiques qui se dressent encore sur le chemin de la liberté de notre peuple, à commencer par ces idées sur la langue, reçues en héritage de nos aînés et dont n'ont pu s'affranchir nos devanciers sur la scène politique. Pour avoir été un militant berbériste depuis ma tendre jeunesse, j'ai, moi aussi, ma part de responsabilité dans cette confusion des genres par laquelle nous avons tous entretenu notre propre autonégation en tant que peuple. Que nul ne se sente visé par ces propos, c'est, avant tout, mon autocritique que je formule. Mais, « que celui qui n'a jamais péché lance la première pierre ! » Depuis environ 60 ans, les élites kabyles sont prisonnières d'une erreur d'appréciation sur notre langue, ayant nourri dans nos propres consciences un double déni :

1. En ayant cru en l'unité de la langue amazighe, nous avions soustrait au kabyle le droit d'avoir un statut de langue à part entière. Le kabyle a été, ainsi, rabaissé au rang de dialecte, de « patois », au mieux d'une « variante » du berbère, c'est-à-dire, d'une sous-langue.

2. Puisqu'il n'y a qu'une seule langue, la langue amazighe, il n'y aurait donc qu'un seul peuple et une seule nation amazighe. Ceci est d'autant plus insidieux que le bon sens admet volontiers que là où il y a patois, nécessairement, il n'y a pas de peuple. La logique équationnelle établit tacitement que langue=peuple, dialecte=ethnie. La conséquence de ce raisonnement sous forme de jeu de quilles, en a été le ravalement du peuple kabyle au rang de simple « ethnie » berbère.

Quand bien même l'existence d'une langue commune n'entrainerait pas automatiquement celle d'un seul et même peuple, nous avions longtemps cru que le destin des Amazighs était un et indivisible. Nous avions même ignoré le fait que les Arabes, avec une seule et même langue, formaient plusieurs peuples, nations et plusieurs États sans que cela ne les chagrine outre mesure. Chez les Amazighs, tout en étant sur les plans culturels, identitaires et linguistiques fort distincts, ils sont nombreux à s'entêter de nous projeter comme un seul peuple avec une seule langue. Il est des phantasmes à la peau dure ! Maintenant que nous savons que même une langue « amazighe » commune n'invalide pas l'existence d'un peuple kabyle parmi les Amazighs, voyons en quoi consiste la spécificité de sa langue.

Le kabyle est une langue

Il est pour le moins choquant de se retrouver devant des interlocuteurs auxquels vous devriez faire la preuve ou la démonstration de votre existence. Pour survivre, leurs catégories idéologiques et politiques sont tenues de vous tuer. Les promoteurs de dogmes et de stéréotypes ne peuvent réaliser que leurs idées sont révolues, qu'elles incarnent un passé inapte à garantir l'avenir et que leurs catégories jouent à des prolongations qu'elles ne méritent pas. Alors, tordons le cou aux faux semblants.

1. En linguistique, la parenté n'est pas l'identité :

La parenté du kabyle avec les autres « idiomes » amazighs n'est plus à démontrer. Mais la parenté n'est pas l'identité. Tout comme chez les humains, les frères et sœurs linguistiques sont des individus, chacun avec sa propre identité. Autrement, nous serions dans le cas des enfants siamois dont l'un doit survivre au détriment de l'autre. Dire que le touareg est la même chose que le chleuh, que celui-ci est la même langue que le mozabite ou le kabyle est un grossier mensonge qui ne résiste même pas à la réalité et à la pratique. Il y a deux ou trois ans, j'ai vu une émission sur Berbère-TV dans laquelle une journaliste kabyle est allée au Gourara interviewer des artisans bijoutiers. Notre kabyle posait des questions que les Gourari ne comprenaient pas, mais qui, devant le micro tendu, se sentaient en devoir de répondre... nécessairement à côté. La journaliste qui ne comprenait pas les réponses avait une série de questions qu'elle continuait de poser sans se soucier de ce que ses interlocuteurs répondaient. Un beau dialogue de sourds pourtant tout empreint de bonne volonté de part et d'autre. Ce qui nous amène à notre deuxième thèse.

2. La langue amazighe n'existe pas, il existe une famille de langues amazighes :

Il était admis que tamazight est une langue qui regroupe tous les parlers qui lui sont apparentés dont le kabyle. Si tel était le cas, a) nous ne serions pas devant des situations aussi absurdes que celle que je viens de décrire b) où est-elle ? Sommes-nous devant le cas du latin ou celui du vieux grec qui, tous les deux, sont encore enseignés dans les écoles en tant que langues mortes ? Non ! Nous sommes plutôt devant le cas des langues germaniques ou celui des langues slaves. Elles se ressemblent entre elles sans qu'il y ait de langue étalon comme dans le cas des langues latines. Ainsi, quand on connait le danois, l'allemand, l'anglais ou le néerlandais, on est frappé par leurs saisissantes ressemblances, mais nulle langue d'entre elles ne se confond avec l'autre, avec sa sœur. Si, un jour, une langue amazighe unique a dû exister, nous n'en avons pas encore la preuve. Elle demeure une hypothèse, un postulat. Pour le moment, la réalité à laquelle nous sommes quotidiennement confrontés est l'absence d'intercompréhension linguistique naturelle entre le mozabite et le touareg, le kabyle et le chleuh… Mais peut-on créer à partir de ces derniers, une langue standard entre Amazighs ?

3. Une langue artificielle est possible en tant que mort-née :
Croire que la solution est dans la création volontariste d'une langue commune aux Berbères est une autre absurdité. Bien sûr que matériellement cela est possible, mais elle serait alors la langue de qui ? Dans « Algérie : la question kabyle », j'avais déjà évoqué l'impasse dans laquelle nous nous mettrions en essayant de créer une langue commune sur la base de celles qui existent. Dix langues berbères auront à donner chacune 10 % pour la bâtir. Au bout du compte, nous aurions comme résultat une langue étrangère à 90 % pour chacun d'entre nous. Dans le même registre, nous pouvons méditer sur l'infortune de l'espéranto qui, au lieu de devenir la langue internationale pour toute l'humanité, arrive à peine, quarante ans après sa création, à n'avoir que quelques milliers de pratiquants. Par ailleurs, pourquoi faut-il créer une langue commune lorsque

la nature et l'Histoire nous ont si bien dotés de langues aussi belles que les nôtres ? Qui a le courage de tuer sa langue pour une autre qu'il ne connait même pas ? En ce qui me concerne, ma langue, le kabyle est si vital pour moi que je n'accepterais pour rien au monde de la changer contre une autre. Pourquoi ?

4. Le kabyle est une langue et non une « variante » du berbère :

Le kabyle est la langue du peuple kabyle au même titre que le touareg est celle du peuple touareg ; le néerlandais celle du peuple flamand. Le réduire à une simple « variante » de la langue berbère est une insulte envers nous-mêmes et envers l'humanité. C'est un racisme linguistique. Utiliser la notion de « variante » d'une langue, pour en caractériser une autre, est juste une manière d'éviter de blesser ses interlocuteurs. Bref, un euphémisme. On use diplomatiquement du mot « variante » là ou les vocables « patois », « dialecte » et autres « sabirs » susciteraient de vives réactions d'indignation et de révolte. Mais, pour revenir au kabyle, que ses détracteurs dévalorisent à souhait, connaissez-vous un patois de dix millions de locuteurs ? Un non-sens ! Sans vouloir faire violence à la linguistique que, certes, je ne maîtrise pas autant qu'un spécialiste, ma fréquentation du monde amazigh m'a montré que le kabyle ne se confond avec aucune autre langue amazighe. En dehors de quelques mots qui sont communs dans toute famille de langues, la langue kabyle a une morphologie, une grammaire, une syntaxe et une lexicologie distinctes de ses sœurs. La Kabylie lui a donné son cachet et le peuple kabyle son âme. Elle n'est à ce titre, à nulle autre pareille.

Conclusion

Pour aller de l'avant vers son destin de liberté, le peuple kabyle a besoin de réhabiliter sa langue et son identité. Il ne s'agit pas pour nous de l'éloigner des autres peuples amazighs, mais de cesser de le confondre avec eux, par respect pour chacun d'entre eux et pour lui-même. Mon intervention vise à larguer les amarres de mon peuple en nous souhaitant bon vent! Le laisser là où il est, c'est le condamner à une mort certaine.

Pour que le peuple kabyle accède enfin à une nouvelle vie, à sa propre officialité, le détour par la linguistique pour en briser les obstacles était pour moi une nécessité.

Montréal, le 14 janvier 2010

La graphie kabyle : entre le « V » et le « B »

Cette contribution n'a jamais été publiée. Ayant plusieurs fers au feu, les conseillers de l'auteur lui avaient suggéré d'en différer la mise en ligne pour ne pas ouvrir d'autres fronts internes au mouvement qu'il dirige.
La graphie héritée de Mouloud Mammeri se doit d'être adaptée au statut de la langue kabyle.

Depuis quelque temps, nous faisons l'objet d'interpellations, amicales ou véhémentes, sur le droit que nous nous octroyons, en graphie kabyle, d'écrire « V » là où Mammeri avait institué le « B ». Pour certains d'entre eux, ce serait là une méprise à mettre sur le dos de notre méconnaissance de la chose linguistique que nous confondrions à tort avec le domaine politique. Il y en a même qui nous prêtent des intentions malveillantes, voire linguicides et criminelles, à l'endroit de notre propre langue. Restons calmes ! Ces intervenants refusent d'admettre que le « V » serait d'un meilleur rendement que le « B » pour traduire la réalité linguistique kabyle. Nous ne reproduirons pas ici, les éléments qui ont pu être avancés pour motiver cette opposition. Nous ne croiserons pas le fer avec des frères que, par ailleurs, nous tenons en très haute estime. Disons simplement qu'entre nous, il y a un simple malentendu que, du moins nous l'espérons, cet écrit et le débat qu'il va susciter vont finir par lever.

Imenza nneɣ qqaren : « *Lɣerḍ imekken-it umecṭuḥ, umeqran* ». (« Au tir, il n'y a pas d'âge pour faire mouche ! » proverbe kabyle)

Nous partageons le souci légitime de nos linguistes de vouloir protéger un domaine longtemps livré à l'amateurisme et l'anarchie. Nous n'ignorons ni les sacrifices qu'ils ont dû consentir ni tous les défis qu'ils ont dû relever pour parvenir à le structurer, tant bien que mal, au bout de quarante ans d'efforts quotidiens. Nous avons nous-mêmes été parmi les pionniers de l'enseignement amazigh et nous les avons suffisamment côtoyés, des décennies durant pour ne rien ignorer de leurs mérites. Aujourd'hui, nous saluons avec respect ces femmes et ces hommes, de qualité et de talent, qui nous ont aidés à retrouver le chemin vers nous-mêmes et vers notre liberté. S'il en est parmi eux qui se positionnent, des fois avec passion, contre notre initiative de donner au V kabyle toute sa place dans la graphie moderne, nous ne pouvons pour autant le leur reprocher. Cela pourrait n'être, somme toute, qu'une question de détail. Un détail de taille, nous le concédons ! En tous les cas, au contraire de la culture politique dominante en Algérie, les kabylistes s'enrichissent du débat contradictoire dont jaillit la lumière. Toutefois, aussi éminents spécialistes qu'ils soient, nous aurions tous tort de croire que la linguistique, berbère en général et kabyle en particulier, ne devrait relever que du seul ressort de ses spécialistes. Le premier à avoir intégré cette évidence est le pouvoir algérien qui n'a jamais hésité à prendre sa part de lion dans ce domaine, voire à spolier nos linguistes de toutes leurs prérogatives. Car lui, faut-il le rappeler une fois pour toutes, il sait que les options et les décisions, y compris en linguistique, sont politiques avant d'être techniques. Il en va du kabyle comme de toutes les langues du monde. Par conséquent, écrire « V » à la place du « B », ou inversement, relève non pas d'une immixtion dans le domaine de la technique linguistique, mais bel et bien d'une décision politique.

N'oublions pas que c'était déjà en homme politique, et non en tant que linguiste qu'il n'était pas au départ, que Mammeri avait agi lorsqu'il avait posé le principe d'une graphie unique pour l'ensemble des Amazighs. C'est à la lumière de son choix initial que tout va s'éclairer. L'un des traits de génie de Mammeri fut non pas d'avoir opté pour le B à la place du V, mais d'avoir préféré l'alphabet latin à tous les autres qu'il avait à portée de la main. En effet, en obtenant d'enseigner le berbère, à titre facultatif à l'université d'Alger, vers 1967, Mammeri était confronté avant tout au problème de l'alphabet. En premier lieu, il exclut le « tifinagh » pour des raisons pratiques de son temps. Ensuite, pour contrer la politique d'arabisation, il écarta tout de suite la graphie arabe alors que celle-ci, même de manière inadaptée, était largement en usage dans les zaouïas et les villages kabyles, héritage des medersas développées pendant la guerre d'indépendance. La décision d'opter pour le B à la place du V ne fut prise qu'en deuxième étape, dans le droit fil des convictions de son auteur. Malgré l'énorme avance qu'il avait sur son temps et sa société dans laquelle il était le plus grand monument en son genre, il était malgré lui dans les rets de la pensée des berbéristes kabyles de la fin des années quarante. Les Berbères étaient, selon leur vision des choses, un seul et même peuple et par conséquent leur langue était la même. Mais en bon connaisseur de la diversité des idiomes qu'il était, il devait plier la réalité faite d'une pluralité de langues au désir de leur unité, au diapason intellectuel des militants de sa génération. Son geste était une sorte de duplication de l'option des nationalistes kabyles qui en 1926, au lieu de créer l'Étoile kabyle comme parti indépendantiste, auront en fin de compte préféré mettre sur pied l'Étoile nord-africaine dont nous n'avons pas fini de subir les conséquences. C'est par ce même regard au travers d'un prisme déformant que Mammeri fut amené, quarante ans plus tard, à reproduire le réflexe de ses devanciers. En fait, en son temps, ni lui, ni personne ne pouvait encore acter la singularité linguistique de chaque langue berbère. Les œillères idéologiques d'alors étaient telles que la diversité des langues amazighes ne pouvait que mener vers sa réduction à une simple histoire de différences de prononciation entre des occlusives et de spirantes. (B et V, D et D, G et G, K et K, et T et T)

Aujourd'hui, l'histoire de la Kabylie et du peuple kabyle retrouve petit à petit son lit. Il est de notre droit et de notre devoir d'opérer nos choix linguistiques en tant qu'hommes politiques et de veiller à ce qu'ils ne compromettent plus l'avenir de nos générations futures. Le kabyle est une langue et comme telle, elle est sœur de toutes les autres langues amazighes, mais distinctes d'elles. Affirmer cela ne doit pas être perçu comme une division des rangs de notre part, mais au contraire comme l'expression du respect dû pour chacun des peuples amazighs et pour nous-mêmes. À partir de là, tout débat sur le « linguistiquement correct » relève avant tout, selon notre vision, du « politiquement correct ». Écrire V à la place du B est donc un acte politique que nous revendiquons. Il n'a pas été dicté par une coquetterie déplacée ou un caprice partisan. Il répond à une forte exigence de conformité avec notre identité enfin assumée et participe à la construction de l'avenir de liberté du peuple kabyle, devenu acteur de son destin et décomplexé dans le concert des nations. Nous sommes certains que, très vite, des kabylisants, vont se révéler pour l'accompagner dans son émergence, comme le firent avec brio et audace les berbérisants pour tamazight, au lendemain de l'indépendance de l'Algérie.

Beaucoup de nos amis que nous remercions vivement au passage, nous ont conseillé de différer la publication de cette option pour des raisons autant scientifiques que de priorités politiques. Pour notre part, nous estimons que le fait de trop retarder ce débat et cette prise de conscience serait dommageable pour la Kabylie de demain pour laquelle nous aurions à refiler un bébé que nous avons les moyens et la latitude de prendre en charge aujourd'hui.

En attendant, les kabylistes n'obligent personne, en dehors d'eux-mêmes, à répondre à cette exigence de conformité avec cette règle. Y compris sur nos sites internet, les berbérisants qui veulent user du B à la place du V seront toujours les bienvenus.

Le 31 octobre 2009

Troisième partie

La Kabylie face à elle-même :
L'élan vers la liberté

Pour l'unité d'action des forces politiques kabyles

Le Printemps noir s'éloignait et la classe politique kabyle l'avait déjà oublié. Le 20 avril 2005 ne fut pas célébré pour la première fois depuis 1980. N'était la volonté de l'auteur et d'une poignée de partisans, cette commémoration aurait disparu de nos rues dès 2006.

Région surpeuplée d'un vaste pays qui est l'Algérie, la Kabylie s'est toujours engagée dans des combats, souvent politiques, à la recherche de repères et d'elle-même. Depuis 1871, partie à la reconquête de sa souveraineté perdue face à l'armée coloniale française, la Kabylie a impulsé et porté à bout de bras le mouvement de libération national jusqu'à l'indépendance du pays. Depuis 1962, trahie dans ses aspirations par le nouvel État algérien dont elle attendait tant et pour lequel elle avait payé le tribut le plus cher en vies humaines dans une guerre qui avait duré plus de sept ans, elle est victime d'humiliations et de dénis en tous genres dont ceux liés à sa langue, son identité, sa culture et son histoire. Bref, elle est niée jusque dans son existence en tant que région et en tant que peuple.

Ses élites ont généreusement servi toutes les causes du monde à l'exception de la leur. Pire ! Elles sont souvent divisées par des considérations idéologiques et politiques qui les éloignent les unes des autres et les empêchent de transcender leurs querelles intestines à travers lesquelles, en se neutralisant, elles annihilaient, jusqu'ici, toute possibilité de prise de conscience de leur véritable mission : servir les intérêts de la Kabylie après avoir longtemps servi ceux de l'Algérie et des Amazighs.

Le combat pour son existence, qu'il ait épousé la revendication identitaire (Mouvement Culturel Berbère MCB) ou celle de la démocratie et des Droits Humains (FFS et RCD) a été un cheminement long et laborieux vers elle-même. Que ce soit la guerre menée sous la bannière du FFS de 1963 à 1965, le « printemps berbère de 1980 ou le « printemps-noir » de 2001, la Kabylie a été de rupture en rupture pour se persuader de sa propre existence et de son bon doit de la revendiquer. L'énorme espoir suscité par l'émergence fulgurante du Mouvement des Archs que beaucoup ont appelé le « Mouvement Citoyen » pour l'inscrire dans une dimension nationale et non régionale n'a d'égale que l'immense désarroi et la déception, sans précédent, générés par son échec et son émiettement.

À l'aube de cette double commémoration du 5e printemps noir ainsi que du 26e printemps berbère, nous sommes déterminés à tirer l'essentiel des leçons de notre histoire, de nos divisions et de nos retrouvailles, de nos échecs comme de nos succès. Nous appelons à l'unité d'action des diverses forces politiques de la Kabylie, rejetant le pouvoir actuel, et soucieuses de préserver l'avenir démocratique de nos enfants dans la paix, la dignité, le progrès et la prospérité, mais aussi dans le respect de notre droit à l'existence en tant que peuple, loin du centralisme jacobin qui caractérise jusqu'ici l'État algérien. Que ce soit avec l'autonomie régionale, la régionalisation ou le fédéralisme, réclamés par les forces politiques locales, les solutions ne manquent pas. Pourvu que nous soyons maîtres de notre destin.

À cette occasion, il serait bon de tenir une première réunion pour en examiner la faisabilité et voir dans quelle mesure il nous serait possible de mettre sur pied une structure non fermée qui fédérerait les énergies afin de forcer le respect de notre région par le pouvoir algérien. La mise en œuvre en Kabylie du point 11 de la plate-forme d'El-Kseur est de ce point de vue une exigence impérieuse. La mémoire de nos martyrs et les intérêts suprêmes de notre peuple nous le commandent.

Avril 2006

Les erreurs stratégiques de la Kabylie

Invité par Lyazid Abid responsable du MAK en Allemagne et l'association, cette conférence tire les leçons des errements stratégiques des générations militantes kabyles depuis 1926.

Je ne connais pas vraiment l'Allemagne et l'Allemagne ne connaît pas particulièrement la Kabylie. C'est d'autant plus difficile pour moi de vous brosser un tableau de ma première patrie sans paraître, d'un côté, banal pour les Kabyles présents dans la salle, et de l'autre, trop loin de l'intérêt que pourraient lui manifester les Allemands qui nous font l'amitié de nous écouter. J'espère que la pertinence de notre exposé n'aura d'égale que la courtoisie avec laquelle vous prenez tout le temps de nous entendre. Nous commencerons par présenter la Kabylie et son peuple avant de nous pencher sur les causes historiques à l'origine des dénis auxquels elle est confrontée depuis 1962.

La Kabylie est, malheureusement de nos jours encore, une région d'Algérie. Elle est située sur la côte centrale de la Méditerranée. Bien que n'ayant pas de tracé géographique précis (l'Algérie s'interdit de lui en reconnaître un) elle couvre une superficie approximative de 40 000 km^2. Pays de montagnes au climat tempéré, notre pays se prêterait volontiers au tourisme en raison de la beauté de ses sites côtiers et de ses reliefs, n'eut été l'opposition traditionnelle des autorités algériennes à son développement économique, social et culturel. Elle possède trois grands centres urbains de plus de 100 000 habitants, Vgayet, Tizi-Wezzu et Tuvirett. Son économie est tributaire du peu de plaines dont elle dispose et de l'humeur des dirigeants algériens qui, sans état d'âme, la sabotent depuis au moins 40 ans. La soupape de sécurité contre le chômage a, de tout temps été, l'émigration dont la destination de prédilection est la France, du fait d'un passé colonial qui les aura réunies un siècle durant (1857-1962). Les Kabyles sont des Berbères, comme tous les habitants de l'Afrique du Nord que Hegel souhaitait rattacher à l'Europe. Aujourd'hui, ils sont toujours choqués que les Européens leur attribuent des identités dans lesquelles ils sont incapables de se reconnaître. Ainsi, lorsqu'on les assimile à la « communauté arabe » « maghrébine » ou à la « musulmane », les Kabyles, de nos jours, en sont révoltés. Ils aspirent à se faire respecter dans leur propre réalité kabyle. Pour nous, l'Europe considère à tort que l'Afrique du Nord est arabe. Même si les États nord-africains s'affirment d'autorité « arabes » pour des raisons de pouvoir et de racisme induits par une aliénation culturelle séculaire, ils n'en sont pas moins, dans leur réalité historique, humaine et culturelle, profondément amazighs (berbères). Ces dernières années, les Kabyles ont aussi pris conscience de leur spécificité vis-à-vis des autres Amazighs, à commencer par celle de la langue qui, tout en étant de même origine que celles de ces Berbères, s'est largement différenciée. Il en est de même sur les plans religieux et culturel. Les Kabyles sont laïcs, contrairement à d'autres peuples berbères, volontiers plus religieux. Pour mieux comprendre cette situation et savoir pourquoi nous en sommes là, faisons un détour par l'Histoire contemporaine. Notre génération, faisant sa relecture des événements à l'origine du cul-de-sac politique dans lequel elle se trouve, se rend compte, aujourd'hui, qu'à l'origine, tout a commencé en 1926 par une grave méprise, une erreur stratégique par laquelle les Kabyles, en tant que peuple, confient leur destin à autrui.

La Kabylie est une confédération au moment où la France la colonise en 1857. Son ultime révolte de 1871 se solde par une si sanglante défaite que les élites politiques de l'époque en étaient traumatisées, au point de croire impossible une quelconque victoire de leur part sur la puissance coloniale française. Ils partent alors à la recherche d'alliances avec leur environnement immédiat, autochtone et non kabyle. C'est ainsi qu'en 1926, en rêvant à une large coalition nord-africaine contre l'envahisseur, ils créent un mouvement indépendantiste dénommé « l'Étoile Nord-Africaine » (ENA) et portent à sa tête, volontairement, un non kabyle, Messali Hadj.

Ce geste dicté par des options tactiques, visant notamment à élargir le Front de libération, mais au prix de leur abandon des leviers de commande de cette organisation à leurs alliés conjoncturels, est le point de départ d'un processus d'erreurs stratégiques ininterrompu, d'auto-mise à l'écart du pouvoir et d'autonégation identitaire que nous commençons à peine à endiguer. Nos grands-parents n'avaient pas su concilier leur soif de liberté d'avec leur devoir de kabylité. Ils avaient sacrifié leur identité et leurs droits nationaux sur l'autel de leur revanche sur la France, alors que celle-ci ne les y obligeait nullement. Les vicissitudes de l'histoire avec, notamment, la trop lancinante douleur de leur humiliante défaite face à la France, ne leur permettaient pas d'en percevoir le contraire. Nous en payons encore le prix. Les morts de 2001 sont, ainsi, en relation directe avec cette option stratégique de 1926 ; il en est de même de la démarche du FFS et du RCD consistant à être les brillants seconds d'un système politique à l'intérieur duquel, ils n'aspirent, dans le meilleur des cas, qu'au strapontin de minoritaire. L'aspiration kabyle à la liberté est si puissante qu'une fois canalisée vers l'indépendance de l'Algérie, la Kabylie s'y investit corps et âme, au point d'oublier jusqu'à l'existence d'un peuple kabyle. Sa relation fusionnelle avec l'Algérie aggrave son aliénation identitaire dans un premier temps, et son auto-déclassement de pays à région et de peuple au statut de minorité nationale.

Malgré la grave crise politique de 1949 au sein de la seule organisation indépendantiste de l'époque, le Parti du Peuple Algérien (PPA), le Mouvement pour le Triomphe des Libertés

Démocratiques (MTLD), et qui aurait dû leur ouvrir les yeux sur un avenir dangereux pour leur identité et leur futur statut de minorité « ethnique » ou « régionale », les Kabyles, trop emportés par leur élan nationaliste oublièrent de remettre en cause leur démarche et leurs convictions en faveur de l'Algérie. Alors que les arabophones n'hésitèrent pas l'ombre d'une seconde à saborder le mouvement indépendantiste plutôt que de se risquer à donner naissance à une Algérie « berbère », les Kabyles, eux, préférèrent d'aller vers une Algérie arabe que de renoncer à l'indépendance de celle-ci. Dur fut le réveil en 1963. Au lendemain de l'indépendance algérienne, les Kabyles, à l'image de ceux qui se dégrisent, commencent à ouvrir les yeux et perdre, petit à petit, leurs grandes illusions algérianistes. Sous la bannière du Front des forces socialistes de Hocine Aït Ahmed, ils prennent les armes contre le pouvoir arabo-islamiste qui succède au colonialisme français. Trop tard ! La Kabylie, déjà trop épuisée par une guerre de libération de plus de sept ans, n'a plus la force de se battre contre une armée fraîchement arrivée de l'autre côté des frontières algériennes où elle n'a jamais engagé de bataille contre les militaires français. Même à ce niveau de prise de conscience de leur monumental fourvoiement politique antérieur, les Kabyles furent incapables de formuler une problématique nationaliste qui leur soit propre. L'idéologie, une fois de plus, est à l'origine de leur bégaiement historique. Le Mouvement national qu'ils avaient porté à bout de bras de 1926 à 1962 était, d'un côté, sous-tendu par le centralisme démocratique, caractéristique du mouvement ouvrier européen dont il s'inspire, et de l'autre, le centralisme jacobin dans lequel ses fondateurs avaient baigné toute leur vie. Là aussi, les concepts et les armes théoriques leur font défaut et ne purent éviter de se faire avoir de nouveau en intériorisant un complexe de culpabilité par crainte d'être taxés de « séparatistes ». Séparatistes, ne l'étaient-ils pas, de toutes les façons, aux yeux de leurs ennemis français ?

Voulant pousser son avantage après sa victoire sur la Kabylie, le pouvoir engageait, dès 1965, une politique d'arabisation des enfants kabyles pour en finir avec le germe de l'irrédentisme identitaire local. Pour s'en protéger, les Kabyles sortent de leur tiroir idéologique le concept d'identité berbère au lieu et place de celui d'identité kabyle qui, elle, du moins croyait-on, pouvait être férocement réprimée pour sécessionnisme, y compris en 1980, lors du printemps « berbère ». Dans le sillage de nos aînés, nous fûmes, à notre tour, incapables de nous assumer en tant que Kabyles. Le fait de nous réclamer de l'amazighité (berbérité) nous permettait néanmoins de nous abriter derrière un rideau politique contre notre arabisation, notre dépersonnalisation. Comme à nos aînés, nous nous investissons dans la revendication berbère sans trop regarder dans quelle impasse elle nous engageait. À ce jour, même après le printemps noir de 2001, on trouve chez la plupart des nôtres la revendication de « la langue amazighe, comme langue nationale et officielle », comme une revendication centrale, sans savoir ce qu'elle induit pour notre propre avenir, et vers quel cul-de-sac, de nouveau, elle nous menait. Le massacre par le pouvoir algérien de 120 jeunes kabyles en avril 2001, lors de ce qu´il convient d´appeler désormais « le printemps noir », voit la réémergence de structures étatiques traditionnelles kabyles : les Ârchs. Leur texte fondamental, « la plate-forme d'El-Kseur » fait de nouveau l'impasse sur l'existence d'un peuple kabyle y compris après la marche historique du 14 juin 2001 où près de trois millions de Kabyles investirent la capitale Alger. Aucun peuple au monde, hormis le nôtre, n'a fait descendre dans la rue le tiers de sa population. Malgré cela, ce mouvement des Ârchs s'entête à se présenter comme national et jamais en tant que « régional » et kabyle. Les complexes ont encore la peau dure. Cependant, un début de prise de conscience émerge à travers les 15 points de revendication de cette plate-forme sur la spécificité kabyle. On y remarque, comme un sursaut de l'Histoire pour remettre le fleuve dans son lit qu'il a quitté pendant 75 ans. En effet, pour une fois, n'y a-t-il pas que des revendications algériennes ? On y demande le départ des gendarmes de la Kabylie, ainsi qu'un plan socioéconomique d'urgence pour la « région ». On y voit même poindre l'ombre d'une revendication autonomiste non explicite à travers celle du « transfert des prérogatives exécutives de l'État aux instances démocratiquement élues ». Le mouvement autonomiste naquit une semaine avant la rédaction de cette plate-forme d'El-Kseur.

Le 5 juin 2001, pour la première fois, nous revendiquons autant l'autonomie régionale que l'existence d'un peuple kabyle ouvrant droit à la reconnaissance officielle par l'État algérien. La double commémoration du printemps berbère de 1980 et du printemps noir 2001 marque en 2007 une rupture dans la stratégie de résistance de la Kabylie depuis 1926. Pour la 1re fois, seul le Mouvement pour l'Autonomie de la Kabylie appelle à marcher pour l'autonomie régionale. Le slogan de tamazight langue nationale et officielle est évacué au profit d'un État régional kabyle. Le flambeau du combat kabyle éclaire enfin un avenir net et clair. Malgré la répression de nos militants, l'assassinat de mon fils, la mise en faillite pour des raisons politiques d'un haut responsable du MAK ; en dépit de la désinformation et de la censure dont nous sommes victimes de la part, y compris d'acteurs et organisations politiques kabyles qui font le jeu du pouvoir, nous avons réussi le tour de force de réorienter le vent de l'Histoire dans le sens de la liberté du peuple kabyle.

Munich, le 2 mai 2007

Quelle stratégie pour la Kabylie ?

Contribution faite lors d'une conférence organisée par le Centre d'Études et de Recherche sur l'Autonomie de la Kabylie. Elle n'a pas été publiée en ce moment-là.

Le MAK a été créé pour réaliser un objectif stratégique énoncé dans la déclaration du 5 juin 2001, dans le chaud des événements du « printemps noir » : doter la Kabylie d'un statut de large autonomie. Autrement dit, restituer au peuple kabyle la maîtrise de son destin, perdue depuis 1857 face au colonialisme français. Pour y parvenir, une stratégie lui est vitale. La stratégie étant à l'origine un art militaire, la politique est une forme de guerre sans la poudre. Quelle stratégie faut-il donc pour le MAK ?

L'aventure militaire comme en 1963 ? L'entrisme pour prendre le pouvoir algérien à la manière d'Ouyahia ou de Said Sadi ? Ou enfin, le combat démocratique ? Une stratégie ne s'établit qu'en fonction de ses moyens, de la réalité du terrain, des obstacles à franchir de manière chronologique.

1. La voie armée est écartée d'emblée pour des considérations morales du fait des valeurs qui sont celles des cadres qui animent le Mouvement. Par ailleurs la guerre est, pour les opprimés, la solution du désespoir. Elle n'intervient qu'en dernier recours. Enfin, elle ne se mène pas pour un objectif minimal comme l'autonomie.

2. La stratégie de l'entrisme, elle, trouve ses limites dans un système où, pour accéder au pouvoir suprême, un Kabyle doit au préalable perdre son âme, faire la preuve de son reniement identitaire. Après sa course d'obstacles, à supposer qu'il en triomphe, se posera pour lui la question de la marge de manœuvre dont il dispose dans un environnement politique et institutionnel pour le moins hostile à des mesures en faveur des revendications kabyles. Tous ceux qui en ont fait la tentative ont, d'une part, échoué et, d'autre part, se sont retrouvés reniés par la Kabylie.

3. La voie démocratique, elle, mène vers deux directions : la voie algérianiste qui est celle du FFS et du RCD dont la démarche consiste à se battre pour une autre Algérie, une Algérie généreuse, démocratique et fraternelle dans laquelle la question identitaire et linguistique serait magiquement résolue et la voie kabyliste qui est la nôtre et qui prend en priorité les intérêts de la Kabylie et du peuple kabyle.

Une fois la stratégie choisie, nous nous retrouvons confrontés à la dure réalité du terrain dont la configuration politique et idéologique, économique et sociale est des plus difficiles. Nous sommes devant un système politique verrouillé par un pouvoir militaire qui ne s'accommode que d'une classe politique tenue en laisse. Basé sur l'arabo-islamisme, il est davantage enclin à la composition avec les intégristes religieux issus, comme lui, d'une même matrice idéologique (on le voit avec les diverses politiques de *rahma*, « concorde civile » et de la « réconciliation nationale ») qu'avec les démocrates kabyles qu'il perçoit comme une menace à ses fondements. Même lorsqu'ils montrent plus que patte blanche, les Kabyles demeurent, pour lui, suspects. Sur le plan économique, il s'est arrogé le monopole de la richesse dont personne ne peut profiter sans son autorisation. Le moindre investissement est soumis à son agrément. Il est quasiment le seul banquier et le seul patron qui peut étrangler les cadres, les organisations et les régions à sa guise. La Kabylie est donc à sa merci dès lors que les compétences dont elle dispose dépendent des salaires que leur versent l'administration et le secteur public. Médiatiquement, rien ne peut se créer en Algérie sans son aval. Sociologiquement, en dehors de la Kabylie, ses relais sont très puissants et il semble surfer sur la vague avec des scores électoraux staliniens. Imposer à l'Assemblée nationale une autonomie régionale est par conséquent hors de propos dans un hémicycle où la représentation kabyle, à supposer qu'elle soit unie, ne représente même pas 10 %. Bref, il ne reste que le peuple kabyle et la Kabylie à convertir à la solution autonomiste, mais comment ?

Le premier écueil est l'opinion kabyle acquise autant au centralisme (jacobin ou démocratique) qu'à l'idéologie identitaire amazighe que les autonomistes d'aujourd'hui couvaient naguère comme l'oiseau ses œufs. L'essentiel dans un premier temps est, donc pour nous, d'émettre l'idée, la proposer publiquement et la diffuser autant que faire se peut dans la société kabyle. La répétition vaut leçon. Au bout de six ans, nous avons réalisé un miracle. Les Kabyles ne se demandent plus qu'est-ce qu'ils vont manger sous l'autonomie, mais comment la construire, comment l'arracher ? Autant dire que la notion d'autonomie est assimilée et validée par la région. D'un autre côté, les adversaires se liguent contre les autonomistes. L'islamisme est lancé à la conquête de notre région avec des moyens ahurissants. Le FFS et le RCD nous prennent pour leurs pires ennemis. La tâche n'est donc pas si simple qu'elle paraît. Sachant que la politique n'est ni une recette de cuisine ni une programmation informatique, il convient d'adapter nos ambitions à nos moyens. Pour le MAK, l'autonomie se fera avec l'écrasante majorité des Kabyles ou ne se fera pas. Aussi, il y a lieu de brasser le plus large possible. Quels que soient les malentendus de départ, les griefs réels ou supposés dont on s'accable mutuellement au sein de l'élite kabyle, il y aura toujours une opportunité, une conjoncture pour unir les forces autonomistes. Malgré la faiblesse de la culture du compromis politique ente Kabyles, il nous revient de la réinventer, de l'asseoir et de la renforcer. L'initiative de Tifrit de mars 2006 est un premier pas même si elle n'a pas encore comblé nos attentes.

À travers cette expérience et celle de nos premiers pas dans le MAK nous avons réalisé combien l'élément psychologique joue un rôle prépondérant dans le militantisme au profit de notre peuple.

Pour que l'autonomie devienne idéologiquement hégémonique et se réaliser en Kabylie, il y a deux étapes à franchir. La première est la prise de conscience par les Kabyles de constituer un peuple digne de ce nom, d'en finir avec cette autonégation identitaire qui les caractérise et qui a causé leur malheur jusqu'ici. La deuxième est le passage de la conscience de peuple vers celle de nation, la construction d'une conscience nationale kabyle. Arriver à une communauté humaine ayant conscience d'elle-même et unie par des liens de solidarité très forts pour la construction d'un avenir commun sans renoncer à son environnement, y compris tant que celui-ci lui reste hostile. Il restera à trancher, sur le plan tactique bien des choix cornéliens, tel que : 1) les élections locales sont-elles une voie pour construire cette autonomie kabyle ? 2) Faut-il construire l'autonomie politique et institutionnelle d'abord puis l'économique ou inversement, ou les deux en même temps ? Quel rôle redonner aux institutions traditionnelles kabyles comme *tajmaat* et *laarac* dans la conduite de ce combat ?

Paris, le 23 juin 2007

La chanson kabyle ou la respiration d'un peuple

Conférence sur le thème de la chanson kabyle, donnée au siège de l'association Taferka à Montreuil (France).

Malgré une foison d'articles de presse écrits sur des chanteuses et des chanteurs kabyles qui ont fait l'actualité artistique à un moment ou à un autre depuis le début des années 70, il n'existe pas de livre à proprement parler consacré à la chanson kabyle. Même des publications sur des artistes donnés sont assez rares. Aussi, personne ne s'est encore aventuré à s'interroger sur le rôle de la chanson kabyle dans sa société. Il n'existe d'étude ni sur sa sociologie musicale, sa typologie, ses influences, ni enfin sur sa variété thématique, orchestrale ou stylistique. Bien sûr, il serait prétentieux de ma part de combler cet énorme vide par cette modeste contribution limitée à quelques aspects singuliers de la chanson dans notre société. Cette tentative est, au mieux, une goutte de pluie dans le désert. Personnellement, sans être musicologue ni profane, je dirais que c'est là un domaine relevant avant tout de la recherche scientifique et universitaire. Hélas, celle-ci a besoin de fonds que la Kabylie dépourvue, pour l'heure, d'État ne peut lui allouer. Pour le moment, tout repose sur l'irremplaçable Professeur Salem Chaker qui dirige, avec brio malgré de modestes moyens, la chaire de berbère à l'Inalco (Paris). La chanson kabyle, pour la définir, est plus qu'une chanson. Elle n'est pas un genre musical à classer parmi d'autres comme, la variété, le soul ou le reggae. Elle contient en elle-même tant de genres qu'on ne peut la confiner dans l'un d'entre eux sans la mutiler. Elle est l'expression de son peuple, elle en est la respiration. Ce sont les rôles qu'elle joue dans sa société qui lui valent d'être vitale pour les siens. Relativement récente, c'est à Chikh Nordine que nous devons son apparition sur la radio kabyle qui émet à partir d'Alger depuis 1947. La chanson kabyle est issue de cinq traditions que l'on peut énumérer comme suit :

1. Celle des *imeddahen*, ces troubadours itinérants qui chantaient de village en village pour remercier ceux qui leur donnaient un peu de nourriture et que personne ne prenait au sérieux si l'on en juge par la réputation qui leur a survécu.

2. Celle des paysans qui, durant la *tiwizi* (travaux des champs d'entraide collectifs), entonnaient ensemble des mélopées pour tromper leur fatigue et se donner du courage pour terminer leur travail avant la tombée de la nuit.

3. La tradition des femmes chantant des berceuses, des *izlan* (chants collectifs de femmes célébrant un mariage ou une circoncision) ou des airs dansants dans l'*urar*.

4. Les *Idebbalen*, ces quatuors de deux percussions et de deux *ghitas* (hautbois rudimentaire) des bals dansants célébrant des mariages et des circoncisions.

5. Enfin, de la tradition des groupes de bergers kabyles, particulièrement des jeunes adolescents à l'accent un peu grivois.

La chanson kabyle est en soi un phénomène révolutionnaire. Elle participe de la libération de son peuple de ses entraves idéologiques et politiques. En effet, malgré des chanteurs ancrés dans la tradition et le fatalisme religieux, elle a été un vecteur important d'évolution des mentalités. Elle a commencé par casser le tabou tel que le fait de chanter, avant de s'attaquer à ce qu'on appelle communément « la chose politique ». Faut-il le rappeler, il y a moins d'un siècle, chanter était encore honteux pour tout homme digne de ce nom. Chanter était le fait de parias, de fous ou de niais qui déshonoraient leurs proches.

Chikh Nordin, le premier à s'y être aventuré, était renié par son père pour avoir commis le crime de devenir un chanteur. Quant aux femmes, même s'il leur était permis de s'adonner au chant pour faire dormir les bébés, et on les entendait depuis les ruelles du village, même si elles étaient autorisées à chanter en groupe, lors des fêtes, il était inadmissible que l'une d'elles se produise dans un spectacle ou à la radio. Cherifa, par exemple, toujours vivante, a été excommuniée de sa famille et de son village lorsqu'elle avait osé, au milieu des années cinquante, chanter *Vqa* âlaxir *ay Aqvu*. Avant de devenir la Diva de nos jours, n'oublions pas qu'elle a été pendant des années femme de ménage à Alger où elle s'était réfugiée pour échapper à son lynchage par sa famille, et ce, malgré son succès et sa renommée. Hnifa, pour avoir défié l'interdit communautaire, avait été répudiée et n'avait pu se remarier. L'émergence de chanteurs et de chanteuses en Kabylie a généré une évolution de la société dans le sens de plus de tolérance et de moins de rigorisme dans les traditions et les pratiques religieuses.

La chanson kabyle s'est ensuite voulue éveilleuse des consciences et revendicatrice sur le plan politique. C'est la chanson-tract. *Ffegh ay ajrad tamurt-iw* de Slimane Azem est la première pierre angulaire de la chanson politique et son auteur le père fondateur du genre. Bien sûr, il y avait avant lui des chants patriotiques véhiculés par les militants du PPA-MTLD, à travers le mouvement scout de Laïmèche Ali, mais ce n'était pas encore de la chanson et Laïmèche en personne est mort en 1946, une année avant l'avènement de celle-ci. L'apparition de la radio est à la Kabylie ce que fut pour l'Europe l'invention de Gutenberg : une révolution. La chanson en est ainsi, pour nous, le livre dont nous a privés l'Histoire. L'accumulation des savoirs et la transmission de la mémoire et du patrimoine immatériel étaient jusque-là aléatoires dans une société à tradition orale. Ce n'est que depuis l'émergence de la chanson que nous pouvons revenir sur nos pas sur la base d'archives issues de cette écriture orale qui pour ne rien gâcher est enjolivée par une esthétique autant des sonorités musicales, des jeux de rimes et des métaphores que de l'expression vocale.

En devenant un livre, elle devient une mémoire. Quelle belle fresque sociologique dressait Chikh El-Hasnaoui, au lendemain de la fin de la Deuxième Guerre mondiale sur l'exode des hommes kabyles vers la France à la fin des années 40, début des années cinquante dans la chanson *Maison Blanche* du nom de l'aéroport d'Alger d'avant l'indépendance du pays. La Réplique lui est donnée par un autre tableau peint cette fois par Kamal Hamadi dans *Redlegh-d lheq n rrekva* en 1969 au moment où une nouvelle ruée vers la France s'était produite. On peut classer la chanson d'Oulahlou *Azul a Lpari* parue en 2004 dans le même registre qui prolonge le phénomène migratoire avec la situation des « Sans-papiers kabyles » d'aujourd'hui.

Sur le plan des idées, le plus novateur des chanteurs n'eut pas le succès escompté en son temps. Cherif Kheddam qui aujourd'hui est consacré dans toute la splendeur de son œuvre était réputé, alors, être en avance sur son temps. Autant par ses apports harmoniques, ses courbes mélodiques que par quelques-uns de ses thèmes. Ainsi, chanter les droits de la femme en 1961 *d acu d lehjav n therrit* ou, trois années plus tard, contre l'obscurantisme religieux *W ivghan yelli-s ad-t iâuzz* était une prise de risque important sur le plan de sa popularité. Seule une infime partie des élites le suivait, davantage pour ses mélodies ciselées que pour ses textes. La génération de chanteurs des années 70-80 avait eu, pour la première fois en son sein, des éléments universitaires qui imposent une évolution thématique et linguistique inédite. Des groupes apparaissent et le combat politique et identitaire amazigh est assumé et revendiqué entièrement. Il n'est pas dit que la politique était absente de la tradition de leurs aînés. Non! Les chanteurs expriment la philosophie, la vision du monde et les problèmes majeurs de leur époque. Pourtant, dans les années cinquante, durant la guerre d'Algérie, en dehors de Slimane Azem dont les textes insinuaient des prises de position politique en faveur du combat pour l'indépendance, puis contre, il n'y a pas trace d'un engagement de la chanson en dehors de Allaoua Zerrouki qui avait pleuré dès 1959 la mort, les armes à la main, du légendaire chef de guerre kabyle, le colonel Amirouche dans *Ay akal ur tettgheyyir* ou les orphelins de guerre avec *Ya rebb lehnin.*

C'est au lendemain du cessez-le-feu de mars 1962 qu'une chanson patriotique se développa. Ainsi, Farid Ali, avec *A yemma* Âzizen *ur ttru,* Taleb Rabah dans *ttrunt wallen-iw* ou *Ma tecfam ay igudar,* Cherif Kheddam entonnant *Leghnaya I watmaten,* Kamal Hamadi et sa femme Nora chantant *Amirouche,* Medjahed Mohammed dans *Tamurt nnegh tura tehya,* Djamila interprétant *tamurt n Lzzayer* et enfin, Mohand Said Oubelaid chantant *Avehri siwed asen slam.*

Comme de septembre 1963 à mars 1965 la Kabylie était en rébellion armée contre le pouvoir algérien fraîchement installé, ce fut de nouveau le silence. C'est Slimane Azem, exilé en France et considéré comme traître à sa patrie pour ses prises de position contre le FLN vers la fin des années cinquante dans *Inas i leflani* qui reprit le flambeau en chantant des fables adaptées ou créées par lui pour ironiser sur les nouveaux dictateurs ou pour conseiller aux Kabyles la voie de l'union. Sinon durant les années cinquante et soixante il y avait trois thèmes dominants. Le premier d'entre eux est universel : l'amour. Celui-ci chanté avec des images parfois osées comme *yeqqes iyi wezrem* de Bahia Farah ou des textes tendres comme *annagh a Muhend a mmi,* Achène Mezzani dans *Yelli-s n lghurva* ou encore avec beaucoup de fraîcheur et de modernité thématique comme *Yidem, yidem* de Kamal Hamadi, *Nadia* de cherif Kheddam, *Inas i Mlaâyun Tawes* d'Oukil Amar, *A Louiza* d'Akli Yahyaten... Il serait fastidieux de tout énumérer ici.

Le deuxième thème est celui de l'émigration, synonyme d'exil et de séparation douloureuse avec la femme aimée. Si ce thème est resté longtemps récurrent dans cette chanson, c'est à cause de l'importance du phénomène dans la société kabyle. Il n'y avait pas de famille qui n'avait, au moins un homme émigré en France ayant laissé femme et enfants dans son village vers lesquels il retourne pour un mois, chaque été. On en parle moins dans la chanson d'aujourd'hui. Ceci n'est pas dû à la résorption du flux migratoire kabyle vers la France. Au contraire, il s'est amplifié comme il ne l'a jamais été. Cette évacuation de l'actualité chantée est motivée par au moins deux facteurs :

1. La société kabyle a hiérarchisé ses priorités d'où l'émigration est évacuée :

2. D'une émigration exclusivement masculine et insupportable, on est passé à une émigration familiale et rêvée qui allie confort, intégration et richesse. Le Malheur a changé de camp. Aujourd'hui, ceux qui sont à plaindre sont davantage ceux qui sont restés au pays que ceux qui sont en France ou dans l'ensemble du monde occidental. L'Algérie ayant fait leur malheur politique, économique et culturel, s'en aller est devenu une libération.

Enfin, le troisième thème des deux premières décennies de notre chanson était la religion, le fatalisme du destin et l'incitation à avoir le courage de vivre une vie d'endurance et d'éternelles épreuves à travers laquelle il ne faut jamais faire confiance à personne. C'est toute la mentalité de l'époque, sa vision du monde et sa philosophie. La soumission au sort décidé par Dieu était préférable à la rébellion. Malgré cette conception réactionnaire et conservatrice des choses exprimée particulièrement à partir de la France, la Kabylie s'était engagée massivement dans la violence armée pour l'indépendance de l'Algérie. On peut en déduire qu'il y avait déconnexion entre la société et sa chanson exilée. Il faut se rappeler que notre chanson était d'une part encore trop jeune, elle avait à peine une dizaine d'année et, d'autre part, pas encore suffisamment introduite dans les foyers, donc la société. Ils se comptaient sur les doigts d'une main les Kabyles possédant dans un village un poste transistor pour capter la radio. Je me souviens qu'à l'indépendance, il n'y avait qu'une seule personne, dans tout mon village, qui avait un poste radio. Il l'allumait à la *Tajmaât* du matin au soir pour que nous puissions tous en profiter. D'ailleurs depuis que le contact est, à partir des années soixante, rétabli entre la chanson et sa société, tout en fournissant des indices aux créateurs pour exprimer ses aspirations, celle-ci a davantage écouté celle-là. La chanson est devenue à la fois son exutoire et le miroir de ses états d'âme. La société et sa chanson se sont réconciliées. Elles se font mutuellement confiance malgré les conflits de personnes et les différences de style et de genre existant entre les artistes. À partir des années soixante-dix, la chanson a pris la Kabylie par la main pour lui faire traverser le temps à pas de géant. En trois décennies, elle l'a sortie du Moyen Âge.

La tradition philosophique aussi sage que confuse des années cinquante de Slimane Azem, prolongée par Taleb Rabah dans les années soixante, explose avec Aït Menguellet à partir des années quatre-vingt. La révolution politique introduite par le même Slimane Azem, alliée à la modernité musicale et thématique d'un Cherif Kheddam trouve sa plus belle expression et son raffinement dans ce que l'on appelle la chanson « moderne ». C'est celle-ci qui va faire évoluer le plus la langue, les idées et les comportements. Jusque dans les années soixante, un Kabyle s'exprimant dans sa langue a une considération des siens proportionnelle au taux de termes arabes qu'il insère dans son discours. Grâce au travail de la chanson, nous en sommes à l'exact contraire de cette posture. Rares ceux qui ne disent pas de nos jours *azul* au lieu de *salam Alikoum* ; *tanemmirt* au lieu de *sahhit* ; *tugdut* pour démocratie ou *agdud* pour peuple. Tous ces mots étaient naguère méconnus par nos parents. Ils sont aussi rares ceux qui ne donnent pas de prénoms amazighs à leurs enfants alors qu'au lendemain de l'indépendance c'étaient particulièrement des prénoms arabes qui étaient arborés avec fierté par les Kabyles. Après une fournée de chanteurs ayant modernisé le rapport à l'amour au sens universel et noble du terme vers la fin des années soixante avec notamment Atmani, At Menguellet, Mouloud Habib et Slimani, la chanson moderne a introduit dans la société le débat idéologique et politique. C'est par elle que l'on s'est réapproprié le combat pour la liberté et la démocratie. Enfin, même consommée par des étrangers, elle se défend d'être exotique. Elle se veut, avant tout, ambassadrice de la Kabylie et de son peuple martyre. Y compris dans ses textes d'amour, ses rythmes de fête ou ses complaintes, elle est politique. Parce qu'une langue est politique, l'existence d'un peuple est politique, la chanson qui en est issue ne peut être à son tour que politique.

La chanson kabyle porte en son sein autant la tradition que la modernité, symbolisées par l'existence de deux principaux genres (le traditionnel et le moderne), qui durant longtemps suivaient des voies parallèles avant de se rejoindre autant dans le mode orchestral que leurs compositions. Aujourd'hui, il y a une tendance à leur symbiose à l'image de toute la société kabyle qui assume aussi bien son enracinement dans son passé, son immersion dans un monde de modernité que sa projection dans un avenir de souveraineté et de mondialisation. Elle préserve le précieux héritage linguistique et culturel ancestral tout en le moulant dans les valeurs sacrées et universelles de l'humanité. C'est là, me semble-t-il, la voix du cœur et la voie de la raison ; c'est là un gage de pérennité et de paix dans la liberté, c'est là également le fil conducteur vers la justice et la démocratie, l'épanouissement et le confort moral et matériel du peuple kabyle

Montreuil,
le 27 janvier 2007

La femme kabyle

Conférence à l'université de Vgayet, en compagnie de madame Kamira Nait Sid, à l'occasion de la journée internationale de la femme.

La société kabyle, comme toutes les sociétés humaines, a assigné aux femmes une place et un rôle en fonction de ses nécessités, de sa culture et de son degré de développement.

« Vous avez tous chanté ma beauté
Vous avez tous loué mon sens de l'honneur,
Nul ne s'est, pour autant, soucié de mes droits
Comme si j'étais un animal.
Maintenant que s'ouvrent mes yeux
Je vais vous demander des comptes »

Ces terribles paroles d'une très belle chanson que Nouara a interprétée au début des années 70 sont l'expression d'une prise de conscience collective du statut de la femme au sein de la société kabyle. Elles appellent à son dépassement tant il est vrai que, pour l'époque, il n'était pas reluisant et peine encore de nos jours à évoluer. Même si nombre d'aspects ont changé et des résistances ont été vaincues, d'autres, en revanche, sont toujours tenaces. C'est ce que nous essayerons de voir dans cet exposé. La société kabyle, comme toutes les sociétés humaines, a assigné aux femmes une place et un rôle en fonction de ses nécessités, de sa culture et de son degré de développement. Nous n'avons pas suffisamment de documentation nous permettant d'être édifiés sur un état des lieux avant celui fait par la colonisation française. Il ne nous reste que le roman pour retrouver quelques aspects de la situation des femmes kabyles et dont notre génération peut encore témoigner. Le seul document authentique et ancien que nous ayons sur ce sujet est une copie datée de 1648 d'une décision d'exhérédation de la femme kabyle et dont l'original remonterait à 2 siècles auparavant.

A. L'Exhérédation :

Une société régie par le droit musulman accorde, en principe, à la fille d'hériter moitié moins qu'un garçon. La Kabylie a outrepassé une telle prescription à la suite des problèmes insolubles issus de son application. Pourquoi ? Le coran a été « révélé » dans la péninsule arabique où les sociétés nomades du désert vivaient essentiellement de commerce dont le produit en pièces d'or ou d'argent pouvait aisément être réparti entre les héritiers dont font partie les femmes. Il n'en est pas de même dans une société vivant exclusivement de l'agriculture comme la société kabyle pour qui la terre est sacrée et en général régie par l'indivision. La terre appartenait hiérarchiquement au grand-père (patriarche), ensuite à la famille élargie, au clan, au village, et enfin, au Arch. La propriété de la terre qui ne devait en aucune façon être détenue par quelqu'un d'autre en dehors des membres mâles de la famille posait problème dès qu'un père n'avait pas de descendance masculine. Ses filles qui en ont l'usufruit n'avaient pas le droit de faire changer de famille aux terres en se mariant. Et de toutes les façons la terre est un bien qui ne s'emporte pas dans ses bagages et sa dot en allant dans d'autres villages ou d'autres Arch. Voilà pourquoi une telle décision, si injuste à nos yeux aujourd'hui, était nécessaire pour la paix civile d'alors.

À cela s'était greffée une tentative des Ottomans de s'approprier des terres kabyles par voie de mariages mixtes. Pour que le colonisateur turc ne devienne pas propriétaire des terres kabyles, les confédérations de la Kabylie avaient décidé d'exhéréder la femme.

Aujourd'hui, même si l'État algérien est revenu à la disposition édictée par la Chari'a, la Kabylie a du mal à s'y résoudre. On touche à l'argent de l'héritage, mais pas à la terre. Cependant, c'est un principe auquel on déroge quelquefois. En effet, on a vu des vieillards kabyles qui ne souhaitent pas qu'après leur mort leurs propriétés reviennent à la fratrie, se rendre chez un notaire pour faire acte de donation à leur femme ou leurs filles. En dehors de ces cas isolés, aucune loi ne semble en mesure de déboulonner pour le moment cette disposition du droit coutumier, tant sa pratique va de soi dans une société où le rapport à la terre est si charnel. En revanche, la polygamie en déclin en Kabylie se prêterait plus facilement à son interdiction définitive.

B. La polygamie :

C'est une pratique qui date de la préhistoire puisque le roi Massinissa avait au moins 48 garçons qu'il ne pouvait engendrer avec une seule femme. La société kabyle héritant des traditions amazighes en a gardé l'usage pour un certain nombre de raisons dont certaines font de nos jours sourire : les hommes dans une société méditerranéenne étaient à la fois la richesse, la sécurité et le pouvoir. En engendrer le maximum dans un monde non médicalisé où la mortalité infantile était effarante et les guerres fréquentes, était un sport national. On garde de cette croyance des traces jusque dans la chanson dite moderne.

Par ailleurs, après une guerre les veuves sont en général remariées dans la fratrie de leur défunt mari pour, disait-on, garder les orphelins dans le giron de la famille paternelle. C'est ce qui aurait relancé cette pratique en Kabylie au lendemain de la guerre d'Algérie dans laquelle, en sept ans, elle aurait perdu au moins trois cent mille hommes. Des cas de bigamie se rencontrent encore chez des hommes qui, pour différentes raisons, sont incapables de divorcer de leur première femme

Le poids de la tradition reste relativement important en Kabylie malgré une évolution des mœurs assez prononcée.

C. La tradition :

En plus de la bigamie, la tradition a affecté à la femme que Slimane Azem qualifiait de « colonne supportant le poids de la famille » le rôle de gardienne de l'honneur des hommes. Pour la femme kabyle, avoir le sens de l'honneur c'est d'abord un observer strict respect des mœurs à travers lesquelles la virginité avant le mariage est de mise et l'adultère sévèrement châtié. Cette société réputée pour sa pudeur n'hésite pas pourtant à afficher publiquement les preuves de la consommation du mariage avec une vierge. Il faut reconnaître que le Kabyle a tellement sublimé son honneur qu'il ne lui a pas trouvé de meilleur coffre-fort que la frêle membrane de l'entrejambe de sa fille. C'est ce qui valide l'adage populaire selon lequel « une fille non mariée est toujours une bombe ! » Le mariage est donc recherché à tout prix. Ainsi, des siècles durant, et nos mères sont toutes passées par là il n'y a pas si longtemps, les filles sont mariées des fois avant leur adolescence. Pire ! La plupart des temps à leur insu ou sans leur consentement. Mon arrière-grand-mère paternelle par exemple, après son veuvage survenu à l'âge de 16 ans, avait dû se casser toutes ses dents à coups de galet pour s'amocher et dissuader des prétendants qui demandaient sa main à son père. Elle ne voulait pas être séparée de son fils. Aujourd'hui, cette pratique qui consiste à marier les filles très jeunes et sans leur accord a presque disparu. Il est inconcevable qu'une fille soit mariée de force et la moyenne d'âge des mariages qui se situait aux environs de 14 ans au début des années soixante est remontée à plus de 25 ans aujourd'hui. De nos jours, une grande proportion de femmes et d'hommes de 30 à 40 ans est constituée de célibataires. L'instruction et la modernité de la société kabyle sont passées par là. Mais des points noirs subsistent encore par cet attachement à ce code de l'honneur kabyle qui ne va pas sans quelques anachronismes et autres absurdités. Ainsi, un garçon ne rêve qu'à sortir avec une fille alors qu'il lui est impossible d'admettre que sa sœur en fasse de même. Il interdit à sa ses sœurs l'émancipation qu'il souhaite trouver chez la fille du voisin. Ce machisme des Kabyles est à combattre pour une évolution heureuse de la société de telle sorte que notre jeunesse, au lieu de rêver à des pays européens aux mœurs plus tolérantes elle se recréerait chez elle son propre rêve. D'ailleurs, le départ vers la France de quelques dizaines de milliers de jeunes Kabyles de 1998 à 2003 génère une situation inédite qui appelle nécessairement une évolution dans nos us et coutumes. Ces garçons qui, pour obtenir leurs papiers de résidence en France, se marient presque tous avec des Françaises laissent autant de jeunes filles en Kabylie qui ne vont pas trouver avec qui se marier dans l'immédiat. Pour vivre leur sexualité, elles seront sans aucun doute amenées à faire preuve de courage et d'ingéniosité face aux interdits en usage. Et ce n'est pas la loi algérienne, en déphasage total avec le statut de la femme kabyle, qui emprisonnerait nos filles et nos femmes dans les rets de l'islamisme.

D. La loi algérienne :

À l'indépendance de l'Algérie en 1962, des femmes jettent symboliquement leur voile devant des caméras, en signe de leur émancipation. Le mode de vie européen laissé par la colonisation était la norme à Alger qui à l'époque était majoritairement kabyle. Un exode rural dans la foulée de l'indépendance va petit à petit submerger la capitale et y hybrider le mode de vie issu des campagnes avec le citadin. Impensable au début des années soixante, le fait de faire monter des moutons vivants jusqu'au 10e étage des HLM pour les fêtes de l'aïd est devenu de nos jours la règle. Les comportements relatifs aux mœurs y sont aussi affectés. C'est la montée du mouvement intégriste, produit de l'école et des institutions algériennes, qui a amené le parti unique en 1982 à adopter le code de la famille. Celui-ci même amendé bafoue toujours la dignité de nos femmes puisqu'il a codifié jusqu'aux dimensions du bâton qui doit être utilisé pour punir son épouse ! Les femmes cadres, pour la plupart militantes démocrates, y opposent épisodiquement une faible résistance à cause de leur incapacité à créer un lien avec la masse des femmes au niveau d'instruction bas, voire inexistant et que l'arabisation n'a fait qu'aggraver à travers l'Algérie. Par ailleurs, il me semble que le fait que ces femmes lettrées aient revendiqué leurs droits en se prévalant de leur participation à la guerre d'indépendance n'était pas réellement le meilleur des arguments pour se défendre, car ceci n'a fait que justifier une fois de plus que la violence est le vecteur de la légitimité juridique. Ensuite, l'islamisme envahissant a rogné les espaces de liberté de la femme au point que vers la fin des années 80, le voile devient la norme alors qu'il avait pratiquement disparu au début des années 70. Seule la femme kabyle demeure rétive à son adoption et pour cause. De tout temps, elle n'a pas eu à cacher sa beauté. Comme elle avait les travaux domestiques en même temps que les travaux des champs, elle a toujours été jalouse de ses droits individuels et ce nonobstant son exclusion de l'assemblée délibérante du village. Il n'empêche qu'elle lutte toujours pour s'affranchir des carcans rétrogrades de la tradition et frappe déjà aux portes des assemblées de villages et de quartiers. À ce titre, il est pour le moins injuste que le mouvement des Archs n'ait pas estimé bon d'intégrer l'abrogation du code de la famille dans la plateforme d'El-Kseur.

E. Le combat des femmes kabyles :

La femme kabyle n'a jamais cessé de se battre pour se faire respecter et se faire entendre. Elle avait et a toujours affaire à plus forte partie qu'elle, le système traditionnel et celui du régime arabo-islamiste algérien. Fadma N Summer est, historiquement, la première femme kabyle à avoir fait voler en éclats la loi des hommes en refusant de consommer son mariage convenu entre familles et en menant elle-même une révolte armée contre l'invasion de la Kabylie par la France, elle dut affronter le Général Rondon en 1857. L'autre femme qui a bravé la loi kabyle est la grand-mère de Marguerite Taos et Jean El Mouhoub Amrouche comme l'a rapporté leur mère Fadma

At Mansour. Ensuite, toutes les femmes qui s'étaient engagées dans les rangs de l'ALN avaient transgressé l'interdit kabyle. Vivre en compagnie des maquisards était pour le moins choquant pour les esprits bien-pensants de l'époque. Il faut pour autant nuancer notre jugement. Même si une Cherifa, en osant chanter à la radio au début de la guerre d'indépendance, était menacée de mort par un membre de sa famille, les hommes qui avaient pris le maquis durant cette lutte armée oubliaient, malgré eux, leur obligation de défendre l'honneur de leurs femmes et de leurs filles à lors des incursions fréquentes des soldats français dans les villages kabyles.

Le reste est affaire de chanteuses, de poétesses, de femmes instruites, d'universitaires ou de filles revenant de France pendant les vacances d'été. Nouara, Hadira Oubachir, Tassadit Yacine, Djouhra Abouda, Malika Domrane, Yasmina, Nabila Djahnine et Karima Nait Sid qui avaient créé l'association « Tighri n tmettut (le cri de la femme)...etc. ont toutes apporté leur touche personnelle à cette œuvre interminable qu'est le combat pour l'émancipation de la femme kabyle. Cependant, le point d'orgue le plus récent de la lutte de nos sœurs et de nos filles a été l'organisation de marches des femmes durant le « printemps noir » de 2001 où elles étaient des centaines de milliers à descendre dans la rue à Vgayet et Tizi-Ouzzu. J'ai le plaisir et l'honneur de partager cette tribune avec Kamira Nait Sid, présidente du « collectif des femmes du printemps noir ». Il est évident pour nous que dès lors que la Kabylie souhaite restituer à ses femmes leurs droits conformément à leurs aspirations, seul un statut d'autonomie régionale lui permettrait de légiférer contre le code de la famille en le remplaçant par des lois civiles égalitaires entre la femme et l'homme. À l'occasion de cette journée mondiale de la femme, nous exprimons notre solidarité avec le combat de la femme kabyle pour recouvrer ses droits. Nous savons aussi qu'elle est sur la bonne voie. C'est en ce sens que pour conclure cette intervention nous nous en remettons à des paroles écrites et chantées par des femmes :

Nek d tamettut
Nek d tighwist
D nek id yurwen tilelli
Nek D tagrawla
Nek d Ttrad
Maci d taghawsa I tmughli
(Je suis la femme
Je suis le cri
Qui a donné naissance à la liberté
Je suis la révolution,
Je suis la guerre
Et non un élément du décor)

Vive la femme kabyle!

Université de Vgayet, le 6 mars 2008

L'état civil, ou la nécessité d'une carte d'identité kabyle

L'état civil kabyle a été fait par l'administration coloniale française à partir de 1890. La plupart des noms de famille commençant par les « Aït » (famille des) furent arabisés en les traduisant par « Ben » et « ould ». Ce fut à la « Fête de l'Huma » de 2007, au stand de la Kabylie que cette conférence fut donnée, en complément du sketch de l'humoriste kabyle Fellag, traitant du même sujet.

L'état civil kabyle a été le fait de l'administration coloniale. Il a été établi suite à un recensement général de la population de la Kabylie en 1895. Jusque-là, les Kabyles n'éprouvaient pas le besoin de se compter ou d'établir un état civil. Les denses relations qui encadraient les individus à travers les familles, les clans, les çofs, les villages, les fédérations et confédérations… étaient suffisantes pour établir l'identité de chacun. La Kabylie avait une telle organisation sociale que la traçabilité des familles était aisée pour qu'entre elles des contrats et des alliances se concluent en toute sérénité. Ce peuple qui n'avait jamais estimé bon de construire des prisons, la criminalité y était si rare, se passait aisément d'une police et de sa propension à ficher chaque individu. L'état civil est avant tout un outil de contrôle des personnes et des groupes. C'est la liste d'appel dans une prison à ciel ouvert. C'est le besoin de prévenir d'autres insurrections kabyles, comme celle de 1871, qui avait poussé les militaires français à établir vers 1895 un recensement des villages et des populations qui n'aurait aucun sens sans un état civil. En Kabylie l'état civil est une étape supérieure de la victoire des forces militaires coloniales sur la société kabyle. Il est la marque et le témoin de la défaite des Indigènes. C'est le trophée narcissique du vainqueur. Le scalp d'un peuple ornant la ceinture du guerrier colonialiste français. L'acte était en soi suffisant. Avoir un état civil des Kabyles était presque une fin en soi. C'était une obsession qui trainait depuis 1837, du temps où la Kabylie n'était pas encore défaite. En effet, un décret de cette année-là interdisait, dans l'Algérois, d'embaucher des Kabyles qui ne se faisaient pas recenser auprès de l'administration coloniale. Mais une fois la victoire acquise sur la Kabylie (1857 et 1871), pour connaitre approximativement le nombre de rebelles potentiels auxquels ils pourraient avoir à faire, les années à venir, les militaires chargèrent des Administrateurs de recenser les Kabyles qui s'avérèrent tourner alors autour de deux millions d'âmes. Ces administrateurs, dans l'exécution de leur tâche, ne montrèrent aucun respect pour les recensés qui se retrouvèrent, un par un et du jour au lendemain, attifés d'un nouveau nom qui peu à peu va supplanter (sans parvenir à l'effacer) leur véritable identité. Comme nous sommes au lendemain du rêve de Napoléon III de créer un « royaume arabe », les noms des Kabyles furent tous arabisés par les « Bureaux arabes ». Les Aït, At qui sont les préfixes patronymiques kabyles, sont remplacés par les Ben Bou, Ibn, Beni, Ould… arabes. Par ailleurs, pour distinguer les prénoms homonymes dans une même famille, il a été décidé de fonder des lignées distinctes à partir de chaque membre mâle d'une même fratrie. Ainsi, on se retrouve dans une même famille avec trois à quatre noms différents, sans aucun rapport entre eux. Mais comme en Algérie fraîchement colonisée la situation s'est répétée un peu partout, et qu'en plus l'Administrateur était à court de noms, il donna le même nom un peu partout en Algérie à des familles qui n'ont jusqu'ici aucun lien de parenté. On se retrouve dans cette étrange situation qui donne des noms différents à des membres d'une même famille tandis qu'on partage le même nom avec des étrangers.

L'État algérien, en décidant d'arabiser l'état civil kabyle a amené, par la graphie arabe, sa part de distorsion des noms légués par la colonisation sans pour autant les remettre en cause. Nous profitons de ce stand de la Kabylie à la Fête de l'Humanité 2009 qui se tient à La Courneuve, pour soumettre à débat, entre Kabyles, ce crime culturel commis contre notre véritable identité et poser la question de savoir si le moment ne serait-il pas venu de tenter d'en limiter les dégâts dans un premier temps et, dans un second temps d'en réparer les torts ? Ne devrait-on pas, sous l'autorité d'une institution neutre à mettre sur pied, établir à titre symbolique une carte d'identité nationale kabyle pour ceux qui en feraient la demande et permettre ainsi à chacun de réhabiliter le nom de ses ancêtres ? Bien sûr, pour la traçabilité des noms, il sera fait référence sur la nouvelle carte à l'identité imposée par l'administration coloniale. La question épineuse de la nationalité des Kabyles pourrait être résolue par la citoyenneté. Aujourd'hui, tous les Kabyles se sentent appartenir à la nation kabyle. Donc il y aurait lieu d'indiquer sur cette carte symbolique pour chaque intéressé, la citoyenneté qui, pour d'aucuns, serait canadienne, voire québécoise, américaine, pour d'autres française, allemande, suédoise, anglaise, hollandaise, norvégienne…

Nous recueillerons vos avis et vos votes à travers nos sites web et ceux qui nous sont amis, les réunions publiques en Kabylie et dans la diaspora… En fonction des résultats que nous aurons au bout de 45 jours de campagne de discussions et de positions affichées, nous abandonnerons ou nous mettrons sur pied les structures et moyens à même de réaliser symboliquement cette réparation de notre histoire.

En attendant, nous vous faisons parvenir en pièce jointe un sketch humoristique de Fellag sur le sujet qui nous concerne ainsi que le texte de témoignage de Kamel Mezoued, objet d'une émission de télévision diffusée par Arte le 2 novembre 2008.

Fête de l'Huma, le 12 septembre 2009

Les attributs de souveraineté des nations en général et de la Kabylie en particulier

En marche vers la réappropriation de son destin, la Kabylie se devait de connaître en quoi consistent les attributs de souveraineté des nations. Conférence donnée à l'Université de Montréal, quelques jours après avoir envoyé aux instances algériennes une demande officielle d'autonomie régionale pour la Kabylie.

Au sens commun du terme, la souveraineté d'une nation se confond avec son indépendance. Elle représente l'ensemble des pouvoirs politiques et coercitifs dont la nation dispose pour la maîtrise de son territoire et la sécurité de ses membres. La souveraineté d'une nation réside particulièrement dans la maîtrise de son destin à travers des institutions acquises de manière démocratique.

La souveraineté ne s'accommode pas de tutelle

Les attributs de la souveraineté sont toutes les institutions et les symboles qui l'expriment et la garantissent et dont la synthèse est l'État. La souveraineté reste toujours cette « puissance absolue » dont parlait le Français Jean Bodin (1530-1596) d'une personne, d'où le mot « souverain » désignant un autocrate (roi, empereur, tsar, calife, sultan…) d'un groupe de personnes (juntes militaires, partis politiques) et enfin, dans son acception démocratique, d'un peuple en tant que nation.

La souveraineté comme expression de pouvoir fait toujours l'objet de convoitises et d'âpres luttes pour sa détention. Durant ces cinquante dernières années, l'État a fini par se substituer à la nation en la phagocytant et en en usurpant le sens par glissement sémantique, l'excluant de facto du domaine de la souveraineté. Dans bien des pays, là où la démocratie n'est pas réelle, il en a usurpé la fonction en se faisant passer pour un État-nation qu'il n'est pas. Une nation est une communauté humaine soudée par son histoire, son territoire, sa langue, sa culture et ses valeurs. Elle est particulièrement renforcée par la conscience d'elle-même et par sa volonté de se concevoir et de se projeter comme telle dans son futur. Lorsqu'il n'y a plus de désir d'une continuité de l'odyssée commune, il y a rupture du contrat national, dislocation, puis mort de la nation, puis celle de l'État censé l'incarner.

L'État, synthèse des attributs de la souveraineté nationale

L'État incarne la nation lorsqu'il en est sa véritable émanation. C'est lui qui la représente dans le concert des nations en ayant voix au chapitre à l'ONU et dans des organisations continentales ou régionales. Il est le dépositaire (j'allais dire le propriétaire) et le gardien de la souveraineté nationale qui donne fierté à ses citoyens. Il dispose d'attributs réels, naguère appelés les « appareils idéologiques d'État » ainsi que des attributs symboliques.

a. Les attributs réels sont toutes les institutions de la nation, au premier rang desquelles il y a l'Exécutif et le législatif (présidence ou cour royale, gouvernement et parlements), une organisation administrative, les organes assurant les services publics (l'école, les services de santé, l'énergie, les infrastructures routières…) ainsi que la sécurité avec l'ensemble de ses corps dont le plus important est l'armée. Il y a les attributs assurant les moyens de subsistance de l'État, les impôts, la frappe de la monnaie. La représentation diplomatique à l'étranger et celle des autres pays sur son territoire. Tous ces attributs réels de la souveraineté assurent une forme d'indépendance, gage de l'avenir de la nation. Mais s'il ne s'agissait que d'assurer les fonctions utiles au maintien de l'État, ces attributs ne seraient pas ceux de la souveraineté des nations, mais ceux de leur asservissement et de leur oppression. La plupart des États de la planète n'ont pas de nation et la souveraineté dont ils jouissent est celle de dictatures confortées par un droit international encore immature.

b. Les attributs symboliques sont l'ensemble des armoiries (drapeaux, hymnes, logos officiels dont notamment ceux de compagnies aériennes nationales), la langue et les personnalités nationales qui ont acquis une renommée prestigieuse à l'échelle internationale, que ce soit dans les domaines du sport, de la culture, de la politique ou de la science. Ces attributs ont une importance plus importante aux yeux de la nation. Ce sont ceux qui donnent la plus consistante au sentiment national et qui transforment l'idée nationale en force matérielle par la fierté et l'émotion qu'ils suscitent. La nation est avant tout une idée, une abstraction qui part de la réalité de chaque individu vers celle d'un être collectif qui est la nation. Chacun citoyen en a donc une perception subjective sans laquelle la nation n'existerait pas ; celle-ci est avant tout une conscience qu'il faut nourrir et entretenir.

Ces attributs de souverainetés assurent une fonction d'expression existentielle de la nation, de la différence qui la caractérise par rapport aux autres. Ils ont le mérite d'affirmer le droit à la vie de chaque nation, de chaque culture, de chaque langue et de chaque identité collective qu'un individu, à lui seul, ne pourrait pas faire reconnaître par son environnement humain. Ils assurent la biodiversité culturelle et identitaire. Ils permettent à l'humanité qui ne finira jamais d'évoluer, d'atteindre ce niveau d'organisation et d'évolution des idées et des technologies qui, quoi qu'on en dise, va dans le sens du progrès, de la paix, de la liberté et du respect des droits humains. En revanche, dans la phase actuelle de ce développement, l'homme n'a pas confiance en tous les hommes du fait d'une expérience multimillénaire faite de violence et de barbarie dont les moyens sont, paradoxalement, plus développés que jamais, mais surtout à titre dissuasif. La xénophobie et la peur de l'autre ont développé des stratégies communautaires défensives qui trouvent leur quintessence et leur efficacité dans la construction des nations et des barrières de protection sous forme de souveraineté nationale. Les efforts généreux des Européens à construire un État des nations butent toujours sur la résistance des identités à disparaître. Il en va des consciences comme des êtres vivants. On livre toujours bataille pour ne pas mourir.

Le problème essentiel pour l'humanité dans ce domaine est que la souveraineté des nations est bafouée dans la plupart des pays du monde, y compris ceux non issus de la colonisation. Les identités opprimées, lorsqu'elles sont celles de nations se donnent instinctivement et de manière presque naturelle, des attributs de souveraineté pour se détacher de ceux qui les oppriment et narguer leur bourreau, lui cracher au visage à chaque fois qu'elles en ont l'occasion. Le pot de terre contre le pot de fer, David contre Goliath se termine toujours à terme par le triomphe du plus faible. C'est, me semble-t-il, le cas de la nation kabyle face au régime oppresseur algérien.

Les attributs de souveraineté de la Kabylie

La nation kabyle n'existe pas officiellement. Elle n'a ni État ni semblant d'État pour matérialiser une forme de souveraineté. Elle n'est ni la nation catalane ni la nation québécoise qui, elles, sont reconnues par la France et le Canada. De quels attributs de souveraineté peut-elle disposer dès lors que l'essentiel lui manque ? Elle s'en invente à chaque épreuve de son histoire. Portée par le besoin de son affirmation identitaire, elle a été nicher ses attributs de souveraineté symboliques là où elle a pu. Ces attributs visent à raffermir les liens de solidarité nationale kabyle même en l'absence d'une conscience nationale kabyle. Rappelons que notre prise de conscience d'être un peuple, une nation ne date que de sept ans. Les Kabyles se sont noyés eux-mêmes dans des nations factices et dans lesquelles ils disparaissent telle une encre sympathique. C'était le cas dans la « nation » algérienne de la période coloniale, puis tournant le dos à cette dernière, dans celle de « Tamazigha ». L'essentiel était pour les Kabyles d'affirmer leur différence face à la France, puis face à l'Algérie qu'ils ont sortie du néant, mais qui les renie tant qu'ils ne deviennent pas des « Arabes ». La langue. Une langue, surtout lorsqu'elle est unique, différente de celle(s) de son environnement, est symboliquement ce qui exprime le mieux l'identité et le droit à la reconnaissance d'une nation. Les Kabyles portent leur langue comme un drapeau dont ils déplient les couleurs avec leur accent y compris lorsqu'ils s'expriment dans d'autres langues que la leur. Une langue maternelle estampille l'identité personnelle pour la vie. Parler kabyle est un acte de résistance et d'affirmation de la nation kabyle. Depuis l'indépendance de l'Algérie, la langue est interdite dans l'administration, la justice et la télévision. À ce jour, il est des émissions de concours inter lycées d'Algérie dans lesquelles on oblige les participants kabyles à ne parler qu'en arabe. Pour l'image, cependant, les filles kabyles mettent en relief leur identité par leurs robes traditionnelles.

Le sport :

L'équipe de football, la JSK (Jeunesse Sportive de Kabylie) est devenue l'attribut de souveraineté par excellence de notre nation. En réalisant les performances qui sont les siennes, (durant les 35 dernières années, elle a remporté 14 fois le championnat algérien dont le dernier est de cette saison et 6 fois un sacre africain) même si tous les stades d'Algérie l'accueillent avec hostilité. Saluons l'arrivée cette année de l'équipe de Vgayet qui a permis à la Kabylie de rafler, dans le domaine du ballon rond, le championnat et la coupe d'Algérie. Loucif Hamani, brillant champion d'Afrique de boxe n'a pas eu les facilités, en son temps, accordées à un Makhloufi qui boxait dans une catégorie moins lourde que celle du Kabyle. Zidane, tout en étant un footballeur de nationalité française n'a jamais caché son identité kabyle et fait toujours la fierté des Kabyles.

L'histoire :

La Kabylie se construit une mémoire nationale en célébrant chaque année sa révolte identitaire et culturelle du 20 avril 1980, appelée « printemps berbère ». En écho à cette insurrection citoyenne, a eu lieu le « printemps noir 2001 » pendant lequel la gendarmerie nationale a tiré sur la foule faisant plus de 125 morts. En marquant les jalons de sa propre histoire, la nation kabyle se donne un attribut symbolique de souveraineté. Le pouvoir algérien, pour gommer ces repères, il fait dans l'amalgame. En janvier 2007, il lance l'opération « Alger, capitale de la culture arabe » le jour de l'an berbère qui est surtout célébré par les Kabyles ; le 20 avril est décrété par le régime algérien depuis cette année, comme « journée nationale de l'Internet ».

Les martyrs et les personnalités culturelles :

Dda Lmulud comme tous les Kabyles appellent l'écrivain Mouloud Mammeri, une icône positive qui fait la fierté de la Kabylie dont la mort accidentelle à la veille de la « démocratisation » de l'Algérie (25 février 1989), tout autant que Mouloud Feraoun (écrivain kabyle assassiné par l'OAS à la veille de l'indépendance de l'Algérie) sont des références de notre personnalité. Les héros de la guerre d'indépendance (Amirouche, Abane Ramdane, et Krim Belkacem) comme ceux de la résistance à la colonisation de la Kabylie par la France (Fadma N Soummer et Mokrani) fortifient par leur stature la personnalité kabyle le sentiment national. Me Mécili, assassiné à Paris le 07/04/1987 à Paris, ou plus près de notre temps, Matoub Lounes assassiné le 25 juin 1998, officiellement par les terroristes islamistes en Kabylie, Tahar Djaout, les morts du printemps noir et Ameziane Mehenni témoignent tous autant de l'acharnement à casser du kabyle dans certaines sphères arabo-islamistes algériennes, que de la volonté de la nation kabyle à accéder à ses droits légitimes dont sa reconnaissance interne et externe.

La maîtrise de son état civil :

L'état civil est un élément caractéristique de la souveraineté. Étant administré par des colons depuis 1871, l'état civil est géré d'abord, en français par la France, puis en arabe par l'Algérie. Celle-ci, paniquée par l'éveil identitaire, voire nationalitaire kabyle, dès les années 70 du siècle dernier, a édicté un répertoire exhaustif de prénoms exclusivement arabes, pour empêcher les Kabyles de donner les prénoms de leurs ancêtres à leurs enfants. La résistance s'est organisée et malgré des commis de l'état civil, soucieux de ne pas perdre leur emploi, les Kabyles par défi au système algérien donnent souvent des prénoms dans leur langue et leur descendance. Ainsi, Aghilas, Tiziri, Tafsut, Aggur, Mazigh… sont aujourd'hui légion.

Le Drapeau et l'hymne national kabyles. La Kabylie n'a pas encore de drapeau officiel ni d'hymne. Elle a adopté ceux du mouvement berbériste. *Kker a mmi-s umazigh* (Debout, fils d'homme libre !), et le drapeau dessiné par Bessaoud Mohand Arav dans le prolongement de « l'académie berbère » de Paris (1967-1977) ont eu des fortunes différentes. Le drapeau est l'attribut symbolique le plus adopté par la rue kabyle qui l'arbore fièrement à chaque occasion (marches populaires, sit-in, stades, monuments et lors d'activités culturelles ou politiques…)

Les médias chauds :

La radio. Elle est un héritage de la période coloniale. Créée en 1947 par les autorités françaises, elle était destinée à contrer les menées anticolonialistes kabyles. Par ses animateurs et ses chanteurs, cette radio a davantage participé au renforcement de l'adhésion kabyle au combat libérateur qu'à son endiguement. La guerre du FFS en 1963 est probablement à l'origine du maintien en vie de cette « chaîne II » pour la même mission que lui assignaient les Français en leur temps : passer le message officiel pour mieux arabiser la Kabylie. L'échec retentissant de cette politique révélé par le « printemps berbère » de 1980 a poussé le pouvoir à tenter de nouveau d'en réduire le volume horaire. Il réussira, paradoxalement à le faire après le multipartisme en répartissant son volume horaire à d'autres langues d'origine amazighe.

C'est donc dans l'émigration kabyle en France que se renouvela l'expérience de se doter d'une radio. Après l'indépendance de l'Algérie, une émission en kabyle était assurée jusqu'en 1969 à l'ORTF en ondes courtes. Le pouvoir algérien négocia et obtint sa fermeture définitive. Après 1981, la France ouvre ses fréquences aux communautés vivant sur son territoire. Les Kabyles s'y engouffrent et obtiennent des horaires sur « Radio Afrique » puis « Radio Tiwizi ». La radio qui allait avoir du succès était « Radio-Beur » qui, au travers des luttes qui ont visé sa caporalisation avait fini par tomber dans l'escarcelle d'un Kabyle complexé de l'être et qui va dékabyliser ses programmes, particulièrement en acceptant son financement par en 2002 par le budget de « l'année de l'Algérie en France ». Rares sont les Kabyles qui continuent de l'écouter.

La télévision :

Quelles que soient les insuffisances que l'on peut déceler dans l'unique télévision kabyle, montée avec des capitaux kabyles à Paris, elle mérite tout notre soutien. Elle nous dote d'un attribut de souveraineté qui nous rend visibles et respectés dans le paysage audiovisuel international. Nous n'avons pas d'ambassade, mais nous avons « Berbère Télévision ». Rappelons l'enthousiasme avec lequel la Kabylie, comme une seule personne, s'était mobilisée à partir de décembre 2002 pour la financer à travers un Téléthon organisé par la chaîne.

La diplomatie :

Bien que cela relevait du domaine exclusif de l'État, la Kabylie s'est dotée d'un minimum d'activité diplomatique visant à sensibiliser l'opinion internationale sur l'existence et le martyr du peuple kabyle. Parmi les attributs de la souveraineté, rien ne peut remplacer un État. Comme nous n'en avons pas, il est vital que nous nous en construisions un. La méthode, les financements, les femmes et les hommes pour le mettre sur pied sont du domaine du débat et de la proposition. Les demandes introduites ces dernières semaines par le MAK (demande officielle d'une autonomie régionale auprès des plus hautes instances algériennes avec copie aux organisations et instances internationales, celle ayant pour objet l'extension du domaine Internet à .kab, et enfin, la demande de la Kabylie d'assister au sommet de l'Union pour la Méditerranée) participent de la mise en œuvre d'un processus historique visant à terme à doter la nation kabyle d'attributs de souveraineté respectables. Il y va de l'avenir de nos enfants que plus personne n'a le droit de sacrifier. Par conséquent, toutes nos élites sont appelées à s'impliquer et à consolider un élan que l'Histoire se chargera de positiver et de récompenser par un résultat à la hauteur de nos sacrifices communs.

Montréal, le 22 juin 2008

Construction d'un État kabyle : les étapes nécessaires

Après « les attributs de souveraineté des nations », il fallait aussi définir les étapes de leur acquisition par la Kabylie qui en est, de nos jours, à la pérennisation de ses institutions démocratiques, comme l'IMNI (parlement), le Haut Conseil à la Sécurité de la Kabylie…

Avant de parler des étapes de la construction d'un État, parlons d'abord de l'État lui-même. Qu'est-ce qu'un État ? Sommairement, l'État est un ensemble d'institutions coiffées par un gouvernement disposant de la puissance publique. Celle-ci est incarnée par une armée et une administration. Il poursuit des objectifs différents selon sa nature. Protéger un peuple ou un pouvoir. Il ya des États qui asservissent les peuples et ceux qui les libèrent et les épanouissent. Les États de l'antiquité et du Moyen âge étaient ceux de l'esclavage et de l'asservissement. Les États coloniaux dont nous avons hérité prolongent toujours des pratiques aux antipodes de la démocratie et des droits humains. Pour un peuple, la mise sur pied d'un État répond à une nécessité vitale : être maître de son propre destin, s'autogouverner et cesser d'être malmené par un État qui lui est hostile et étranger. L'État est au peuple ce que le foyer est à la famille. C'est un espace de vie organisé, mettant ses membres à l'abri des éléments et des prédateurs, un havre dédié au confort et l'intimité. Un peuple sans État est de nos jours, un peuple orphelin, un peuple colonisé. C'est le cas des Kabyles.

Le peuple kabyle est encore un peuple colonisé. Après la guerre d'Algérie, le peuple kabyle croyait enfin pouvoir accéder à son propre État. Il s'était gravement trompé en ayant pris l'État algérien pour le sien. Celui-ci s'est avéré être son pire ennemi. À travers le soulèvement armé derrière le FFS (29 septembre 1963 au 14 mars 1964), la Kabylie avait perdu son ultime bataille pour le contrôle de l'État algérien. Les tentatives du néo FFS et de son clone RCD pour le récupérer apparaissent de ce fait bien dérisoires, voire puériles au regard de cette impossible entreprise. En tant que partis « kabyles », ces deux formations ne sont en fait que des Don Quichotte des temps modernes! En tant qu'Algériens, les Kabyles n'ont même pas la reconnaissance officielle en tant que « minorité nationale ». Le peuple kabyle est nié dans son existence et vit sous la menace de sa disparition à travers la politique de dépersonnalisation à laquelle le soumet l'État algérien par le biais de l'école, de l'administration et des médias. N'ayant pas d'État qui lui soit propre, la Kabylie est colonisée par un autre. L'État algérien n'est pas celui de la Kabylie, mais son fossoyeur, son assassin déclaré. C'est ce qui explique pourquoi, depuis 1962, l'affrontement ouvert ou sournois a toujours caractérisé leurs relations. L'occupation militaire de la Kabylie depuis 2004 est là pour nous rappeler au moins deux choses:

1. l'État algérien a pour objectif de nous tirer dessus et non de nous protéger.

2. Lui qui n'a jamais eu confiance en nous, redouble plus que jamais de méfiance et de haine à notre encontre. Il nous a toujours surveillés comme du lait sur du feu. Il n'a pas hésité à tirer sur nos enfants et à assassiner nos élites quand il n'a pas pu les corrompre. Il n'hésitera jamais à le refaire chaque fois qu'il en sentira la nécessité. Par la répression et l'absence de débouchés, il a poussé la plupart des Kabyles à l'exil. Par la fiscalité il

s'entête à essorer l'économie kabyle jusqu'à l'étouffement. En s'érigeant en tant que seul banquier et seul patron de l'Algérie, il fait du chantage à nos municipalités devenues des relais de la misère et de la corruption, de la dictature et des passe-droits. Par la mosquée, il réhabilite des assassins qui tentent d'imposer l'islamisme et l'intolérance dans les têtes de nos jeunes et des villageois illettrés… C'est dire combien la Kabylie est politiquement, militairement et culturellement colonisée.

Aujourd'hui, elle n'a plus le choix. La Kabylie doit à tout prix se doter de son État si elle veut continuer de vivre, de perpétuer le souffle de ceux qui ont fait son âme depuis la nuit des temps. Elle est arrivée à un point de non-retour pour la construction de son avenir qui passe prioritairement par la construction de son État.

Première étape : la reconstruction d'une conscience nationale kabyle

Restée latente et frileuse des décennies durant, elle commence à avancer à pas de géant. La reconstruction de la conscience nationale kabyle a débuté avec la guerre du FFS. La défaite de 1964 était si amère à digérer que chaque kabyle s'était mis instinctivement à ruminer, seul ou en groupe, un désir de revanche. Faisant face à une répression toujours sauvage, les élites kabyles ont entretenu une conscience qui leur est propre à travers l'avatar amazigh. La générosité dont elles ont toujours fait preuve à travers leurs appels à la fraternité, à la redéfinition de l'algérianité à laquelle elles essayaient vainement d'incorporer la Kabylie, n'était qu'une manière pour elles de légitimer un peu plus notre besoin de conscience nationale kabyle. L'expérience du FFS et du RCD ont fini par produire cette certitude qui se retrouve dans « Aɣurru » (La trahison), la chanson-testament de Matoub Lounès et selon laquelle dès lors que le Kabyle est aussi isolé, il n'a pas d'autre choix que de se construire sa patrie. Le « printemps noir » de 2001 a été le moment où cette conscience est sortie au grand jour. Timidement dans la « plate-forme d'El-Kseur », courageusement avec le MAK. Les dernières marches organisées par ce dernier ont drainé des dizaines de milliers de personnes dans les rues de la Kabylie en faveur d'un État kabyle.

Le mouvement associatif kabyle, autrefois tapi derrière l'amazighité commence à basculer dans la revendication d'une identité spécifiquement kabyle. Ainsi, en France, la fédération des ACB (Associations culturelles berbères) s'est rebaptisée en CABIL, un sigle qui réaffirme sa kabylité. Un autre témoin de ce basculement est l'ACB des Kabyles de l'Essonne d'Athis-Mons. Sinon, l'ATKP (Association des Taxis kabyles de Paris) est la première organisation corporatiste à se revendiquer clairement de son appartenance au peuple kabyle, à donner une réalité à sa conscience nationale kabyle. L'Association des Kabyles de Suisse, Solidarité Québec-Kabylie, amitié Allemagne-Kabylie, la radio kabyle-FM... sont autant de bourgeons qui vont amplifier l'émergence de cette conscience nationale kabyle. Ponctuée régulièrement par des marches, des actions quotidiennes sur le terrain, en Kabylie ou à l'étranger, son avenir est garanti. On peut même dire que cette étape est aujourd'hui, en voie d'achèvement. Beaucoup de chanteurs, de poètes, de caricaturistes, d'intellectuels, le peu de cinéastes et d'écrivains actuels commencent à lui dédier leur temps, leurs œuvres et leurs espoirs. L'amplification de ce mouvement à travers une plus grande implication des élites et des producteurs culturels est attendue. Le mouvement associatif est appelé à s'élargir autant que faire se peut en faveur de la Kabylie et de son identité. L'aspiration à un destin de liberté du peuple kabyle est de plus en plus massivement partagée.

À cet effet, je lance un appel à tous ceux qui restent encore en dehors de ce mouvement pour le rejoindre à travers des productions, des prises de position officielles et des cotisations pour conjuguer nos efforts dans la fraternité et la solidarité en vue de l'avenir de paix et de liberté pour notre jeunesse actuelle et nos futures générations, pour les enfants, de nos enfants. Le MAK leur tend la main et leur ouvre ses bras pour qu'ensemble nous remportions très vite cette bataille sans précédent de notre destin commun.

Deuxième étape : se donner les attributs de la souveraineté

Le MAK a déjà entamé la phase d'une carte d'identité kabyle. Un concours est lancé et d'ici le mois de juin, ce document sera opérationnel et mis en circulation pour tous ceux qui le souhaitent. Plus tard, il sera loisible de passer à la confection d'un passeport kabyle. Les Kabyles ont à monter leur propre administration, leur propre économie et leurs propres sphères de concertation et de décision. À cet effet, la mise hors la loi de l'institution judiciaire algérienne est une nécessité. Pour échapper à l'injustice à laquelle le peuple kabyle est soumis, il y a lieu de revenir à la tradition kabyle de résolution des conflits et cesser de s'adresser à l'arbitraire d'une « justice » d'une autre langue, d'une autre jurisprudence et d'un autre code pénal étranger à notre culture et opposé à nos intérêts. Des cours de kabyle sont à généraliser à travers un enseignement dans les villages et les quartiers de nos villes, au sein de l'émigration.

Troisième étape : l'internationalisation de la question kabyle

Depuis son émergence, le MAK a entrepris des actions auprès des instances internationales. Il a été reçu par des institutions de l'Union européenne, des parlementaires de nombreux pays, le State-Department aux États-Unis, au Parlement québécois et, le 26 mai 2009 à la tribune de l'ONU dans le cadre du Forum permanent des Nations Unies pour les peuples autochtones. Aujourd'hui, le MAK est représenté dans de nombreux pays occidentaux par des cadres qui démarchent et sensibilisent sur le sort de la Kabylie et de son peuple. Pour en accentuer l'action, disposer de nos propres médias est une nécessité absolue.

La dernière étape : la mise sur pied d'institutions officielles, dont celle d'un gouvernement kabyle.

La mise sur pied d'un État et de ses départements articulés sur les instances de la Kabylie viendra parachever ce processus.

Solennellement, en ce 16 janvier 2010, à partir de Montréal, devant les hommes et devant l'Histoire, je déclare ouverte la construction officielle de l'État kabyle. Elle prendra le temps que les épreuves lui imposeront, mais elle ira jusqu'au bout. C'est ma certitude.

Conférence donnée à l'Université du Québec à Montréal (UQÀM), le 16 janvier 2010

Pourquoi l'Anavad ?

Le 23 février 2010, une lettre est remise à l'ambassade d'Algérie à Bruxelles demandant une réponse officielle à la demande d'autonomie de la Kabylie (voir première partie de ce recueil), faute de quoi, un gouvernement provisoire kabyle allait être mis sur pied. Le 21 avril, suite au plébiscite de cette demande Par une imposante marche de la Kabylie le 20 avril, une conférence de presse annonça la mise en œuvre de la décision. Invité pour la 2e fois à l'université du Mouvement Populaire marocain, l'auteur s'adressait autant à la communauté internationale qu'à ses compatriotes.

Chers frères et chers amis du Mouvement Populaire, *Azul sɣur Tamurt N yeqvayliyen, (salutations de la Kabylie)*

Il y a deux ans, je suis intervenu lors de votre précédente Université du Printemps pour insister sur le respect de nos propres différences en tentant une définition de la notion même de l'amazighité. C'était pour nous un devoir d'éclairer les Amazighs sur les dangers d'une confusion identitaire dans laquelle était plongée la majorité des militants. Malheureusement, il se trouve encore des acteurs politiques dont la pensée s'est arrêtée avec l'horloge des années 80 pour faire fi de notre avertissement. Ceux-là, ils s'excluent d'eux-mêmes de la nouvelle page d'Histoire ouverte avec le MAK. Ce texte, pour ceux qui s'en souviennent, était intitulé « L'amazighité, revisiter quelques évidences ». Après avoir choqué ceux pour lesquels, les idées établies étaient intouchables, il nous a permis de larguer les amarres de la Kabylie pour enfin voguer vers notre destin de liberté. Le peuple kabyle renait. Il renait tant et si bien qu'aujourd'hui, nous en sommes à la mise sur pied du premier Gouvernement Provisoire kabyle de notre histoire. Devant la désinformation orchestrée par le pouvoir algérien à travers ses supplétifs politiques, une dizaine de quotidiens, quelques dizaines de sites internet relayés par des centaines de milliers de mails, je vous saurais gré de m'accorder un peu de temps pour rétablir les faits et répondre surtout aux interrogations légitimes des Kabyles sur nos intentions et le sens véritable du GPK.

Pourquoi l'Anavad ?

Le Gouvernement Provisoire kabyle n'est pas tombé du ciel. Il est l'aboutissement logique du combat que mène, pour sa résurrection, la Kabylie depuis 1926 contre la colonisation française, et depuis 1962 contre le pouvoir raciste algérien. C'est donc le couronnement d'un processus historique très long et laborieux. Il est l'avant-dernière étape avant de redonner aux Kabyles leur fierté de peuple accompli et à la Kabylie, sinon un statut d'État, du moins la maîtrise de son quotidien par ses propres enfants à travers son autonomie régionale. Pour le MAK, nous l'avons écrit à maintes reprises : « un peuple sans État est condamné à subir l'État des autres ». Et quand cet État des autres vous maltraite, vous soumet sans cesse aux humiliations, exactions, dénis, non-respect de vos droits et libertés fondamentaux… vous n'avez pas d'autre choix que celui que nous venons de faire. Ce que nous avons subi jusqu'ici légitimerait même une indépendance. Pour s'en convaincre, nous invitons tout le monde à relire cette première phrase de la déclaration d'indépendance des États-Unis : « Lorsque dans le cours des événements humains, il devient nécessaire pour un peuple de dissoudre les liens politiques qui l'ont attaché à un autre et de prendre, parmi les puissances de la Terre, la place séparée et égale à laquelle les lois de la nature (...) lui donnent droit, le respect dû à l'opinion de l'humanité oblige à déclarer les causes qui le déterminent à la séparation. »

Mais comme nous sommes des hommes de paix et de raison, comme nous sommes attachés à notre pays et tant que la répression et la violence armée du régime ne s'exerceront pas contre nous, nous limiterons volontairement nos ambitions à une autonomie régionale.

C'est dans le deuil des massacres de nos enfants en 2001, perpétrés par le pouvoir algérien, lors d'une conférence de presse, que nous avons exprimé la revendication d'une autonomie régionale pour la Kabylie. En 2008, nous avons envoyé une lettre dans ce sens, à titre officiel, aux plus hautes instances du pays, avec copie aux organisations internationales, dont l'ONU. N'ayant eu aucune réponse, nous avons écrit une lettre de rappel le 25/02/2010 que nous avons tenu à terminer par ces deux phrases : « Le 20 avril 2010 devra être le jour de la liberté du peuple kabyle. Son attente est si forte qu'une nouvelle déception lui serait intolérable » pour rendre plus explicite cette mise en garde, nous avons pris l'engagement, à travers nos conférences, de mettre sur pied un Gouvernement Provisoire Kabyle (GPK) si, au 20 avril 2010, le pouvoir ne répondait pas favorablement à notre démarche pacifique. Le 20 avril dernier, près de cent mille manifestants se sont mobilisés pour soutenir cette revendication. Le MAK salue la lucidité des marcheurs et la maturité de la jeunesse kabyle, lycéenne ou universitaire ayant donné force et éclat à cet événement qui fait déjà date dans notre histoire. Alors, forts de la légitimité populaire et des délais donnés aux autorités algériennes pour une solution politique à la question kabyle, nous avons, le 21 avril dernier, annoncé la création du premier gouvernement kabyle de notre histoire moderne. C'est un acte historique, un acte fondateur que les futures générations kabyles sauront préserver, voire approfondir. Il met un terme aux errements politiques kabyles entamés depuis 1926, avec l'Étoile Nord-Africaine. Avec le recul qui est le nôtre, il faut de la cécité politique ou une sacrée dose de mauvaise foi pour nier que toute l'histoire de la Kabylie de ce dernier siècle ne tendait qu'à la mise sur pied de ce gouvernement kabyle.

Quelles sont ses missions ?

Selon la Proclamation du 21 avril 2010, le GPK « aura pour mission de mettre en place les institutions officielles de la Kabylie et de représenter celle-ci auprès de la communauté internationale. Il durera jusqu'à la reconnaissance officielle de la Kabylie en tant que peuple et en tant que nation par l'État algérien. » Le travail à abattre est phénoménal et requiert l'adhésion de l'immense majorité des Kabyles et un soutien international important. La Kabylie est appelée, en harmonie avec l'Anavad, à mettre sur pied, petit à petit, ses propres institutions en ce qui concerne la sécurité, la justice, l'école, la communication, la solidarité, la fiscalité, la santé et sa propre représentation politique officielle, délégitimant celles du régime jusqu'à les rendre caduques. La Kabylie tournera définitivement la page des revendications pour entrer dans celles des réalisations.

Quelles sont les modalités de sa mise sur pied ?

Une Commission du Dialogue et de Consultation (CDC) est déjà à pied d'œuvre en France comme en Kabylie, pour recueillir, avis, soutien et propositions sur un certain nombre de questions dont celle relative aux personnalités devant composer ce gouvernement. Le site web du MAK est aussi, le lieu où des propositions peuvent nous être faites. Ses conclusions sont attendues pour le 20 mai. Cependant, devant le volume de travail qui est le sien, et pour permettre la consultation du maximum de Kabyles, il est nécessaire qu'elle dispose d'un temps supplémentaire. L'installation du GPK se fera en présence d'un public nombreux et devant la presse internationale. Des invités de marque venant de plusieurs pays et de plusieurs organisations y seront présents. Un Communiqué annonçant la date et le lieu de cet événement sera incessamment rendu public.

Quelle légitimité peut-il avoir ?

L'Anavad a au moins trois formes de légitimité. La légitimité historique. Elle découle de la longue lutte de la Kabylie pour ses droits naturels. La guerre de 1963, le Printemps berbère de 1980, le combat pour les droits humains et la démocratie (1980-1988), le boycott scolaire de 1994-95, la révolte ayant suivi l'assassinat du Rebelle Matoub Lounès, le Printemps noir de 2001 avec ses 127 morts et le Mouvement des Ârchs sont autant de points d'appui pour la légitimité historique du GPK. À cela s'ajoutent le processus et les péripéties ayant abouti à sa proclamation le 21/04/2010, tel que repris ci-dessus. La légitimité politique. Elle est incarnée par le Mouvement pour l'Autonomie de la Kabylie (MAK) qui est sur le terrain depuis 2001. Le soutien populaire qu'il rencontre lors de ses manifestations de rue en Kabylie et en France lui octroie le droit d'exister. La légitimité naturelle, ou la légitimité de fait. Le peuple kabyle, comme tous les peuples du monde, a le droit de se doter d'un gouvernement. Le GPK n'aurait pas existé si la Kabylie n'avait pas exprimé de manière aussi tenace et sur une aussi longue période (près d'un siècle) sa volonté d'exister envers et contre l'État colonial d'abord, algérien ensuite. Le droit des peuples à disposer d'eux-mêmes est, dans le cas de la Kabylie, une évidence et une exigence de l'Histoire. La légitimité des urnes qui lui manque encore est appelée à sanctionner tout ce processus par une consultation référendaire. La lettre adressée le 5 juin 2008 aux plus hautes instances du pays pour demander à titre officiel une autonomie régionale se terminait par cette phrase : « Si certains ont des doutes sur l'aspiration de la Kabylie à prendre en main son destin, nous proposons la tenue, le plus tôt possible, d'un référendum précédé d'un débat dans tous les villages et cités de la Région. Pour tout démocrate, le verdict des urnes est la seule façon de connaître la volonté d'un peuple ».

Je vous prie, chers frères marocains du Mouvement National Populaire que dirige cet éternel Lion de l'Atlas, le charismatique et prestigieux Mahjoubi Aherdane, de m'excuser d'abuser de cette Tribune que vous m'offrez, pour m'adresser à mes compatriotes. La situation de désinformation à laquelle nous soumet le pouvoir algérien, l'urgence qu'il y a à rétablir les faits, nous pousse à cette inélégance que la Kabylie vous saura gré de bien vouloir excuser. L'Histoire vous en sera reconnaissante. Je tiens à m'adresser en premier lieu à chaque Kabyle quel qu'il soit et où qu'il soit. Notre objectif est de ne plus reproduire les erreurs du passé, de ne pas condamner les futures générations kabyles aux traumatismes des drames sanglants et douloureux qui ont été les nôtres depuis l'indépendance de l'Algérie. Nous ne poursuivons aucun objectif personnel, de carrière, de prestige ou de confort matériel. La cause de la Kabylie est au-dessus de toutes les autres. Les tenants des intérêts établis se méprennent gravement sur notre démarche qu'ils tentent de ramener à celle de douteuses intentions qui nous sont étrangères. Aussi, je lance un appel pressant pour que chaque Kabyle fasse du GPK, son propre gouvernement et contribue concrètement à affermir son autorité et sa légitimité. J'invite chaque citoyen, chaque village, chaque cité et chaque association à investir les rouages de cette autorité naissante et parvenir, ainsi, dans les meilleurs délais possible à arracher cette autonomie indispensable à notre survie.

Engagez-vous dans ses rangs à travers le MAK pour réaliser pas à pas des objectifs irréversibles au profit de notre dignité et de notre liberté. J'appelle les femmes et les hommes de culture (chanteurs, scénaristes, poètes, créateurs de pièces théâtrales, caricaturistes, peintres, romanciers, cinéastes...) à s'investir dans ce combat de mise sur pied de notre gouvernement. J'appelle les médias kabyles sur le net, les radios, les télévisions à nous soutenir dans cette exaltante entreprise.

J'appelle particulièrement Berbère-TV à donner au GPK une place au moins égale à celle qu'elle accorde au pouvoir algérien dans ses journaux télévisés. Aux organisations politiques kabyles, je lance un appel fraternel pour une solidarité agissante au profit du peuple kabyle et de ses intérêts suprêmes. Nous sommes, dans ce cadre et de notre côté, disposés au dialogue et à la concertation avec elles. Nous voudrions mettre un terme aux luttes fratricides et aux neutralisations mutuelles qui font le jeu du pouvoir algérien au détriment du peuple kabyle. Nous souhaiterions travailler main dans la main pour cet objectif sacré qu'est la dignité de la Kabylie. Notre objectif reste l'autonomie tant que la répression n'est pas actionnée. Pour la réaliser, j'appelle l'émigration kabyle à s'organiser pour aider diplomatiquement et financièrement notre gouvernement.

À nos compatriotes algériens, je réaffirme la fraternité de la Kabylie et du peuple kabyle avec eux. Nous ne sommes pas contre une nation, une langue ou une religion. Nous sommes pour nos droits légitimes en tant que peuple kabyle. Nous n'avons qu'estime et affection pour les Algériens. Celui que nous combattons est le système politique et le pouvoir algériens, leurs tenants et leurs militaires qui pillent et asservissent toute l'Algérie. Nous sommes des libérateurs et non des ennemis.

Ne vous laissez pas tromper par ceux qui écrivent sur internet en se réclamant, sous le sceau de l'anonymat, du MAK ou de l'identité kabyle, distillant des messages de haine à votre encontre. Ce ne sont pas les militants du MAK qui écrivent ce genre de monstruosités, mais des agents du régime (DRS, DGSN, Gendarmerie Nationale, militants FLN, RND, Hamas...) qui écument les forums de discussion sur le net. Ces agents du régime qui se font passer pour des Kabyles ou pour des militants du MAK, insultent, invectivent et offensent les non-Kabyles pour nous diaboliser et nous dresser les uns contre les autres. Nos militants sont conscients des enjeux de leur cause et de la portée de leurs propos sur la toile. Certes, ils sont fermes sur les principes, mais jamais discourtois. Nos militantes et nos militants sont ouverts au dialogue et font honneur à la Kabylie. Ceux qui se font violents dans leurs écrits ne sauraient être du MAK. Nous vous demandons de nous comprendre et de nous aider. Ainsi, demain, nous aurons à reconstruire non seulement l'Algérie, mais tout l'espace nord-africain dans la fraternité et la solidarité sur la base de nos intérêts mutuels bien compris, loin des haines, des guerres et des violences auxquelles d'aucuns en appellent contre nous aujourd'hui.

Chers frères et amis marocains,

Nous savons que vous êtes à la veille de la paix dans la partie du Sahara qui va accéder enfin à son autonomie. Puisse celle-ci être fructueuse pour que tout le Maroc en bénéficie et que ses enfants vivent à jamais dans l'union, la solidarité, le confort, la liberté et le respect de chaque identité. La sagesse qui guide Sa Majesté Mohammed VI est le meilleur garant et le plus grand rempart contre les injustices qu'un système politique pourrait, sans garde-fou, générer. Je salue le succès de vos travaux que j'ai l'infime honneur de clôturer et vous donne rendez-vous, dans peu de temps j'espère, en Kabylie pour célébrer ensemble notre victoire. En attendant, vous êtes fraternellement invités à l'installation du GPK à Paris dans quelques jours.

Skhirat, le 9 mai 2010

Discours inaugural

Discours historique à la cérémonie d'installation du 1er gouvernement moderne de l'histoire de la Kabylie, le 1 juin 2010 au Palais des Congrès de Paris. La rupture est consommée avec l'Algérie.

Honorables invités, très chers compatriotes,

Le cours de l'histoire de la Kabylie a enfin son aboutissement. Aujourd'hui est un très grand jour pour nous. Toutes les entreprises politiques kabyles depuis 1857 cherchaient inlassablement, dans les ténèbres, la voie vers ce grand jour auquel nous sommes en train de donner naissance, cette lumière que nous sommes en train d'allumer ensemble à travers cette cérémonie officielle d'installation du premier gouvernement kabyle moderne. Même si cela se fait à partir de cette terre de liberté qu'est la France que nous remercions pour son hospitalité, grâce à la force des médias et des nouvelles technologies qui anéantissent magiquement les distances, la Kabylie en est largement éclairée. Oui, le Gouvernement Provisoire Kabyle, plus qu'une lueur d'espoir, est un jour nouveau qui se lève sur le peuple kabyle, sur les villages, les villes et les majestueuses montagnes de la Kabylie. À cette occasion, permettez-moi d'inviter à ce moment d'émotion, fadma N soumer, Cheikh Aheddad et Mokrani, Said Boulifa, Belaid At Ali, Si Moh U Mhand et

Cheikh Mohand U Lhusin, Lvacir Amellah, Amar Imache, Ali Laïmeche, Bennaï Ouali, Amar At Hamuda, M'Barek At Mangellat, Abane Ramdane, Amar At Chikh, Amirouche, Abderrahmane Umira, Mouloud Feraoun, Krim Belkacem, Taos Amrouche et sa famille, Ali Mecili, Mouloud Mammeri, Tahar Djaout, Mbarek Mahiout, Rachid Tigziri, Tahar Oussedik, Mahfoud Boucebci, Karima Nait Sid, Mustapha Bacha, Smail Yefsah, Hamid Mahiout, Muhand U Harun, Matoub Lounes, Bessaoud Mohand Arav et tant d'autres encore dont, par ignorance ou par étourderie, je n'ai pu citer, ici, le nom et devant lesquels je m'excuse. Permettez-moi d'inviter à cette cérémonie du Jugement de l'Histoire pour leur rendre justice, les victimes kabyles du Printemps noir, de Guermah Massinissa à Kamel Irchane, ce jeune qui, dans son ultime effort et avant de tomber sous les balles des gendarmes algériens, écrit sur un mur, avec son propre sang le mot LIBERTÉ. Permettez-moi, enfin à titre personnel, de mettre à mes côtés, mon fils Ameziane assassiné à l'âge de 30 ans, pour me châtier d'avoir osé la liberté du peuple kabyle.

Honorables invités, *yssetma Aytma*,

Nous sommes un peuple qui chérit la liberté depuis la nuit des temps. Tout le long des siècles, nous nous sommes organisés en républiques villageoises, confédérées selon les besoins de l'époque et les vicissitudes de l'Histoire. *Tamurt N Yeqvayliyen* a de tout temps préféré la liberté de chacun au joug de tous. Ses enfants s'unissent toujours face à l'ennemi, face au malheur et à l'adversité et s'en retournent à leurs libertés individuelles et collectives une fois la menace écartée. Notre attachement à la liberté était et demeure consubstantiel à notre culture qui nous prémunit contre le crime et la délinquance au point de n'avoir jamais jugé nécessaire de bâtir une prison. Nous les Kabyles, nous sommes un grand peuple. Basé sur la tolérance religieuse et le respect des droits individuels et collectifs, nous n'avons pas connu de guerres de religion et nous sommes les premiers surpris par la fulgurante émergence de l'intolérance islamiste autour de la Kabylie. Nous avons toujours été altruistes et généreux. Au lendemain du 5 juillet 1830, même si nous n'avions jamais reconnu le Dey d'Alger et la Régence Turque, nous n'avions pas hésité à porter secours au voisin algérois pour empêcher le débarquement français à Sidi Ferruch.

Le 14 octobre 1839, le Général Shneider, ministre français de la guerre créa par décret l'Algérie. En 1848 celle-ci était partagée en départements dont ne faisait pas encore partie la Kabylie. L'Algérie et la Kabylie avaient bien existé distinctement l'une de l'autre avant 1857. Toutefois, nous considérions et continuons de considérer que notre environnement immédiat fait partie de notre espace de sécurité, de liberté et de prospérité économique.

En 1926, nous avions créé l'Étoile Nord-Africaine pour décoloniser toute l'Afrique du Nord. Pour autant, le Maroc et La Tunisie qui en font naturellement partie n'ont, jusqu'à aujourd'hui, aucune prétention territoriale sur la Kabylie. Le Mouvement indépendantiste algérien était majoritairement kabyle même si son commandement était volontairement confié à Messali Hadj, originaire de Tlemcen. La guerre pour l'indépendance de l'Algérie reposa pour l'essentiel sur la Kabylie qui en paya le prix le plus fort. La 7e Wilaya, la Fédération de France était animée et financée à plus de 80 % par des Kabyles.

En 1962, l'Algérie accéda à son indépendance et la Kabylie à un nouvel enfer. Niée dans son existence, c'est avec le langage de l'époque, celui des armes, que la Kabylie exprima sa volonté de liberté et d'existence le 29/09/1963. Exténuée déjà par la guerre d'indépendance, pour son malheur, elle dut s'incliner devant les armées des frontières qui n'avaient pas passé leur temps comme elle à affronter les forces militaires coloniales. Depuis sa défaite, la Kabylie est désignée à la vindicte nationale. Pour camoufler sa gabegie, sa dictature, les innombrables violations des droits de l'homme, la rapine et le régionalisme, le régime algérien, de Ben Bella à Bouteflika, a fait de l'épouvantail kabyle l'élément fédérateur autour de lui. Niés dans notre existence, bafoués dans notre dignité, discriminés sur tous les plans, nous nous sommes vus interdits de notre identité, de notre langue, et de notre culture kabyles, spoliés de nos richesses naturelles, nous sommes, à ce jour, administrés tels des colonisés, voir des étrangers en Algérie. Qui peut nous dire aujourd'hui combien de Kabyles furent torturés, assassinés et emprisonnés pour délit d'identité ?

Qui peut nous révéler combien de cadres furent bloqués dans leur promotion administrative sur la simple considération du lieu de leur naissance ? Combien de brillants officiers dans l'ANP furent envoyés prématurément en retraite pour éviter que les Kabyles ne s'accaparent du pouvoir militaire, le vrai pouvoir en Algérie ? Qui peut nous dire combien de projets économiques et financiers furent détournés de la Kabylie pour les affecter ailleurs ? N'était l'émigration kabyle en France, on mangerait encore des racines comme au temps de la misère.

Qui peut nous montrer par les chiffres la pression fiscale exercée sur les commerçants et les entrepreneurs kabyles pendant que les autres en sont épargnés. Combien de bacheliers kabyles jusqu'ici ont été orientés d'office sur des cursus universitaires religieux ou littéraires contraires à leurs vocations et à leurs aspirations modernistes ?

Honorables invités, *yssetma*, *aytma*,

Aujourd'hui, si nous en sommes à mettre sur pied notre Gouvernement Provisoire, c'est pour ne plus subir ce que nous endurons d'injustice, de mépris, de domination, de frustrations et de discriminations depuis 1962. Nous en avons assez d'être un peuple dominé, agressé et blessé dans notre chair et dans notre âme par ceux-là mêmes qui ont récolté le fruit de nos efforts de liberté et de dignité contre le colonialisme. Nous en avons assez de les voir s'ériger en nouveaux colons se comportant envers nous en éternels colonialistes, en ennemis mortels. La violence et la répression systématiques du régime contre les élans de liberté de la vaillante jeunesse kabyle ne peuvent cesser qu'à partir du moment où notre destin sera enfin entre les mains de la Kabylie. En 1992, au début du phénomène islamo-terroriste, la Kabylie en était totalement épargnée. C'était un pays de paix, de tolérance et de respect des croyances de chacun. Curieusement, depuis l'accord signé par le pouvoir avec les islamistes en 1996, elle est devenue le lieu d'investissement militaire des deux camps. C'est à partir de cette année-là que notre terre natale est transformée en cauchemar d'insécurité et de banditisme. Le nombre de barrages militaires sur les routes de la Kabylie est étrangement proportionnel à celui des actes terroristes et à la circulation de la drogue.

Ce sont des terroristes islamistes repentis qui sont envoyés comme prêtres dans les villages kabyles ou comme nouveaux résidents chez nous, refusant de parler notre langue ou de respecter notre culture et nos mœurs.

Nos entrepreneurs et leurs proches sont devenus des proies faciles à des ravisseurs qu'il serait naïf de croire qu'ils agissent sans complicité au sein de la hiérarchie sécuritaire, du pays. Les investisseurs en Kabylie sont ainsi poussés à la quitter pour d'autres cieux moins violents. Bref, l'Algérie veut détruire un territoire de liberté pour le livrer à l'obscurantisme et à l'intégrisme islamiste international. L'Algérie veut tuer le droit à la différence, le droit à la transparence politique et économique à laquelle aspire la Kabylie. Le Pouvoir veut livrer la Kabylie à EL Qaeda pour, pense-t-elle, pourfendre plus efficacement le monde occidental, le monde de la liberté. Si nous mettons sur pied l'Anavad, c'est pour que les plaies que nous venons d'énumérer guérissent enfin. D'abord, nous nous devons de prendre notre école en main. Ce n'est pas pour y interdire une quelconque langue, la Kabylie et ses futures générations auront besoin de la maîtrise de toutes les langues du monde. Elle doit pour autant s'occuper avant tout de l'enseignement de la sienne, la langue kabyle. Nous n'avons pas le droit de laisser nos enfants à des charlatans et des fanatiques islamistes qui leur inculquent dans l'école algérienne le désir de la mort, pour les autres ou pour eux-mêmes, mais nous avons à leur enseigner l'amour de la vie et du prochain. Les sciences et la technologie, conjuguées à l'ouverture sur les sciences humaines, feront de nos universités, déjà bondées d'étudiantes et d'étudiants, des lieux de l'innovation et du développement de l'intelligence humaine au service de notre peuple, de notre environnement humain et de l'humanité tout entière. Nous ne voulons plus assister chaque été, impuissants, aux feux de forêt que des gendarmes ou des militaires allument volontairement y compris pour ravager nos oliveraies. La sauvegarde de notre environnement et de sa biodiversité est un élément vital pour nous, y compris pour lutter contre l'avancée lointaine du désert. L'économie en Algérie est basée sur l'obligation de partenariat avec la hiérarchie politico-militaire. Si un investisseur n'a plus de « protecteur », il dépose le bilan aussitôt. Nous voulons faire de la Kabylie un lieu de la libre entreprise sans pour autant renoncer aux services publics indispensables à toute société. Le Travail et le mérite y seront particulièrement valorisés. Nous ne supportons plus d'aller dans des tribunaux où notre langue est interdite. Nous voulons que les projets financés par des dons étrangers ne nous soient plus interdits par le pouvoir algérien. Dernièrement, un don de 500 000 $ pour une opération écologique en Kabylie fut refusé par le gouvernement algérien qui exige qu'il aille à une autre région du pays. Nous voulons des institutions conformes à nos traditions et à notre culture. Le découpage administratif qui charcute et dépèce petit à petit le territoire kabyle est inacceptable.

Honorables invités, permettez-moi de m'adresser à mes chers compatriotes kabyles.

Ysetma, aytma,

Notre action est pacifique. Nous aimons la vie et chérissons la liberté. La dignité humaine est au centre de nos préoccupations. Nous respectons toutes les valeurs universelles et la Kabylie en est le cœur en Algérie. Nous installons le GPK pour défendre nos droits en tant que peuple face à l'État algérien qui les bafoue. Nous avons désormais une égide, un avocat, un instrument au service de nos intérêts collectifs et individuels. Je vous invite à faire corps avec lui, à le renforcer et à lui donner de la vigueur. L'Anavad est la meilleure création de la Kabylie depuis la nuit des temps. Faisons-en tous notre propriété, il se fera notre défenseur, notre protecteur et incarnera notre dignité et liberté. Faisons-en sorte qu'il incarne, où que nous soyons, notre fierté. Participons à ses débats et à ses actions politiques, diplomatiques et culturelles. Aidons l'Anavad, il nous aidera au-delà de nos espérances. Nos bras sont ouverts et nos mains sont tendues vers toutes et tous les Kabyles. Nous sommes des frères, quelles que puissent être nos divergences et nos différences politiques. Cette phase de notre histoire vous interpelle solennellement. Celles ou ceux qui estiment devoir faire de nous des adversaires se trompent de cible, de combat et d'alliés. Le peuple kabyle doit aller de l'avant. Il n'a plus le droit de subir sa propre histoire, mais d'en être l'artisan. Nous n'avons plus à revivre, démunis, des printemps sanglants. Nous avons pour devoir d'anticiper et de prévoir les écueils et les épreuves pour protéger nos enfants de la violence armée dont fait usage banal le pouvoir algérien contre eux. Nous avons droit au respect au même titre que tous les peuples de la Terre. Je dois vous avouer une faiblesse. Nous n'avons pas d'argent. Il serait bon que chacun cotise autant qu'il peut pour que notre gouvernement vive et qu'il élève puissamment à travers le monde la voix du peuple kabyle.

Je m'adresse aussi au reste des Algériens.

Nous sommes frères de tout le monde à commencer par les Algériens dont nous faisons partie. Si nous revendiquons notre identité et nos institutions propres comme ce gouvernement, c'est aussi par respect à vous tous. La différence identitaire n'empêche ni la fraternité ni la solidarité et encore moins la coopération et la sociabilité. Les droits que nous voulons pour nous-mêmes seront aussi des droits pour vous. Ce que la Kabylie va arracher pour ses enfants pourra vous servir d'exemple en faveur de vos propres enfants. Les droits que nous arrachons pour nous ne vous seront pas enlevés à vous, mais au contraire deviendront un point d'appui pour que vous les ayez un jour. La Kabylie ne vous lâche pas. Elle se donne juste les moyens aujourd'hui qui lui permettront de mieux vous aider demain. Respectez la volonté de la Kabylie vous respecterez un peu plus la vôtre.

Honorables invités étrangers,

La Kabylie autonome et le Gouvernement Provisoire Kabyle pourraient devenir l'un des meilleurs facteurs de stabilité de l'Afrique du Nord. Sa reconnaissance au plan international donnera une chance supplémentaire à la paix, non seulement dans la région, mais également dans le monde. Il n'y aura jamais assez de messagers de la paix pour l'humanité et la Kabyle aspire à en être un. Nous avons besoin de votre soutien et de votre aide politique et matérielle, car nous sommes l'antithèse de la violence et du fanatisme. Si nous voulons émerger sur la scène diplomatique, ce n'est pas sans raison. Les valeurs et la culture kabyles constituent une arme sans commune mesure pour le reflux des idées islamistes et intégristes. Sans aucun moyen autre que nos idées, nous avons empêché le terrorisme international de s'installer chez nous malgré le soutien que lui garantit le régime. Nous ne lui permettons pas d'avancer. Même si le pouvoir algérien le couve et l'entretient sur notre territoire, le peuple kabyle tourne le dos à l'un et à l'autre. Par ailleurs, nous ne voulons plus qu'au nom du peuple kabyle et dans son dos des alliances secrètes et dangereuses pour la liberté et l'humanité se nouent. Je veux parler de cette alliance tue avec l'Iran, ce pays de Mollahs lancé dans la course à la prolifération nucléaire, menaçant la sécurité internationale et les équilibres des forces stratégiques assurant jusqu'ici une relative paix dans le monde. La liberté de circulation des personnes et des marchandises doit profiter à tous les peuples. Il faut que les ressources naturelles ne soient plus accaparées au service des dictatures et des efforts d'armement pour menacer des voisins plus fragiles.

Honorables invités, *yssetma*, *aytma*,

Avec l'émergence du GPK, il y a début de naissance d'un nouveau monde plus libre et plus paisible. Bientôt d'autres peuples d'Afrique et d'Asie suivront notre exemple que nous tenons pour partie des Kurdes d'Irak.

En tant que président du GPK, j'en félicite la Kabylie, l'Algérie, l'Afrique du Nord, le bassin Méditerranéen, l'Afrique et toute l'humanité. Nous voici, au terme de notre acte de naissance. Mesdames et Messieurs, voici les membres du GPK. Cérémonie d'installation du premier gouvernement kabyle des temps modernes.

Palais des Congrès de Paris, 1er juin 2010

Université d'été du MAK

L'auteur, visé par un mandat d'amener, révélé en janvier 2009 par la presse algérienne, ne pouvait assister à l'Université d'été de son mouvement. Il envoie sa contribution pour la formation politique des cadres et militants de terrain.

L'université d'été 2009 qu'organise le MAK pour ses cadres a pour objectif d'apporter sinon des solutions à un certain nombre de problèmes de terrain ou de fonctionnement, du moins des éclairages permettant de mieux les aborder et donc de mieux les gérer ensuite. La structuration de notre Mouvement qui a permis la prodigieuse mobilisation du 20 avril 2009 a atteint un niveau qui ne permet plus l'amateurisme. Aussi, est-il vital de revenir sur des questions basiques en termes d'organisation et de fonctionnement. C'est sur elles et non sur celles du projet du MAK que nos adversaires essaient déjà de nous déstabiliser. Pour cela, rappelons ces quelques règles qui ont fait leurs preuves en permettant aux organisations qui les ont adoptées de réussir leur entreprise.

1. La discipline :

Il n'y a pas d'organisation sans discipline. La discipline consiste en le respect de la hiérarchie et en l'exécution scrupuleuse des instructions, des décisions et des ordres. Nous sommes un mouvement autonomiste et nos militantes et militants ont leur autonomie pour agir, en l'absence de contre-ordres ou de mission ponctuelle. Ainsi, en période creuse, chacune et chacun a le droit, voire le devoir d'organiser, sur son territoire et dans son domaine de compétence, des activités militantes : pétitions citoyennes, rassemblements publics, conférences, expositions, débats, marches, recrutements… Mais quand une décision est prise, comme, par exemple, le fait de marcher le 20 avril, tous les moyens, toutes les initiatives, tous les actes de chaque militant doivent tendre à en faire un succès populaire. Mais personne n'a le droit de remettre en cause sa hiérarchie, de ne pas exécuter les décisions prises par une instance supérieure du MAK. La discipline consiste à ne pas changer un mot d'ordre, un slogan, un itinéraire, un horaire, un destinataire. On s'en tient strictement à ceux préétablis, prédéfinis par l'instance hiérarchique. Elle est RESPECT de la mission dans ses moindres détails. Imaginez qu'un militant reçoive l'ordre de remettre à une personne une commission, une information et qu'à son tour, il charge quelqu'un d'autre de remplir la mission à sa place, y compris un autre militant comme lui. Il faut savoir qu'il n'en a pas le droit et contrevient aux lois de la discipline. La personne auprès de laquelle il devait se rendre attendait X et non Y et va devoir refuser de le recevoir. Cela va entraîner du retard dans l'exécution de la mission et susciter de la méfiance chez nos partenaires quant au sérieux de notre organisation. S'il ne peut pas le faire lui-même, il vaudrait mieux qu'il le dise tout de suite au lieu de prendre de sa propre initiative la décision de confier cela à autrui. Il y va aussi du secret de la mission. La discipline est respect du SECRET et de la CONFIDENTIALITÉ du MAK. On ne livre pas ses secrets (internes) aux autres et à l'ennemi. Le secret est une arme. Certes, en tant qu'organisation démocratique, nous n'avons rien à cacher en termes d'objectifs et d'actions publiques. Mais l'information se divulgue dans des termes étudiés et à un moment choisi. L'adversaire qui connait vos secrets a plus de facilités à planifier votre échec. Le secret est un gage de succès des organisations politiques. La discipline est solidarité avec les militantes et militants du MAK. Même si deux militants ne s'apprécient pas, ils sont tenus tous les deux au devoir de solidarité l'un vis-à-vis de l'autre, en public ou en privé. C'est le principe de la devise kabyle : « *ur ḥemmleɣ gma ur ḥemmleɣ w'ara t iwten* » (Je ne supporte pas mon frère mais je n'accepte pas d'injustice contre lui) Dans les débats publics, ils n'ont pas le droit de se contredire. Au contraire, ils doivent abonder chacun dans le sens de l'autre, si du moins le message du MAK n'est pas dangereusement altéré. D'ailleurs, l'angle d'attaque contre le MAK est toujours de ce côté. Il y aura toujours quelqu'un pour vous dire : « Le MAK est très bon, mais il y a telle personne ou tel militant qui ne sont pas sérieux, que je n'aime pas ! » « Tel n'est pas compétent, l'autre n'est pas sérieux » ou encore « il porte atteinte au MAK ». Il vous suggèrera carrément de l'exclure pour que, soi-disant, lui il puisse venir s'engager. Que quelqu'un demande qu'une personne adhère au MAK pour que lui aussi y vienne, nous pouvons étudier son cas. Mais qu'il demande d'exclure un militant pour que lui y adhère est à rejeter sur place. Le MAK n'a pas à subir de chantage de qui que ce soit. Il faut se dire une chose entre nous : un militant du MAK vaut tous ceux du monde entier. « *Azger yaâqel gma-s* » (Dieu reconnait les siens) disait Slimane Azem.

La discipline est le respect scrupuleux de la ponctualité. Une minute de retard peut faire échouer une mission, générer une catastrophe, faire perdre une opportunité de communiquer, faire arrêter d'autres militants par la police. « L'heure c'est l'heure ! » La ponctualité est le propre des seigneurs. C'est une marque de sérieux et de crédibilité du militant comme elle témoigne du respect que l'on a pour la personne avec laquelle nous avons rendez-vous. Si vous n'êtes pas ponctuels, vous ne pouvez pas prétendre à l'estime des vôtres.

2. Le militantisme :

Militer n'est pas un vain mot. Il entraîne :

– Un engagement en tous lieux et en tous moments en faveur de la Kabylie.

– Être disponible prioritairement pour la cause du MAK, pour se déplacer, remplir une mission comme l'affichage, rédiger un communiqué, monter une exposition, un spectacle, une pièce théâtrale, un syndicat, une association culturelle, sportive ou écologiste… force le respect de tout le monde.

– Susciter partout le débat en faveur du destin de liberté du peuple kabyle. Ne pas se taire devant des individus ou des groupes d'individus voire des organisations qui dénigrent nos responsables, l'action ou la structure du MAK. Nous n'avons pas besoin de dire que les autres sont mauvais pour que nous soyons bons, que les autres sont petits, mesquins pour que nous soyons grands, nobles. Nous le sommes indépendamment des autres. Respectez ceux qui nous respectent, mais remettez en place ceux qui nous insultent en dénonçant leur manque d'éducation, de fraternité, leur grossièreté, leurs mensonges.

– Recruter, pousser vos amis, les membres de votre famille à adhérer, à participer aux actions du MAK.

– Cotiser et pousser les citoyens à faire des dons au MAK.

Le militantisme est un engagement sans répit, il est abnégation et noblesse, don de soi, sacrifices…

Être militant c'est être toujours au cœur de l'action. Nous ne sommes pas des spectateurs de ce qui se passe en Kabylie, mais des acteurs. Là où il y a protestation contre le régime et les islamistes, le militant doit être là, sur place, essayant d'orienter les revendications de logements, d'eau ou de routes en faveur de l'autonomie. Le MAK n'a pas à se contenter de faire des communiqués, là où il est absent. Là où il y a de l'action, le MAK doit être dedans. Il faut même provoquer l'action, y compris là où on ne l'attend pas. Il se passe toujours quelque chose à Tadmaït et le MAK y est absent alors qu'il doit y être aux avant-postes. Cela nous amène à aborder sous forme de conclusion, le volet principal de notre stratégie.

3. La stratégie du MAK :

Le MAK a pour objectif de doter la Kabylie d'instances et d'institutions qui lui soient propres. Pour que cela advienne, il y a lieu de savoir que cela ne se fera pas par la grâce du hasard, mais par une série d'épreuves. Les organisations qui réussissent sont celles qui ont de la détermination. Elle est fondée sur la conviction en la justesse de notre combat que cet objectif est un droit légitime. Les sceptiques, ceux qui doutent sont les meilleurs agents de l'échec. Il faut les éloigner de nos rangs. Une conviction se défend bec et ongle. Il faut oser, avoir de l'audace et du courage, des fois de la témérité à affronter, à revendiquer, à aller de l'avant en poussant toujours le bouchon un peu plus loin. On teste la capacité de résistance de l'adversaire.

En quelques mots : Le MAK doit s'ériger en autorité parallèle, reconnu comme telle par les Kabyles. Pour que le MAK devienne un État dans l'État, il faut se faire respecter, édicter de nouvelles règles et amener ceux qui ne s'y plient pas à le faire. Ou le MAK se fait respecter par son peuple ou il aura échoué. L'expérience des Ârchs est, à ce point, édifiante ! Ils avaient l'adhésion populaire, mais pas les moyens qu'il fallait. Deux choses essentielles leur manquaient : 1) une hiérarchie à la place de l'anarchie horizontale, 2) des objectifs plus clairs à la place de slogans composant la Plateforme d'EL-Kseur. Le MAK a ce qui manquait aux Ârchs, mais n'a pas encore ce qu'ils avaient : la force de l'autorité ! À nous de l'acquérir par la discipline, l'audace et le savoir-faire.

La détermination, conjuguée à la discipline et au sens du devoir et des responsabilités, va faire du MAK le cadre rassembleur derrière lequel le peuple kabyle ira vers sa liberté.

Pleins succès à notre université d'été.

Septembre 2009

Université d'été du MAK (2010)

Azul,

L'université d'été du MAK de cette année est différente de celles qui l'ont précédée. Elle est frappée du sceau de l'Anavad. La mise sur pied du Gouvernement Provisoire kabyle le 1er juin 2010 est le plus grand événement positif de la Kabylie, depuis la nuit des temps. C'est une révolution politique moderne que nous venons de réaliser. La force du MAK est d'y être parvenu sans violence ni effusion de sang. Ce que nous avons accompli en si peu de temps n'a pas son égal dans les annales de l'humanité. Un processus de maturation politique qui aurait pu prendre des générations a touché à son terme en moins de dix ans. Personne n'aurait pu prédire un aboutissement aussi rapide, au lendemain de la conférence de presse du 5 juin 2001. La levée de boucliers suscitée alors contre notre volonté de revendiquer une autonomie régionale pour la Kabylie était plus forte qu'elle ne l'est aujourd'hui avec la création de l'Anavad. C'est le fruit du courage et de la lucidité, de la détermination et de la compétence.

Malgré toutes les actions du pouvoir pour ralentir le rythme que nous avons imprimé à la marche de l'Histoire, nous en sortons vainqueurs. Ni les manœuvres pour nous déstabiliser de l'intérieur, pour créer de vaseuses alternatives au MAK, ni le déchainement de la presse acquise au régime pour nous diaboliser et porter atteinte à notre réputation, ni les intimidations policières, voire même l'assassinat, n'ont pu nous arrêter. *Win iteddun* ɣef *tidett yessawaḍ*. (Les justes causes finissent par aboutir »

Ceux qui disent aujourd'hui qu'en ce qui concerne la création du Gouvernement kabyle « ce n'est pas le moment ! » reconnaissent de fait que ce n'est là qu'une question de calendrier et non de légitimité. Cette affirmation révèle en fait qu'ils sont distancés dans cette marche de l'Histoire qu'ils souhaiteraient voir aller moins vite, doucement, de manière plus adaptée à leur propre rythme. Ils réclament en quelque sorte un retour en arrière pour mieux se repositionner. En termes de pouvoir bien sûr. Or, s'ils sont sincères, il faut qu'ils comprennent que nous ne sommes pas en compétition avec eux et nous ne courons derrière aucun trophée, aucun siège électoral et aucune position personnelle avantageuse. Nous menons une course contre la montre pour exploiter au maximum la moindre conjoncture offrant les conditions minimales à notre succès. Nos adversaires de la famille « autonomiste », eux, pensent que l'Histoire est une sorte de fruit qu'il y a lieu d'attendre tranquillement et de cueillir une fois mûr. Autant attendre le Messie. Non ! L'Histoire se fait ou se subit. Ou vous en êtes un acteur responsable ou vous en supportez les conséquences à vos dépens. À chacun de choisir. À trop vouloir attendre les conditions optimales pour un projet ou une action, on devient spectateur de son propre destin que l'on regarde filer comme du sable entre ses doigts, happé par ceux qui font l'Histoire en fonction des idéaux et des intérêts qui écrasent les vôtres.

Rappelons à chacun cette vérité élémentaire : le peuple kabyle a droit à son propre gouvernement (articles 4 et 5 de la Charte des Droits du Peuple Kabyle et de la Kabylie, validés par les textes internationaux relatifs aux droits des peuples). Attendre que ce soit le pouvoir algérien qui nous l'octroie, ou nous l'installe relève de la naïveté.

Pour aller toujours de l'avant, le militant et le cadre du MAK doivent désormais adapter leur réflexion, leur comportement et leur action à la nouvelle situation.

L'Anavad : un gouvernement et une opposition

L'Anavad bouleverse toute notre vie. Il exige de chacun d'entre nous davantage d'engagement et d'abnégation. Parce qu'il est l'incarnation et l'instrument de notre liberté et de notre dignité, nous devons tout lui sacrifier.

Nous sommes désormais à la fois un gouvernement et une opposition. L'idéal est d'arriver à ce que nous bâtissions un État kabyle avec toutes ses institutions.

1. Le Gouvernement :

L'Anavad est notre gouvernement. Il est le Gouvernement Provisoire kabyle. Grâce à lui, nous avons à gérer, anticiper, proposer, réaliser, financer et agir. Bref, nous devons gouverner. À l'endroit du peuple kabyle nous sommes tenus de convaincre et d'emporter une plus grande adhésion populaire. Il est vital que nous soyons soutenus par l'écrasante majorité des Kabyles. Pour ce faire, nous devons impliquer, dans nos actions et notre mobilisation, davantage d'étudiants, d'enseignants, de lycéens, de comités de villages, de Ârchs, de comités de quartier. Il est impératif que l'Anavad devienne au plus vite l'autorité et la fierté de toute la Kabylie. Si la force des gouvernements classiques réside dans l'administration et les forces de sécurité, notre gouvernement doit créer tout à partir du MAK. Ce sont ses militants et ses cadres qui vont les bâtir, pierre par pierre. Notre mission ne se limitera plus à seulement convaincre et faire adhérer la Kabylie au projet libérateur, mais elle s'étend au domaine de la construction d'un État kabyle. C'est donc à chacun d'entre nous qu'échoit l'honneur d'être investi de l'autorité de la Kabylie au nom de l'Anavad. Où que vous soyez, vous êtes à la fois le maire, le préfet et le commandant. Vous avez pour mission de veiller à la sécurité du citoyen kabyle, à ses droits, mais aussi au fait qu'il s'acquitte de ses devoirs.

L'État basé à Alger est illégitime pour exercer ses fonctions en Kabylie. C'est à notre gouvernement que revient ce droit. Mais comme tout gouvernement, l'Anavad générera son opposition. Il faut écouter cette dernière et la respecter, mais sans se laisser noyer dans ses critiques stériles et mensongères. Vous devrez vous saisir de ces critiques pour améliorer, perfectionner le programme d'action et les outils de gestion de notre gouvernement. Toutefois, n'oublions pas que nous ne sommes pas un pouvoir assis, devant couler des jours heureux. Nous sommes aussi et avant tout une opposition au pouvoir et au régime algérien.

2. L'opposition :

Tout en étant un gouvernement, nous sommes toujours une opposition. Une opposition digne de ce nom. Nous sommes une opposition farouche au pouvoir et à sa politique raciste et antikabyle. Si nous avons mis ce gouvernement en place, c'est davantage pour protéger le peuple kabyle des méfaits et des crimes commis par l'Algérie contre nous depuis 1962, que pour jouir de quelque privilège que ce soit. Maintenant que nous sommes en train de le concurrencer sur le terrain de la légitimité, de la gestion et de la proposition, il se pourrait, même si j'en doute, qu'il se fasse plus séducteur, qu'il annonce des projets économiques faramineux pour la Kabylie. Ne serait-ce qu'à ce niveau de résultat, si cela devait advenir, ce serait déjà une victoire de l'Anavad que la Kabylie puisse enfin bénéficier des moyens de développement économique conséquents, elle qui, jusqu'ici, n'a eu droit qu'au sabotage et à la pression fiscale de la part du gouvernement algérien. Toutefois, s'il peut jeter de la poudre aux yeux en termes financiers, il ne pourra jamais défendre ce que défendent le MAK et l'Anavad : le droit du peuple kabyle à exister, à s'autogouverner, à prendre en charge ses préoccupations éducatives, linguistiques et identitaires.

Voilà pourquoi notre mission est irremplaçable : faire accéder la Kabylie et le peuple kabyle à la plénitude de leurs droits de pays et de peuple ! Nous sommes donc à la fois un gouvernement devant avoir du pouvoir et de l'autorité et, en même temps, une opposition ferme et sans concession au régime assassin d'Alger. Nous avons à gérer notre propre opposition kabyle en nous comportant en tant que gouvernement. Nous sommes une autorité, les protecteurs et l'*anaya* vis-à-vis des Kabyles et ce, jusqu'à l'aboutissement final de notre combat politique pour la liberté de la Kabylie et du peuple kabyle. C'est cette transformation qui est attendue de chacun d'entre nous. Pour que cela se matérialise un peu plus, voici quelques propositions de travail et de débat.

3. Propositions de travail et de débat:

Comme annoncé plusieurs fois, l'Anavad est prêt à débattre sur la manière d'organiser des travaux des villages et des quartiers. Il encourage chaque comité de village à entreprendre des travaux d'utilité publique (centres culturels, enseignement de la langue kabyle, routes, place du village, stades, fontaines...). Il est également prêt à accompagner les auteurs dans leur entreprise de création culturelle (théâtre, cinéma, littérature kabyles...).

Nous devons susciter la mise sur pied de comités de coordination inter-villageois pour organiser la solidarité et lutter contre les incendies et l'insécurité (kidnappings, terrorisme islamiste et agressions policières...) Ces structures ancestrales continuent de faire leurs preuves en organisant des battues pour libérer des personnes enlevées (par qui?) alors que les forces militaires stationnées en surnombre en Kabylie ne bougent pas le petit doigt. Ce sont elles qui insécurisent nos citoyens.

Les sites officiels du MAK et du Gouvernement kabyle ont mis en ligne des documents à remplir pour signaler tous les cas dignes d'être portés devant les instances internationales avec lesquelles l'Anavad va travailler. Que ce soit ces incendies, les rapts, la drogue, les agressions et les intimidations venant de la police et de la gendarmerie, les refus administratifs pour donner des prénoms kabyles à nos enfants, les atteintes à la liberté de culte, à la liberté de réunion ou d'organisation, de manifestation ou d'opinion...

Avant la fin de l'année en cours, nous allons mettre en circulation la première carte d'identité kabyle de l'Histoire. Nous avons à la mettre à la disposition de chaque citoyen kabyle.

En tant que militants, en tant que cadres de la Kabylie, vous devez la diffuser au maximum et en informer les citoyens autour de vous. Vous avez également accès à chaque membre de l'Anavad pour lui adresser une doléance, un avis ou une suggestion. Bientôt, une agence de presse de la Kabyle sera sur pied et aura besoin de vos dépêches quotidiennes. Nous avons à informer le monde entier sur notre actualité. Pour renforcer notre relation avec la communauté kabyle émigrée, nous allons installer dès le 1er août 2010, une Direction de la Diaspora kabyle rattachée à la Présidence de l'Anavad. En attendant, les Sans-papiers kabyles à l'étranger peuvent toujours bénéficier de l'aide auprès de notre ministre de la Solidarité.

Enfin, pour mieux opérer tous ces changements, je vous propose quelques thèmes de débats :

1. Le militant, le pouvoir et l'autorité
2. Le militant et la discipline
3. Le militant, la communication et la désinformation

Pour des projets concrets, je propose un débat sur la nécessité de se doter d'équipes nationales kabyles sportives, dont notamment celle du football.

Chers amis,

Vous êtes le fer de lance de la Kabylie dans son combat pour sa liberté. Vous êtes l'honneur et l'espoir de notre liberté. C'est sur vos épaules que repose son avenir. Je sais que vous en êtes dignes et que vous saurez, quelles que soient les épreuves qui nous attendent, faire accéder le peuple kabyle à ses droits élémentaires et sacrés.

Bonne université d'été à chaque participant.

20 juillet 2010

La nécessaire union de l'opposition kabyle

Contribution reprenant les éléments d'une situation statique des forces politiques kabyles, mais sans grande conviction quant à leur capacité à transcender leurs divisions, surtout, après l'installation, sans elles, de l'Anavad.

L'opposition kabyle au régime algérien est dispersée. C'est de notoriété publique, les deux anciens partis, FFS et RCD, s'opposent entre eux plus qu'ils ne s'opposent au pouvoir algérien censé être leur adversaire commun.

Même l'arrivée sur la scène politique, depuis 2001, des autonomistes kabyles qui déstabilisent cette longue lutte fratricide, en leur taillant des croupières, n'a pas réussi à les rapprocher autrement que par des déclarations isolées, pourtant exprimant la même hostilité à l'encontre des nouveaux venus, puis du Gouvernement Provisoire Kabyle que ces derniers ont mis sur pied. C'est durant la période du Printemps noir (2001-2003) qu'ils ont perdu pied devant l'ampleur du Mouvement des Archs, devenu subitement hégémonique en Kabylie. Ils ne s'en remettront pas.

Aujourd'hui, le constat est simple.

Le RCD est réduit à néant par son dernier programme d'action. Les marches initiées depuis le 22 janvier, avec ou sans la Coordination Nationale pour le Changement et la Démocratie (CNCD), si louable que puisse en être l'intention, n'auront réussi qu'à le rendre plus faible et plus isolé qu'il ne l'a jamais été. Le FFS qui tourne un peu plus le dos à la Kabylie où de nombreuses purges de ses cadres l'ont dévitalisé se cherche des alliances socialistes internationales faute d'en contracter avec des forces algériennes. Cependant le meeting qu'il vient de réussir dans une salle de spectacle à Alger (L'Atlas) avec près de 3000 personnes, le 5 mars 2011, pourrait faire illusion. En acceptant de rentrer dans les rangs, en jouant selon les règles édictées par le pouvoir qui interdit les marches dans la capitale, le FFS souhaiterait donner une image d'un parti plus mûr et plus raisonnable, à l'opposé du RCD qui ferait dans l'agitation stérile. Ainsi, après avoir épuisé le RCD jusqu'à ses dernières munitions, le régime va tenter le retour du balancier vers le FFS. Le temps d'une autre illusion qui sera nécessairement plus courte encore que celle vécue avec le RCD. La seule force imposante de la Kabylie est aujourd'hui le Mouvement pour l'Autonomie de la Kabylie (MAK). Ses actions sur le terrain, même étouffées médiatiquement, progressent et rassurent continuellement. Sa diabolisation par des médias aux ordres, des interventions internes pour sa déstabilisation et des « points de vue » de « militants » pour le délégitimer ne parviendront pas à le contenir. Il réussira, car il continue de tirer les leçons de ses devanciers sur la scène politique kabyle et de réajuster à chaque fois son angle de tir. En Algérie, l'isolement des deux partis officiels kabyles est dû non pas à leur programme respectif ou à leurs idées, mais à leur ancrage kabyle. Ils sont vécus par la majorité des Algériens comme étant des « partis kabyles » et sont de ce fait condamnés au ghetto. Le spectre d'un pouvoir hégémonique kabyle sur l'Algérie est une hantise et un cauchemar que les Algériens redoutent au plus haut point depuis toujours.

C'est la raison pour laquelle, vouloir à tout prix soit, entrer dans le calendrier révolutionnaire actuel comme le veut le RCD, soit éviter la contagion de « l'épidémie démocratique » arabe, comme ironise le FFS, est en soi une impasse. À l'évidence, l'agenda révolutionnaire de la Kabylie ne correspond pas à celui de l'Algérie ou des pays arabes. Ce particularisme calendaire kabyle n'est qu'un élément parmi tant d'autres liés à toutes les singularités définissant l'identité kabyle. Si, par bonheur, correspondance il y aura, ce sera un heureux accident de l'histoire plus qu'une preuve d'une quelconque parenté culturelle, tant chaque peuple a son propre destin. Le peuple kabyle a le sien que vérifient tant de dates qui jalonnent son histoire depuis 1962. La Kabylie a besoin d'agir en rangs serrés et non en ordres dispersés. Devant l'impérieux devoir de réussir notre mission qui consiste à rester fidèles à la Kabylie, l'Algérie, l'Afrique du Nord et le bassin méditerranéen, les acteurs kabyles, organisations et individualités se doivent de se tendre la main.

Le 10e anniversaire du Printemps noir est pour le 20 avril 2011. Soyons au rendez-vous avec l'histoire.

L'Anavad fera tout ce qui est en son pouvoir pour le rapprochement et l'entente entre Kabyles.

Février 2011

Kabylie, la nouvelle menace : l'invasion islamiste

Cette opinion tire une sonnette d'alarme. Nous sommes en 2012. Pendant que les partis politiques kabyles s'opposent à l'Anavad qui, sur le terrain, les surclasse, le pouvoir et le mouvement islamiste tentent de s'installer en Kabylie.

Les militants soucieux de leur kabylité sont, aujourd'hui, unanimes pour tirer la sonnette d'alarme sur la nouvelle menace qui pèse sur la Kabylie : l'invasion islamiste et ses incidences érosives sur la conscience collective, amazighe et kabyle, engrangée depuis plus de quarante ans de souffrances et de militantisme quotidiens. Dès lors qu'à ce nouveau fléau, l'on n'oppose que démission et défection, un sentiment de désarroi et d'impuissance s'empare de la plupart de celles et ceux qui craignent de voir ruinées des décennies de luttes politiques et culturelles amazighes au profit de ce fascisme rampant qu'est l'islamisme. On pourrait croire que ce n'est là qu'une manœuvre de diversion de la part du pouvoir algérien pour détourner les Kabyles de leurs actuelles revendications autonomistes, ou de celles de la plate-forme d'El-Kseur du printemps noir 2001 liées notamment au jugement des gendarmes assassins de nos enfants, à l'officialisation de la langue amazighe ou encore « au transfert des pouvoirs exécutifs aux instances démocratiquement élues ». Il n'en est rien. La menace est réelle.

Défection des partis et des Ârchs

Il en est ainsi, depuis que le Mouvement culturel berbère n'est plus, que les partis politiques sont absents de leur terrain pour ne s'occuper que de la gestion des carrières de leurs cadres et s'éreintant vainement, dans le meilleur des cas, à se mesurer à un pouvoir beaucoup plus fort qu'eux, tout en oubliant la Kabylie. Quant aux Ârchs, surtout ce qu'il en reste après leur dislocation à la veille du putsch qui a consacré la victoire de la minorité dialoguiste, ils ont fini par ne plus incarner l'idéal commun qui faisait leur légitimité. Aujourd'hui, seuls les autonomistes en général et le MAK en particulier pourront contrecarrer ce phénomène islamiste que personne, parmi l'élite de la région, ne prenait vraiment au sérieux il y a à peine une année. Cependant, cette résistance n'est possible qu'à condition de parvenir à capitaliser et fédérer toute la sympathie et la nouvelle espérance suscitées par l'idéal autonomiste au sein du peuple kabyle et surtout, si ce dernier réussit à s'organiser massivement dans la perspective de réaliser son objectif principal : l'autonomie régionale pour la Kabylie.

Depuis le début des années soixante, les militants défendant les aspirations et les valeurs de la Kabylie, ont eu les yeux braqués sur le pouvoir en place pour contrer ses politiques destinées à effacer l'identité kabyle. Aujourd'hui, la Kabylie qui a pâti de la longue et dure épreuve du Printemps noir 2001 se retrouve exsangue ; la mobilisation permanente pendant trois ans n'a débouché, auprès du citoyen kabyle, que sur un sentiment de frustration ayant fini par casser un certain nombre de ses ressorts internes et de ses défenses immunitaires. Celles-ci ont été éprouvées également par l'exode massif vers la France de quelque 100.000 jeunes Kabyles suite à l'avènement du terrorisme islamiste puis des massacres du printemps noir 2001. Cela l'a gravement dévitalisée.

Prosélytisme arabo-islamiste

C'est ce moment que choisit le pouvoir, en collusion avec l'internationale islamiste, pour envoyer militants et terroristes, repentis ou élargis, pour reconvertir la Kabylie. Nous l'avons déjà écrit, il veut réussir par la mosquée là où il a échoué par l'école arabisante. Nous nous posons même la question de savoir pourquoi, il n'y a qu'en Kabylie que le terrorisme intégriste sévit toujours alors que partout ailleurs il s'est quasiment éteint. N'est-ce pas là un élément d'une stratégie visant à favoriser un climat d'insécurité pouvant déboucher sur le syndrome de Stockholm ? Alger est décrété pour 2007 « capitale de la culture arabe ». L'amazighité, encore moins la kabylité, sont enveloppées de mépris. Pour le moment il y a une débauche d'argent et de moyens sur la Kabylie pour son islamisation : construction de mosquées financées par des fonds pour le moins suspects. L'actuel premier ministre, lors de sa visite dans la circonscription d'Iferhounène en août 2006, avait refusé un budget pour la construction d'un hôpital dont elle manque cruellement. Par contre, il avait dit qu'il finançait un gigantesque institut islamique à Guendouz, dans la région d'Akbou, et qu'il se disait prêt à en construire immédiatement un autre en Kabylie, si on lui en faisait la demande. Des jeunes désœuvrés sont salariés au service de l'embrigadement de leurs camarades en les incitant à aller à la mosquée. Des cours de formation militante leur sont prodigués au vu et au su de l'ensemble des autorités et surtout avec leur bénédiction, voire leurs vifs remerciements. Des imams salafistes ont été envoyés dans les villages pour rallier à leur cause les villageois. Une pléthore de militants islamistes d'Alger et d'ailleurs viennent prier dans les mosquées kabyles pour soutenir l'illusion d'une conversion des Kabyles aux thèses islamo-baptistes. Ces militants ont imposé à Draa Ben-khedda, ex Mirabeau, une localité à 11 km à l'ouest de Tizi-Ouzou, de geler toute activité commerciale pendant la durée de la prière du vendredi. Il y a eu quelques tentatives de ce type sans succès à Vgayet (ex Bougie). Des restaurants « halal » sont ouverts à Akbou et à Bouira. L'encadrement administratif universitaire est de plus en plus confié à cette tendance politique et encourage des étudiants islamistes contre les démocrates, y compris par la violence. Les étudiants du MAK à Tizi-Ouzou sont déférés devant la justice pour leur hostilité à une prise en main des comités de cité par les partisans de l'islamisme. Même les nominations de responsables politico administratifs envoyés en Kabylie sont faites par Alger sur la base de leur obédience islamiste. Des citoyens kabyles n'ayant pas observé le jeûne du ramadan sont jugés et emprisonnés. Aujourd'hui, se termine un colloque international de trois jours sur le « soufisme » un mysticisme islamique inconnu jusque-là en Kabylie. C'est comme si celle-ci n'avait pas de thèmes vitaux à traiter aussi bien sur le plan culturel que social ou politique. Les « maisons de la culture » de Vgayet, de Tizi-Ouzou et de Bouira sont réservées des semaines durant l'année à des expositions et des manifestations islamistes. Même une sommité de l'intégrisme égyptien, en l'occurrence l'imam El Qardawi, a été ramenée en grande pompe à la maison de la culture « Mouloud Mammeri » (Tizi-Ouzou) d'où il a insulté les femmes kabyles pour leur refus de se voiler. Des caravanes islamiques sont organisées par les autorités officielles à travers toutes les circonscriptions de la région. Bref, le pouvoir algérien a confié la sous-traitance politique de la Kabylie à l'islamisme. C'est le résultat de la politique de « réconciliation nationale » du régime avec le mouvement intégriste, c'est le résultat de leur pacte secret dont le référendum du 29/09/2005 était l'expression légalisée. Aux yeux du pouvoir, la Kabylie doit être déstructurée, dékabylisée. Pour lui, et il n'a pas tort, le repli sur l'islam est le meilleur vecteur de la culture de la haine de l'autre pour diaboliser l'universel que les dictatures, dont la militaire algérienne, craignent par-dessus tout.

Le régime a décidé de tuer la Kabylie

Cette offensive multiforme contre le peuple kabyle n'en est qu'à ses débuts. Il faut s'attendre très vite à son amplification et à des développements d'envergure. Dans un premier temps, ses planificateurs visent à faire émerger un mouvement islamiste kabyle qui finirait par l'arabiser. L'Algérie se définit comme un pays arabe et musulman où l'arabe islamise et l'islam arabise. L'ennemi en est la démocratie et la kabylité, intimement liées jusqu'ici. Cette dernière est brandie comme un spectre menaçant en permanence l'unité nationale. Celle-ci, selon nos assaillants, doit effacer toute différence linguistique et ethnique sur le territoire algérien. Même le stérile débat instauré, ces jours-ci, par l'entremise d'un kabyle de service missionné par Alger, sur la graphie dans laquelle devraient être enseignées les langues amazighes dont fait partie le kabyle, ne vise en réalité qu'à faire passer au forceps la graphie arabe contre la latine actuellement usitée en Kabylie. C'est dire que la situation est grave, très grave! Elle interpelle chaque Kabyle digne de ce nom. Il est encore temps de se ressaisir et de faire barrage tous ensemble contre cette invasion fasciste de ce bastion de la démocratie qu'est la Kabylie où prospèrent encore les valeurs universelles. Pour autant, qu'on ne se méprenne pas sur nos intentions. Il n'a jamais été question pour nous d'interdire à qui que ce soit la pratique de sa religion ou la croyance qui est la sienne. Justement, la Kabylie a toujours trouvé son équilibre religieux dans la laïcité. Il serait suicidaire de notre part de baisser la garde et de nous laisser envahir par des pratiques et des mœurs incompatibles avec la liberté et le respect d'autrui.

10 mai 2012

Pourquoi la Kabylie a bravé l'interdit du ramadan, le 3 août 2013

Une première mondiale : la Kabylie a brisé la dictature de l'islam religion d'État. Quelques centaines de Kabyles, décidés à assumer leurs responsabilités civiques, ont organisé en plein ramadan, un déjeuner collectif à Tizi-Ouzou. L'auteur qui en avait suivi les préparatifs en donne les raisons.

La Kabylie n'a pas fait dans la provocation en décidant d'organiser un déjeuner en plein ramadan. Elle n'a fait que réaffirmer sa véritable identité et défendre sa valeur de tolérance. Cela fait 10 ans que la police en Kabylie a été chargée de réprimer le délit religieux. Un climat d'inquisition islamiste s'est ainsi installé au point que des policiers, à maintes reprises, sont allés procéder à des arrestations de personnes qui étaient en train de manger, pourtant dans des maisons, à l'abri de tout regard. Chaque mois de ramadan a donc eu ses infâmes procès contre les non-jeûneurs kabyles. Par ailleurs, la provocation suppose une intention belliqueuse que la Kabylie n'a pas. Elle ne tient pas non plus à se faire des ennemis. Elle n'aspire qu'à vivre en paix avec son voisinage humain immédiat, y compris avec tous ceux-là qui la prennent pour une ennemie et qui lui dénient le droit de vivre avec toutes ses spécificités. Elle n'est l'adversaire d'aucune religion, à commencer par l'islam qui est majoritaire chez elle. C'est, entre autres prétextes, ce traitement respectueux et égalitaire vis-à-vis de toutes les religions que n'hésitent pas à lui reprocher tous ceux qui ne cherchent réellement que sa mort identitaire. Non seulement leurs sentiments négatifs, envers elle, ne datent pas d'aujourd'hui, mais en plus, ils n'ont pas pour origine véritable des motifs religieux. L'opposition systématique à tout ce qui est kabyle est basée, chez tous ceux qui se considèrent comme ses ennemis, sur une seule contre-valeur : la haine ! Ou plutôt, lâchons le mot, le racisme antikabyle qui a pris la place de l'antisémitisme, depuis le départ des Juifs d'Algérie en 1962. Le régime algérien, contesté les armes à la main dès 1963 en Kabylie, n'a jamais raté une occasion de stigmatiser celle-ci en retour. Elle n'a jamais cessé d'être désignée comme « l'ennemi interne » ou comme « La » menace sur l'unité de l'Algérie. Le racisme dont souffrent la Kabylie et les Kabyles est d'abord institutionnel et officiel. À chaque contestation du pouvoir par la Kabylie celui-là a accusé celle-ci d'être à la solde de la France, d'Israël et des USA. À force de diaboliser collectivement les Kabyles, le racisme dont ils sont victimes s'est petit à petit développé et renforcé un peu partout où l'islamisme et l'arabisme sont devenus prégnants dans la société. Sommée par le pouvoir algérien de s'arabiser ou d'être écartée des retombées faramineuses de la rente pétrolière du pays, elle n'a jamais renoncé à rester elle-même, quitte à en payer le prix répressif le plus cher, comme en 2001, avec près de 150 Kabyles abattus de sang-froid avec des balles explosives des gendarmes qui ont tiré sur de pacifiques manifestants. La goutte qui a fait déborder la vase cette année a été l'arrestation d'un patron de restaurant par les gendarmes du coin. Son seul crime a été d'ouvrir durant la journée son établissement à d'éventuels clients. La population de la localité de Tigzirt a fait le siège de la Brigade de la gendarmerie locale jusqu'à la libération de la personne arrêtée. Alors, l'idée d'un casse-croûte public et en plein jour de ramadan a jailli et vite mise en application. C'est le leader extrémiste des islamistes algériens, Ali Benhadj, dont un fils est un émir terroriste envoyé en Kabylie, qui a appelé pour le 6 août à une manifestation, protestant contre l'acte de liberté du 03/08/2013. Il faut rendre grâce au collectif des imams non salafistes qui, de Tizi-Ouzou, a appelé les croyants à ne pas répondre à l'appel de l'intégriste. Aujourd'hui, le sentiment de fierté exprimé par la Kabylie qui, le 03/08/2013, a vu ses enfants braver le pouvoir algérien et ses lois islamistes, en brisant l'interdit de manger publiquement en plein jour de ramadan est semblable à celui éprouvé lorsque le Gouvernement Provisoire Kabyle s'est rendu en Israël en mai 2012. La Kabylie relève le défi d'exister en tant que nation envers et contre tous ceux qui tentent depuis des décennies de la « suicider » ou la noyer dans l'arabo-islamisme. Elle accomplit les actes par lesquels elle se réapproprie pacifiquement et petit à petit la maitrise de son destin qui lui a été confisquée d'abord par la colonisation française de 1857 à 1962, puis par le pouvoir algérien dont elle subit la violence et la répression depuis 50 ans, mais qu'elle refuse toujours de reconnaître comme étant le sien. En agissant comme elle vient de le faire, la Kabylie ne fait qu'affirmer, à la face de l'Algérie et de la communauté internationale, au moins deux de ses vérités. La première est celle de la forte singularité de son identité, de sa langue et de sa culture, sa spécificité cultuelle dont sa laïcité, ses valeurs de liberté, de démocratie et de respects des droits de l'homme chez son peuple qui n'a jamais voilé ses femmes. De ce fait, elle reste indissoluble dans tout État qui ne soit pas le sien, de surcroît lorsque celui-ci est aux antipodes de tout ce qui fait sa réalité. Et il n'y a aucune raison de croire que l'avènement, par ailleurs fort improbable, d'un État démocratique en Algérie puisse y changer quoi que ce soit. La deuxième, qui découle de la première, est qu'en vertu de l'unité de son territoire, de sa langue, de la particularité de son histoire, de l'importance numérique de son peuple (plus de 10 millions de personnes) elle aspire à exister en tant qu'État dans le concert des nations. Sans violence, elle revendique l'exercice de son droit à son autodétermination.

Paris, le 7 août 2013

Discours sur le drapeau kabyle

Depuis les années 90, la Kabylie brandissait un drapeau amazigh, confectionné par Bessaoud M. Arav. Par peur d'être taxés de séparatistes, les partis politiques kabyles s'en démarquaient scrupuleusement. C'est le MAK qui l'avait remis à l'honneur en Kabylie et jusqu'en 2015, les tenants du pouvoir l'appelaient le « drapeau du MAK ». Ayant été adopté dans la foulée du Congrès mondial amazigh, par les Marocains et les Libyens, il devient le drapeau fédéral de tous les Berbères. Il fallait donc un drapeau kabyle pour la future République de Kabylie. Un concours fut lancé et les spécimens en lice furent départagés par un scrutin. C'est ainsi que l'Anay Aqvayli (drapeau kabyle) est le premier drapeau au monde à avoir été démocratiquement élu.

Yssetma, aytma, imdukkal n wul n teqvaylit, azul,

Un peuple sans drapeau n'a pas de visibilité internationale. Son sort se règle à huis clos, dans l'indifférence générale du monde. Il se meurt à petit feu. Les peuples menacés d'extinction par assimilation, en prenant conscience de ce qui les attend, sont toujours déterminés à se battre pour survivre. C'est le cas du peuple kabyle. Ils n'ont pour eux que deux alternatives : celle de la violence armée et celle du combat politique. Si le pacifisme peut être considéré comme l'arme des faibles, le choix de la guerre pourrait, de son côté, être vu et interprété comme celui des désespérés. Or, le peuple kabyle n'est ni faible ni désespéré. C'est en toute responsabilité que nous avons tranché et choisi notre camp, nous avons pris le parti des valeurs contre celui de la barbarie. La violence criminelle restera toujours le seul réflexe, le seul recours du pouvoir algérien aux abois, incapable d'aller dans une autre voie que celle de la politique du pire ! Alors, à lui la barbarie, à nous la noblesse ! à lui le crime, à nous l'honneur ! à lui la honte à nous le respect ! à lui la chute, à nous la liberté ! à lui la mort, à nous la vie ! Le pouvoir algérien cherchera toujours à nous attirer dans le piège du terrorisme pour se donner un double avantage sur nous : celui des armes et celui de la légitimité. Il n'aura de notre côté ni l'un ni l'autre. Guermah Massinissa, le lycéen kabyle assassiné le 18 avril 2001 par les gendarmes algériens, de même que les 129 autres Kabyles tués dans son sillage, toujours par les mêmes gendarmes lors du Printemps noir, resteront à jamais ceux qui incarnent les victimes d'un régime criminel et raciste. Kamel Irchan, un jeune manifestant kabyle, tout à fait pacifique, incarnera pour toujours la noblesse et l'esprit de résistance du vaillant peuple kabyle. En effet, touché au ventre par des balles explosives tirées par des gendarmes algériens, le 27 avril 2001, il eut, avant de tomber, la lucidité et le réflexe surhumain et immortel, d'écrire de son propre sang, le mot « liberté » sur un mur de Kabylie. C'est à lui, à Guermah et à tous les Kabyles abattus par le pouvoir algérien que nous dédions ce drapeau kabyle. Il est aussi dédié à Matoub Lounès dont l'assassinat a été maquillé pour être attribué aux Groupes Islamiques Armés alors que c'étaient des éléments des services algériens qui l'avaient exécuté le 25/06/1998. C'est à Bennaï Ouali, Amar At Hemmuda et Mbarek At Menguellet que nous adressons nos respects en levant pour la première fois de manière solennelle ce drapeau. C'est à Abane Ramdane, Amirouche et Krim Belkacem qui avaient tué en eux le Kabyle qu'ils étaient avant de se faire tuer ou se faire donner par l'Algérien qu'ils voulaient faire naître en chacun d'entre nous. Je pense à Me Mecili, abattu à Paris le 07/04/1987, et dont l'assassin a été renvoyé dare-dare à Alger où il coule des jours qui ne doivent être troublés que par le remords. C'est aussi à mon fils Ameziane abattu le 19 juin 2004, également à Paris, pour punir notre aspiration à la liberté kabyle, que je pense en levant ce drapeau. Nous ne dévierons pas de notre objectif. Regardez ce que nous avons réalisé sans autres moyens que ceux de nos convictions et de notre détermination à arracher le droit du peuple kabyle à son autodétermination ! C'est en étant forts de la justesse de cette option pour un combat politique que nous avons créé le MAK dans le feu du Printemps Noir en 2001. Depuis, nous ne cessons d'avancer. Cela nous a amenés à doter la Kabylie de nombreux attributs de souveraineté. Il en est ainsi de la mise sur pied de l'Anavad, le 1er juin 2010. Est venue ensuite, la carte d'identité kabyle que même des personnes âgées, atteintes par de graves maladies, se sont empressées d'obtenir avant leur terme fatal. Être enfin kabyle, en avoir la preuve à travers une carte d'identité délivrée par une autorité reconnue est moralement apaisant et réconfortant. Nous avons créé Siwel.info, une agence de presse kabyle pour rendre compte quotidiennement de l'évolution du combat politique de la Kabylie pour sa liberté. Nous avons mis en circulation l'hymne national kabyle. Il lui manquait le drapeau. Il n'y a pas d'hymne sans drapeau et il n'y a pas de drapeau que ne glorifie un hymne.

Aujourd'hui, nous y sommes, enfin !

Si nous sommes parvenus à le faire, c'est d'abord par respect pour nous-mêmes en tant que peuple et en tant que nation, en tant que Kabyles conscients de nos droits nationaux. Nous avons fait ce drapeau par respect pour nos enfants auxquels nous avons le devoir de préparer un avenir digne de celui des grandes nations du monde.

Un drapeau est un repère, un marqueur identitaire d'un peuple, d'une nation. Avec lui, on ne peut plus s'égarer. Même si nous avons l'obligation d'aller vers les autres dans le cadre de la mondialisation et des valeurs d'ouverture et de générosité dont nous ne devrions jamais nous départir, nous avons notre drapeau qui nous rappellera à jamais, en tous lieux et en toutes circonstances, notre appartenance, notre identité, notre langue et notre terre d'origine. Il nous ordonne de l'incarner avec dignité où que nous soyons.

C'est un drapeau plein de sens

Il est composé de deux couleurs essentielles. Le bleu représente la liberté et notre attachement aux valeurs universelles. Le jaune incarne la Kabylie et son ancrage dans la Méditerranée africaine, en même temps que son insertion dans le monde. L'Aza rouge exprime nos origines et notre rattachement à la grande famille amazighe. Enfin, les rameaux d'olivier dont les feuilles ont été stylisées en losanges sont là pour exprimer à la fois notre aspiration à la paix et notre besoin de renforcer l'identité artistique kabyle. La volonté de les rendre en deux couleurs, le jaune et le bleu obéit à deux préoccupations, l'une d'ordre technique, l'autre symbolique. Sur le plan technique, moins il y a de couleurs sur un drapeau, plus il est facile à mémoriser.

Sur le plan symbolique, le fait que dans le bleu, le rameau soit jaune exprime la protection de la Kabylie par la liberté, et inversement, le rameau bleu sur fond jaune dit l'amour de la Kabylie pour la liberté qu'elle a pour devoir de protéger. Les olives sous forme de pois adoucissent les angles aigus des feuilles, elles symbolisent la fécondité de la terre kabyle et celle du génie de la Kabylie.

Enfin, permettez-moi d'ajouter un mot sur la symbolique de l'olivier en citant le grand écrivain kabyle Mouloud Mammeri.

> « [...] L'arbre que je préfère est l'olivier. C'est l'arbre de mon pays. Celui-là a toutes les vertus. Il est fraternel et à notre exacte image. Il ne fuse pas d'un élan vers le ciel comme vos arbres (je veux dire ceux du nord de la méditerranée, d'Europe centrale et l'Asie). Il est noueux, rugueux, il est rude. Il oppose une écorce fissurée, mais dense aux caprices d'un ciel qui passe en quelques jours des gelées d'un hiver furieux aux canicules sans tendresse. Il a traversé les siècles [...]. »

Je déclare le drapeau kabyle, ici levé aujourd'hui, comme étant le drapeau officiel de la Kabylie ! Il est désormais l'emblème national kabyle.

Félicitations pour la Kabylie et sa nation !

Je salue ceux qui, en ce moment lèvent ce même drapeau en même temps que nous à Milan. Je salue particulièrement la municipalité de Montpellier qui, sur l'esplanade où sont dressés les drapeaux du monde entier, a accepté de mettre l'un d'entre eux en berne pour hisser à sa place, le drapeau de la Kabylie. Je salue ceux qui dans six heures vont lever ce drapeau à Washington. Je félicite ceux qui l'ont déjà levé à Montréal. Nous le lèverons le 25 avril à Evian, le 26 à Marseille, le 30 à Bruxelles et le 02/05/2015 à Toulouse. Nous prévoyons de le faire dans la plupart des pays européens. Je ne peux terminer cette intervention sans adresser mes félicitations au club de football de Vgayet, le MOB qui accède à la finale de la coupe de football, cette année, et à ses supporters qui ont entonné l'hymne national kabyle. Pour sourire, rappelons que le pouvoir ordonne toujours aux policiers de fouiller les supporters des équipes kabyles de football pour leur arracher leurs drapeaux berbères ou les déchirer pour les humilier. Désormais, c'est le pouvoir lui-même qui va être tenté de commander les drapeaux qu'il confisquait pour les leur offrir, à condition de ne pas brandir le drapeau kabyle. Même les hommes politiques qui interdisaient à leurs militants, par algérianisme, de manifester avec le drapeau amazigh seront désormais libérés pour le porter eux-mêmes. Le combat pour la Kabylie a fini par faire admettre au pouvoir algérien et à ses relais que, devant le danger kabyliste, il est urgent de lever l'interdit sur les symboles amazighs. On le voit, ce drapeau kabyle, cet emblème béni par son peuple est libérateur. Vive le drapeau, kabyle.

J'appelle toute la Kabylie à honorer ce drapeau ce 20 avril à Tuvirett, Vgayet et Tizi-Ouzou. Comme j'appelle tout le monde à aller le 27 avril à Icherriden pour symboliquement, là où, hier, Fadma N soumer et ses résistants étaient tombés, le peuple kabyle se relève aujourd'hui. Autrement dit en kabyle : *Anda neɣli iḍelli ara nekker ass-a.*

Tanemmirt.

Paris, Trocadéro, le 18 avril 2015

Quatrième partie

La France et la Kabylie ou l'éternel malentendu

2003 : L'année de l'Algérie en France

Réponse à monsieur Bernard Stasi, médiateur de la République dont des extraits furent publiés dans Libération.

« [...] Ceux des artistes algériens qui avaient préconisé le boycott de cette année (de l'Algérie en France), comme une manœuvre politique destinée à servir la propagande du pouvoir en place en Algérie, semblent avoir, pour le moins, manqué de perspicacité. » C'est ainsi que s'exprimait M. Bernard Stasi dans les colonnes de *Libération* du 8 janvier 2003, dans la rubrique « Rebonds », pour souhaiter « Bienvenue à l'année de l'Algérie » en France. Ces propos blessants pour l'artiste kabyle que je suis semblent avoir porté monsieur le Médiateur de la République sur un terrain politique aux antipodes de la bienveillante neutralité qui devrait être la sienne. M. Stasi a-t-il été désinformé ou fait-il lui-même dans la désinformation délibérément ? C'est pourquoi je me sens en devoir de montrer en quoi il se trompe lourdement sur ce sujet.

1. La promotion de l'image d'un pays dans un autre est directement ou indirectement celle de son régime en place, surtout lorsque celui-ci est coorganisateur de l'événement comme c'est le cas de « l'année de l'Algérie en France ». D'ailleurs c'est à la demande des autorités d'Alger, enragées qu'elles fussent par « l'année du Maroc en France » (1999), que les Français ont été contraints de montrer qu'ils ont les mêmes égards pour les deux pays.

2. À partir de là se pose une question : que montrer de l'Algérie d'aujourd'hui ? Une image vraie ou artificielle ? S'il s'agit d'une vision déconnectée de la réalité, Mr Stasi est, apparemment, servi par le spectacle de Bercy ce 31 décembre 2002. L'insouciance et la joie qui sont les facettes du bonheur algérien ne peuvent être que le résultat d'une politique nationale du pouvoir en place qui n'a pas changé depuis 1962. Mais si l'on regarde le quotidien du pays, depuis 10 ans, il est fait de terreur et de mort. Hélas ! l'Algérie est en larmes et en sang. Elle n'a aucun sourire à étaler en dehors du rictus de ses assassins qu'ils soient terroristes islamistes écumant la plupart des régions du pays ou corps de sécurité de l'État qui abattent impunément de jeunes Kabyles manifestant pour des valeurs auxquelles la France est, par tradition, attachée.

3. « Les artistes algériens » qui préconisent ce boycott de « l'année de l'Algérie en France » sont tous, comme par hasard, des Kabyles. La Kabylie, que M. Stasi occulte entièrement dans son article, est soumise à une violence permanente d'un pouvoir dont les 2000 manifestations culturelles, programmées ici, sont censées angéliser l'image. 122 Kabyles froidement abattus, des milliers de blessés dont nombre d'entre eux se font soigner à leurs frais ou aux frais de la France dans l'hexagone et Mr le Médiateur de la République nous reproche de ne pas marcher sur les cadavres des uns et la douleur des autres ! Le peuple kabyle est en deuil et nul artiste d'entre nous les Kabyles n'a le cœur à danser dans la mare de sang de nos martyrs fraîchement enterrés.

4. Des délégués kabyles dont l'arrestation n'est autre qu'une prise d'otage politique étaient, ce 31 décembre 2002, à leur 29e jour de grève de la faim pour exiger leur libération. Comment pouvions-nous faire semblant d'être heureux au moment où nos représentants légitimes étaient en train de mourir pour notre dignité et notre liberté ?

On voit, à la lumière de ce qui précède, que de nous deux, celui qui a manqué de perspicacité n'est pas celui qu'il croit. Je voudrais ajouter, pour autant, que malgré le silence des médias lourds français sur le drame kabyle, la Kabylie reste la région la plus francophone pour ne pas dire la plus francophile du pays. La France ratera un important rendez-vous avec l'Histoire à détourner le regard du génocide qui se prépare contre le peuple kabyle. Celui-ci a atteint toute la maturité nécessaire pour prendre son destin en main à travers une autonomie régionale qui impulsera un renouveau politique économique et social pour l'ensemble de l'Algérie. C'est dans l'autonomie de la Kabylie que la France a intérêt à investir pour aider véritablement l'Algérie autant à se démocratiser qu'à se développer en vue d'une coopération plus étroite et moins aléatoire que celle qui a caractérisé jusqu'ici, les relations franco-algériennes. Quant au fait de mieux faire connaître l'Algérie en France, une année est insuffisante. C'est le travail de tous les jours et de tous les ans. Enfin, je voudrais suggérer, pour sourire, que les responsables français exigent de leurs homologues algériens d'organiser, à leur tour, une année de la France en Algérie. Ce sera plus rentable pour tous.

Sans rancune,

Paris, le 9 janvier 2003

Lettre ouverte au président français Jacques Chirac, en visite à Alger

Depuis deux ans la Kabylie qui venait de perdre 123 de ses enfants est en dissidence à l'encontre de l'Algérie dont elle interdit aux ministres de fouler le sol kabyle. Jacques Chirac, fragilisé par son opposition à l'intervention américaine en Irak s'était rendu à Alger pour soutenir Bouteflika aux prises avec la Kabylie et recevoir l'accord de celui-ci en faveur de la position française face aux USA.

Monsieur le Président,

Le Mouvement pour l'Autonomie de la Kabylie vous souhaite la bienvenue en Algérie. Votre visite, qui est le signe évident de la considération que vous portez pour notre pays et ses citoyens, nous honore. Les relations algéro-françaises méritent davantage de densité qu'elles n'en ont jusqu'ici pour mieux nous aider à sortir de la violence terroriste qui endeuille toute l'Algérie depuis plus de dix ans et de la répression armée contre la Kabylie qui, en moins de deux ans, a fait 123 victimes parmi ses enfants qui n'aspirent qu'à plus de liberté et de démocratie chez eux.

Monsieur le Président,

Nous savons que vos préoccupations majeures, à l'échelle internationale, ne sont pas pour le moment nord-africaines. La reconfiguration du monde par le géant américain, à partir de l'Irak, risque de minimiser l'intérêt que peut susciter notre sort auprès de vos sphères de décision. C'est ce qui motive notre geste de vous adresser ce courrier. La situation de la Kabylie interpelle la conscience humaine tout autant sinon plus que celle de l'Irak ou de la Côte d'Ivoire. Il n'y a pas plus d'urgence en Palestine qu'en Kabylie. L'humanitaire sélectif est une forme de discrimination raciale. Les larmes des mères pleurant leur enfant tué par un régime politique sont universelles. Tout comme le sang des martyrs de la liberté.

Monsieur le Président,

La Kabylie est, de l'avis de tous les Algériens, le bastion de la démocratie. La répression dont elle fait l'objet depuis avril 2001 risque d'en venir à bout et de compromettre la progression qu'elle imprime aux valeurs qu'elle a en partage avec l'Occident en général et la France en particulier, notamment du fait de son attachement à la francophonie. Sa chute hypothèquerait l'avenir des relations algéro-françaises. Votre visite revêt donc, aux yeux du peuple kabyle, un caractère exceptionnel et constitue un moment de grand espoir de vous voir interpeller vos partenaires en charge de nos destinées et de notre sort. Par ailleurs, la violence armée de l'État que la Kabylie subit a déjà fauché 123 vies et handicapé plus de mille personnes parmi une population pacifique. Cela s'est traduit par une émigration massive de nos enfants vers la France où, sans papiers, ils préfèrent la précarité administrative à une mort probable qui les attend en Kabylie. Si cette répression politique ne connait pas de terme et si l'impunité des assassins est toujours assurée, cela pourrait provoquer des dérapages dont vous pouvez imaginer les conséquences : l'Afrique fournit des exemples à foison ; de la Somalie au Rwanda, du Sierra Léone à la Côte d'Ivoire, les catastrophes sont légion.

Monsieur le Président,

Nous ne dramatisons pas pour les besoins de la rhétorique. La situation qui est faite à la Kabylie est trop grave en elle-même pour ne pas susciter votre indignation. De notre côté, nous ne voyons pas d'autre solution à cet éternel bras de fer entre notre région et Alger qu'un statut d'autonomie pour la Kabylie. De votre part, nous attendons un acte et une décision :

1. demander, lors de vos entretiens avec nos gouvernants, la libération des détenus du mouvement citoyen kabyle et la cessation de la répression politique contre la Kabylie
2. régulariser en France les quelques dizaines de milliers de Kabyles, sans papiers, qui rentreront en Kabylie dès que celle-ci sera autonome.

En attendant vos salutaires gestes, nous espérons, Monsieur le Président de la République française, que votre déplacement dans notre pays sera couronné de fructueux résultats pour la paix et la prospérité pour nos deux pays.

Encore une fois, bienvenue chez nous et agréable séjour.

Kabylie, le 2 mars 2003

À Monsieur Nicolas Sarkozy, Ministre de l'Intérieur de la République française

Pour aider Bouteflika à avoir raison de la contestation kabyle du printemps noir 2001, la France avait ouvert la soupape de sécurité en accordant des dizaines de milliers de visas aux jeunes Kabyles qui se sont retrouvés errant sans papiers, pour la plupart dans la région parisienne. Il fallait intervenir auprès du ministre de l'Intérieur afin de leur octroyer le statut de « réfugiés de guerre ».

Monsieur le Ministre,

Le Mouvement pour l'Autonomie de la Kabylie vous remercie de l'audience que vos services lui ont accordée sur le problème des « sans-papiers » kabyles. Votre attention et votre écoute qui nous sont précieuses vous honorent et grandissent la France dans nos cœurs. Nous vous en sommes très reconnaissants. Nous savons combien le problème des « sans-papiers » auquel vous êtes confronté de manière générale et que vous désignez sous l'expression « d'immigration clandestine » est complexe et délicat. Notre intention, à travers cette intervention, n'est pas de vous le compliquer davantage, mais d'essayer de vous en faciliter la solution, de vous en suggérer une, du moins pour son volet kabyle que nous connaissons dans tous ses détails. Et il est vrai que le cas des Kabyles est assez particulier pour mériter, auprès de vos services, un traitement spécifique. En effet, il se singularise par plusieurs aspects dont les plus importants nous semblent être les suivants :

1. Il y a d'abord le nombre. Aucune communauté humaine parmi les « sans-papiers » actuellement en France n'a atteint l'ampleur numérique des Kabyles. Ceux-ci seraient actuellement environ 60 000 à 80 000 personnes. C'est un chiffre qui gonfle chaque jour un peu plus.

2. Leur problème n'est pas celui de « l'immigration clandestine », ils entrent tous en France en toute légalité avec des visas et demandent leur installation sur le territoire français dans les délais impartis par la loi. Ils ne sont pas en défaut vis-à-vis de la réglementation de la République.

3. Le statut auquel ils aspirent tous, une fois arrivés, est celui de « résident » et non ceux de « l'asile territorial » ou de « réfugié politique » qu'ils justifient par un certain nombre d'arguments et de preuves que l'administration considère discutables. En vérité, leur véritable statut, celui dont ils devraient relever est celui de « réfugiés de guerre ». Leur région d'origine est soumise à une violence d'État dès l'indépendance de l'Algérie. Depuis avril 2001, elle s'est muée en une violence armée unilatérale exercée par le pouvoir algérien à l'encontre de la Kabylie et dont le nombre de morts est déjà de 123. Beaucoup de blessés faits par les corps de sécurités algériens parmi les Kabyles se font encore soigner en France d'où ils ne repartiront probablement pas dans l'immédiat. Si on y ajoute la violence terroriste que pratiquent les groupes islamistes à travers les « faux barrages » et les incursions dans les villages on peut dire que les Kabyles sont, potentiellement, tous en danger.

4. Négocier leur cas avec le gouvernement algérien, dont ils relèvent officiellement, serait une façon de les livrer à leurs bourreaux. Ceux qui les ont chassés de leur pays, qui les ont poussés à l'exil, ne sauraient être leurs défenseurs. Les Kabyles constituent une sorte de communauté apatride que la France devrait traiter en tant que telle. Seuls des délégués dûment mandatés par elle pourraient la représenter auprès des autorités françaises. Les Kabyles ont perdu confiance en un pouvoir qui en quarante ans de règne ne les a traités que par le déni en tous genres, le mépris, la suspicion, la matraque, la prison et la mort.

Monsieur le Ministre,

La solution pour cet épineux problème, telle que nous l'envisageons, résiderait dans une démarche concertée au sein d'une commission ad hoc comprenant vos services, des représentants d'organisations humanitaires françaises et ceux d'organisations kabyles existantes en France. Dès lors que vos services se déclarent attachés à une solution qui passe par l'étude du cas par cas, cette commission permettra de débouter toute demande de « régularisation » émanant de personnes incapables d'honorer leur engagement républicain vis-à-vis de votre pays. Il est hors de question pour nous d'exporter nos délinquants vers la France. Nous avons tellement de respect pour ses valeurs et sa générosité que nous ne saurions porter atteinte à sa stabilité à laquelle nous sommes plus qu'attachés.

Monsieur le Ministre,

À travers cet afflux massif de Kabyles vers la France et sur lequel nous sommes disposés à discuter avec vous pour une solution définitive, nous voudrions souligner tout l'intérêt qu'a la République à les accueillir et à les intégrer. En effet, malgré les risques d'exploitation politicienne de cette perspective par certains de vos adversaires, il y a lieu de noter le fait que l'écrasante majorité des Kabyles en quête d'une carte de résident en France est jeune, instruite, démocrate et laïque. Elle est imprégnée des valeurs, de la langue et de la culture françaises et constituera, à coup sûr, un rempart contre l'intégrisme islamiste qui gangrène certaines banlieues et certaines villes de France. Le Mouvement pour l'Autonomie de la Kabylie est à votre disposition pour accompagner l'ensemble de vos initiatives et leurs étapes dans la voie d'une solution heureuse pour la France comme pour la Kabylie.

Avec notre très haute considération.

Paris, le 15 septembre 2003

Conférence Olivaint :
La Kabylie, la mondialisation et la France

La conférence Olivaint, association estudiantine et centre d'éducation politique, a invité l'auteur en 2006 à traiter d'un sujet inédit : les relations entre la France et la Kabylie. C'est la première opportunité historique d'un dialogue entre une France informelle et une Kabylie officielle.

Bonsoir,

C'est, d'abord, un honneur pour moi d'intervenir devant vous, membres de cette prestigieuse et honorable Conférence Olivaint. Je tiens à vous remercier pour cette invitation. En même temps, avant d'entamer mon propos je dois vous faire part de ma douleur et celle de tous les Kabyles devant les drames qui endeuillent toujours leur première patrie et ses enfants, la Kabylie. La mémoire de celles et ceux tombés pour la liberté, la démocratie et les droits identitaires, linguistiques et culturels amazighs, que ce soit pendant ou après la guerre d'Algérie, mérite où que j'aille, évocation et respect. Si j'en parle par devoir, j'en parle aussi par besoin pour extérioriser ce que je ressens dans ma chair, non pas seulement depuis l'assassinat de mon fils aîné, mais à chaque deuil qui affecte les miens. Ainsi, le plus récent d'entre eux est le cas du président de l'Assemblée populaire de la Wilaya de Tizi-Ouzou, Rabah Aissat, abattu à bout portant, dans un café bondé de monde, par un inconnu armé d'une Kalachnikov, il y a de cela à peine une semaine. Ce énième assassinat dont, comme tous ceux qui l'ont précédé, on ne connaîtra jamais ni le nom de l'auteur, ni celui de ses commanditaires, est, selon le communiqué de son parti (le FFS) en France, une manière « de faire payer à la Kabylie ses choix politiques… assumés par toute la population ». Ce qui est aussi notre opinion. Cette brûlante actualité nous renseigne sur le sort d'une terre si proche de la France et si ignorée par celle-ci. La communauté kabyle en France est l'une des plus importantes et des plus anciennes parmi celles qui y ont une relative visibilité. Elle est estimée, en l'absence de données officielles, à quelque 2 millions de personnes dont environ les deux tiers sont aujourd'hui français. Arrivée dans l'Hexagone dès la fin du 19e siècle, elle n'a commencé à s'y établir de manière massive et définitive, que depuis un peu plus de trente ans, une fois que l'Algérie s'est avérée être sa négation, celle qui s'est retournée contre elle, dès 1963. La politique du regroupement familial instaurée par Giscard d'Estaing en a changé la structure et la mentalité. D'une émigration ouvrière et strictement masculine qui retournait chaque été en Kabylie pour ses vacances, elle s'est mue en une communauté sédentarisée qui, sans couper avec ses racines et la patrie de ses ancêtres, n'envisage plus son avenir en dehors de la France, ou du moins sans la France. Pour la majorité de ses membres, à choisir entre son pays d'origine et son pays d'accueil, il n'y a plus photo : n'était la Kabylie, l'Algérie leur est un enfer. Toutefois, les statistiques et l'opinion françaises versent machinalement et indistinctement les Kabyles dans des catégories identitaires fourre-tout, telles que celle des « Arabes », des « Maghrébins » ou celle de « la communauté musulmane » dans lesquelles, à leur insu et contre leur volonté, ils servent de faire-valoir à des revendications qui n'ont jamais été les leurs : comme, par exemple, la demande d'enseignement de la langue arabe dont ils ne veulent pas pour leurs enfants, dans les écoles françaises, ou celles que formulent aujourd'hui des intégristes islamistes pour la construction des mosquées dans les villes de l'Hexagone. Éternels incompris par la France, les Kabyles qui sont livrés en Algérie à l'arbitraire et au dictat arabo-islamique et, se heurtent dans l'Hexagone, à l'indifférence officielle. En effet, c'est à se demander s'il n'y a pas de contentieux officiel entre la Kabylie et Paris. On sent entre eux comme un malaise ou un malentendu historique sur lequel tout le monde fait l'impasse des deux côtés. Comment y remédier ?

Face à un tel constat et au vu des derniers développements survenus sur la scène franco-algérienne comme à l'échelle internationale, quels instruments et quelles valeurs mettre à contribution pour dynamiser des relations sinon bilatérales, du moins de coopération fructueuse entre nos deux peuples, entre la France et la Kabylie, malgré l'insertion géographique de celle-ci dans un pays comme l'Algérie ? C'est ce que nous tenterons modestement de montrer à travers le phénomène de la mondialisation, le malentendu historique franco-kabyle et les atouts d'une possible confiance mutuelle.

A. La mondialisation :

La colonisation qui a configuré le monde d'aujourd'hui a commencé en 1492 avec la découverte de l'Amérique. Elle n'a été en fait que l'un des premiers pas de ce que l'on appelle actuellement la mondialisation et dont le processus ira probablement, petit à petit, vers la création d'un gouvernement mondial que préfigure déjà d'une certaine manière l'ONU. Avec le recul qui est le nôtre, nous pouvons affirmer que la mission de la colonisation était d'intégrer, certes au forceps, mais de manière intuitive, inconsciente, les continents en marge de la marche de l'Occident, à un fonctionnement, sinon dépendant, du moins interdépendant. La soif de domination des puissances occidentales sur le monde pour son exploitation économique n'en aura été que le moteur. Même la rivalité entre système capitaliste et système socialiste, de 1917 jusqu'à la chute du Mur de Berlin en 1989, participaient d'un même mouvement de l'Histoire de l'humanité : mondialiser. L'une des étapes de cette mondialisation a été de mettre sur pied des

États dotés de frontières territoriales à l'intérieur desquelles ils exercent leur autorité souveraine tout en bénéficiant de la reconnaissance internationale en les intégrant à l'ONU qui leur a servi de terrain d'atterrissage. C'est la décolonisation. Une fois cette séquence terminée, on fige le monde et le droit international quitte à légaliser des injustices insupportables pour les peuples qui ont vu l'Histoire leur fermer la porte au nez. C'est ainsi que les germes du génocide rwandais, de la guerre civile en Afghanistan, en Somalie, en Côte d'Ivoire, en Irak… et d'autres à venir, si on n'a pas la sagesse de trouver des solutions de souverainetés adéquates aux peuples qui en sont victimes, ont été semés. Mais les ex-puissances coloniales semblent s'en laver les mains. Les pays qu'ils occupaient naguère sont officiellement indépendants et par voie de conséquence les anciennes métropoles ne peuvent plus s'immiscer dans leurs affaires intérieures. Une manière de se donner bonne conscience à moindres frais. Or le monde a été mal mondialisé. Il s'est fait sur la base de monstrueuses injustices nationales et internationales. Des centaines de peuples émargent toujours au chapitre de l'espoir de souveraineté. Continuer à leur refuser l'accès à la vie ne fait qu'aggraver les menaces de nouvelles explosions de violences dans les pays concernés, augmenter les tensions et les risques d'une déstabilisation du monde et éloigner les échéances d'une paix à l'échelle de la planète. Je souhaite que les futurs dirigeants internationaux fassent preuve de suffisamment de clairvoyance et d'humanité pour continuer à harmoniser la planète Terre dans le sens du respect du droit des individus, des communautés et des peuples pour un monde de paix, de progrès et de prospérité.

Pour revenir à la Kabylie qui se trouve dans le lot de ces pays mal fagotés par la colonisation, nous pouvons dire que la situation dans laquelle elle se trouve est, dans une certaine mesure, une punition pour sa fronde d'hier contre la France. Ce douloureux épisode entre les deux parties est d'autant plus sournois qu'il est tu, muet, caché. C'est comme un tabou. Pourquoi ?

B. Le malentendu historique entre la France et la Kabylie :

Parce qu'après l'indépendance de l'Algérie, la Kabylie n'est plus redevenue, pour la France, un acteur reconnu par le droit international. Les deux principaux belligérants de la guerre d'Algérie d'il y a plus de quarante ans n'ont pas encore pu mettre les mots pour nommer les douleurs qu'ils s'étaient mutuellement infligées durant leur passé conflictuel, ou pour désigner le malentendu historique qui a existé entre eux. L'abcès n'a jamais été crevé. Cet essai en est juste la première tentative. La guerre menée contre la France pour la décolonisation de l'Algérie était vécue en son temps comme le fait essentiel des Kabyles. L'idéologie jacobine et la raison d'État, basée sur des considérations géopolitiques, sont à l'origine, côté français, de cette volonté officieuse de disqualifier la Kabylie et les Kabyles (français ou non) d'une reconnaissance de fait et de jure. Dès lors qu'ils ont été le fer de lance de la décolonisation, on pense aujourd'hui que les Kabyles n'ont que ce qu'ils méritent ! L'Algérie reste toujours une plaie vive dans la mémoire de la France qui, ne serait-ce qu'au niveau de la symbolique, se réjouit maladroitement du déclassement politique de son adversaire d'antan, de voir celui-ci coiffé sur le poteau, spolié de sa victoire politique sur le colonialisme, par quelqu'un d'autre, le pouvoir militaire algérien qui a confisqué à son profit l'indépendance du pays.

Du côté kabyle, c'étaient les violences militaires de 1857, lors de la conquête de la Kabylie par la France, puis de l'effroyable répression ayant sanctionné la révolte d'El Mokrani et de Cheikh Aheddad en 1871 qui étaient à l'origine du rejet de la France colonialiste. La patrie de Si Mohand Ou M'Hand et de Fadma N Soummer ne s'était jamais résolue à la perte de sa souveraineté, par la force. Plutôt que d'engager, du côté français, un dialogue avec la Kabylie, la colonisation a préféré la politique de sa déstructuration et de sa dépersonnalisation que, d'ailleurs, l'Algérie officielle a reprise à son compte au lendemain de l'indépendance. Du côté kabyle, plutôt que de tenter un rapprochement avec l'Arumi, (le Roumi) on a préféré aller à la recherche d'alliances avec les voisins contre la France. Au lieu de revendiquer le recouvrement de la souveraineté perdue par la Kabylie, on s'était engagé dans la revendication de celle de toute l'Afrique du Nord dans un premier temps, puis de toute l'Algérie ensuite, en oubliant la nôtre. Son jusqu'au-boutisme a fini par payer pour… son propre malheur.

Bref, des deux côtés, la passion l'avait emporté sur la raison. Les Kabyles comme les Français se sont réveillés avec la gueule de bois au lendemain de l'indépendance de l'Algérie. La souveraineté pour laquelle les Kabyles avaient entraîné les Algériens derrière eux, dans une guerre qui avait duré plus de sept ans, leur était de nouveau confisquée. Ils sont livrés à la vindicte nationale pour séparatisme suite à leur coup de force manqué, sous la direction du FFS de Hocine Aït Ahmed, de 1963 à 1965 pour imposer à l'Algérie officielle la reconnaissance de leurs droits légitimes. La France qui n'avait pas su trouver un compromis avec les Kabyles venait de perdre un territoire trois fois plus grand que le sien.

La France et la Kabylie étaient deux adversaires têtus, chacun refusait de reconnaître la valeur de l'autre. Dans leur conception d'alors de la conduite de la guerre, toute reconnaissance de l'adversaire valait faiblesse. Aucun des deux côtés n'avait pensé y avoir intérêt. La guerre était la guerre, elle était aveugle. Cependant, cela fait près de 44 ans que leur bras de fer a pris fin. N'y a-t-il donc pas encore de place pour la réconciliation entre elles ? Répondre par la négative reviendrait à croire qu'elles manquent cruellement de raison et d'imagination. Or, nous en avons des deux côtés.

C. Les atouts d'une confiance mutuelle :

Il y a d'abord le temps. Plus de quarante ans après, les générations de la guerre d'Algérie ne sont plus que l'ombre d'elles-mêmes. Les douleurs d'hier, même si elles sont encore persistantes chez ceux, de moins en moins nombreux, qui les ont vécues, ne sont plus aussi lancinantes qu'avant. Il ne s'agit plus pour nous de tourner en rond dans les convulsions de notre passé, mais d'ouvrir une nouvelle page pour construire un avenir dédié au bien commun de nos générations montantes. La France qui a su se réconcilier avec l'Allemagne, malgré deux effroyables guerres mondiales, a encore plus d'aisance aujourd'hui à tendre la main à la Kabylie qui n'avait pris les armes contre elle que pour sa liberté. Aujourd'hui, loin de constituer la moindre menace sur les intérêts de la France, elle en est plutôt une alliée très importante. D'abord, culturellement. Nous avons en premier lieu sa laïcité séculaire dans un environnement musulman. L'exception kabyle sur le plan religieux est une sorte d'équivalent de l'exception culturelle française sur le plan international. Un marqueur identitaire.

L'existence d'une communauté chrétienne kabyle crée des liens et une affinité religieuse avec la France. Si on y ajoute ce compagnonnage qui a commencé il y a déjà plus d'un siècle au sein de l'immigration kabyle en France nous avons des citoyens qui font leurs les idées des Lumières et les valeurs républicaines. Les Kabyles se sont acclimatés à la France comme le christianisme et le judaïsme à sa laïcité. Par ailleurs, la Kabylie est le territoire le plus francophone au monde, après le Québec. Lorsque demain, elle aura ses destinées en main, elle diffusera autour d'elle ce formidable potentiel de culture et de civilisation qu'elle a en partage avec la France. Par contre si celle-ci continue de lui tourner le dos, comme elle vient de le faire en cryptant sur les bouquets satellites ses chaînes de télévision généralistes, il est fort à parier qu'elle ne perdra pas que la Kabylie qui est le seul bastion de sa langue, mais l'ensemble de l'Afrique du Nord. Nous n'en voulons pour preuve que le cas de la presse écrite. Si des journaux francophones continuent d'exister en Algérie, c'est essentiellement grâce au lectorat kabyle. 80 % de leurs ventes sont réalisées en Kabylie et le reste, à Alger.

Enfin, le fait que les Kabyles représentent l'une des plus importantes communautés françaises est en soi une chance pour nos deux peuples. Aujourd'hui, ils sont, dans le sillage des Italiens, ceux qui s'intègrent le mieux, en silence, dans la société française. Les mariages franco-kabyles avoisineraient les 50 %. Il nous semble que le temps d'heureuses retrouvailles entre la France et la Kabylie est arrivé. De notre côté nous en avons la volonté. Du côté français il y a l'opportunité de rebâtir un environnement qui lui soit plus favorable au plan international. L'émergence d'un état régional kabyle en sera le premier pas vital, nous en sommes sûrs.

Permettez-moi d'ajouter une proposition, pour terminer. Longtemps, l'Occident dont fait partie la France a été égoïste en ne prenant en considération que ses intérêts économiques auxquels étaient subordonnés tous les autres. La conséquence en a été le 11 septembre 2001 et le terrorisme international d'aujourd'hui. Nous proposons pour la construction d'un monde de liberté, de démocratie, de paix, de sécurité et de progrès, une alliance stratégique entre nous et l'Occident, basée sur des valeurs universelles qui nous sont communes. Toutes les nations et tous les peuples épris de liberté en seront gagnants.

Paris, le 20 octobre 2006

La communauté kabyle en France et les présidentielles de 2007

À l'occasion des présidentielles françaises de 2007, l'auteur intervient durant la campagne électorale pour réaffirmer la réalité du vote kabyle.

La communauté kabyle en France reste politiquement invisible pour des raisons qui tiennent à son histoire et à la perception idéologique qu'elle a d'elle-même et des autres. On dirait qu'elle est ici par erreur, une clandestine qui ferait mieux de ne pas attirer de regard sur elle. Malgré son ancienneté et son importance numérique, malgré son enracinement dans la société française et son attachement aux valeurs de la république, la communauté kabyle reste timide dans son expression politique et ses manifestations identitaires au moment où la France laïque la verse d'office dans des ensembles communautaires qui diluent son identité et dans lesquels, tout en faisant l'unanimité contre elle, elle ne se reconnaît pas. Cette situation qui lui est préjudiciable appelle à un sursaut de l'élite kabyle en France pour que notre communauté ait la considération qu'elle mérite. Au lieu de se réveiller à la veille de chaque échéance électorale où les communautés sont sollicitées pour leurs voix, il serait plus profitable à tous que les Kabyles se mettent à s'organiser, non pas en tant que partie intégrante d'autres communautés (Berbère, algérienne, musulmane...), mais en tant qu'eux-mêmes d'abord. Pour y arriver, un certain nombre d'écueils sont à éviter.

La France et le communautarisme

Contrairement aux pays anglo-saxons, la France est anti-communautariste. Officiellement elle ne reconnaît pas de spécificité identitaire qui impliquerait des droits et des devoirs particuliers selon les catégories communautaires existantes chez elle. Manifestement, il y a eu confusion entre citoyenneté et identité, entre des catégories sociales, la noblesse, et des catégories citoyennes, les communautés de langues et de culture. Ayant pour base de la République le « citoyen », un générique politique issu de la révolution de 1789 et qui met sur le même pied d'égalité tous ses membres, les lois s'appliquent indistinctement à toutes les personnes vivant sur son territoire. Cette idée fondatrice du jacobinisme était établie avec l'objectif inavoué de tuer à terme, après la noblesse, les identités linguistiques régionales avec notamment l'école de Jules Ferry et la sanction scolaire par la « patoise ». Pour ne pas réveiller les vieux démons régionalistes français, on a maintenu un principe qui n'est nullement remis en cause par le communautarisme. Pour preuve, ni l'Angleterre qui pourtant est restée une royauté, ni particulièrement les États-Unis où coexistent pacifiquement toutes les communautés du monde ne sont menacés par lui. C'est dire que l'anti-communautarisme français est un non-sens. Ceci est d'autant plus vrai qu'il est totalement obsolète et artificiel puisque les communautés sont non seulement une réalité française, mais en plus elles sont quelquefois encouragées et toujours courtisées par le clientélisme électoral. Des communautés ont donc su imposer leur existence et leur reconnaissance à la classe politique de l'Hexagone et rien, absolument rien n'empêche les Kabyles de se faire admettre en tant que tels.

L'idéologie chez les Kabyles

Les Kabyles sont si respectueux des autres qu'ils en épousent jusqu'aux idées qui leur sont néfastes. N'ayant pas eu à penser le monde par eux-mêmes depuis 1871, les Kabyles ont épousé deux grands courants idéologiques qui ont fini par être la matrice de leur négation dans leur pays d'origine : l'arabo-islamisme et le jacobinisme. En France comme en Algérie, les élites kabyles ont fait les « valeurs de la république » et la masse de la communauté continue de porter en elle ce qui, des décennies de lutte anticolonialiste durant, a été semé dans les tréfonds de sa conscience comme amalgame ayant brouillé tous ses repères identitaires. Le Kabyle n'a pas assez d'autonomie idéologique et de réflexion pour remettre en cause ses idées qui passent pour des évidences chez lui, ou pour se redéfinir. Il reste prisonnier de ses convictions qui, ailleurs, appartiennent au siècle passé et ne sont plus de ce monde. On dirait que nous avons peur de nous retrouver plus démunis que nous ne le sommes, moins armés pour appréhender notre dure réalité. Ces élites préfèrent le confort idéologique qui se confond avec le confort matériel qui en découle au risque de problèmes de conscience qu'une simple analyse de la situation politique sociale et culturelle de la Kabylie ne manquera pas de provoquer chez elles. Elles perpétuent ainsi un processus d'auto érosion identitaire que nous commençons à peine d'endiguer.

Les identités politiques kabyles

Les Kabyles sont politiquement pluriels même si, une fois structurés, ils ont tous une propension au totalitarisme avec leur parti politique. L'objectif de notre rencontre d'aujourd'hui n'est nullement de tendre à gommer ces identités politiques, mais à trouver les méthodes par lesquelles nous sachions les relativiser en fonction de l'urgence et de l'essentiel de l'heure. Chacun de nos hommes politiques par exemple compose avec tous les forbans et autres flibustiers de la politique algérienne, mais uniquement pour faire la nique à son rival kabyle qu'il considère comme son ennemi numéro un. À cette pluralité identitaire de la communauté politique kabyle en France, il y a lieu d'y faire entrer une autre différence, de statut cette fois, celle qui distingue les Kabyles citoyens français de ceux qui ne le sont pas.

Les Français d'origine kabyle et les Kabyles non français

On pourrait dire, à priori, que ceux qui sont concernés par le débat d'aujourd'hui sur les élections présidentielles en France ne seraient que ceux qui sont de nationalité française. En effet, ils sont les seuls à avoir le droit de glisser un bulletin de vote dans l'urne. Toutefois, ils ne sont pas les seuls à s'y intéresser. Dans un monde de plus en plus interdépendant et dans lequel l'Europe a confié la gestion de notre sort à la France en tant que connaisseur du terrain, pour nous avoir anciennement colonisés, toute la Kabylie et tout le peuple kabyle ont les yeux rivés sur cette échéance électorale française. La prochaine présidente ou le prochain président sera-t-il en phase avec l'aspiration de la Kabylie à son autonomie régionale ou tout au moins à ne pas tolérer un nouveau massacre de nos enfants par les autorités algériennes ? Il est évident que les Kabyles français sont très sensibles à l'évolution de la situation en Kabylie et qu'ils sauront voter en fonction des engagements dans ce sens des candidats en lice. Il serait préjudiciable que quelqu'un tente de séparer la communauté kabyle, de la diviser en citoyens français et citoyens algériens, de la fractionner de telle sorte qu'une partie tourne le dos à la Kabylie et une autre à la France. C'est de leur solidarité et de leur étroite collaboration que dépendent tous les succès vitaux de l'une et de l'autre partie.

Le cadre du débat étant placé la parole vous revient. Pour exister, la communauté kabyle, où qu'elle soit, doit s'organiser.

Foyer protestant d'Aubervilliers, le 31 mars 2007

Lettre ouverte aux candidats à la présidence en France

Pour des raisons de similarité, nous avons voulu insérer ce texte à la suite du précédent, bien qu'il soit écrit cinq ans plus tard.

Azul,

Vous êtes candidat à la présidence de la République française. À cette occasion, l'ANAVAD, le Gouvernement Provisoire Kabyle, vous présente ses félicitations.

La France est l'une des puissances mondiales au rang prestigieux. Elle mérite vos compétences que vous mettez au service de sa santé politique, sociale et culturelle. Elle a besoin de vous pour son rayonnement international et pour davantage de performance et de prospérité. C'est à ce titre que je souhaiterais vous proposer une modeste idée de géostratégie sur les futurs rapports à avoir avec les anciennes colonies françaises afin que, sous votre présidence, la France aille davantage dans le sens de l'histoire. Aller dans le sens de l'histoire c'est d'abord répondre aux impératifs de la mondialisation qui éviteront à votre pays d'être distancé dans une évolution toujours plus accélérée du monde.

La mondialisation qui tend à uniformiser les modes de vie et les modes de pensée, à universaliser les normes, les valeurs et les outils, met la France en compétition avec d'autres puissances pour frayer à l'humanité la voie la moins douloureuse vers un avenir de paix, de liberté et de progrès. Sur le plan international, l'un des défis de la France d'aujourd'hui est de ne pas rater de virage parmi ceux que la dialectique est en train d'imprimer à la géopolitique. En effet, en plus des pays émergents qui commencent à s'imposer en arrachant d'appréciables parts de marché aux économies les plus performantes dont fait partie celle de la France, il y a les remous qui agitent déjà l'écrasante majorité des pays anciennement colonisés où les peuples niés, muselés, écartelés et discriminés par les frontières coloniales se remettent en marche vers leur liberté. Cela ne servirait à rien d'essayer de les entraver. L'intervention internationale en Afghanistan, puis en Irak, le génocide rwandais, le chaos somalien, l'insoluble Cachemire… sont autant de signes et de messages d'un monde mouvant incorrectement décryptés jusque-là. La récente lettre de l'ambassadeur de France, M. Pierre Maillard, ancien conseiller diplomatique du Général de Gaulle, rappelant les six principes de la politique étrangère de la France, témoigne d'un besoin de constance qui, de nos jours, et sur certains points, pourrait s'avérer contraire aux intérêts qu'elle est censée défendre.

Nous avons assisté à une forme d'accélération de l'Histoire dans les pays anciennement colonisés et que l'on a tort de traiter de printemps et d'arabe. Il y a lieu de prévoir que, dans les 5 à 10 années à venir, le phénomène se généralise à l'ensemble des pays africains et asiatiques dessinés par la colonisation. Plutôt que d'intervenir militairement pour empêcher des peuples de se libérer, ce qui abimerait l'image de la France pour une génération chez eux, ne serait-il pas plus sage de les accompagner dans leurs impérieux changements ? Non pas en leur prêtant main-forte, mais en observant au moins une neutralité bienveillante, et en les aidant à négocier au mieux des intérêts des uns et des autres pour éviter la guerre ! Le cas de l'intervention en Côte d'Ivoire serait à éviter, car cela n'a politiquement rien réglé. Cette intervention n'a fait que reporter l'échéance d'une refonte de la géopolitique dictée par les impératifs de l'Histoire et le respect des droits humains et ceux des peuples.

L'actuelle guerre du MNLA dans l'Azawad en est le signal de départ. La force d'anticipation de ces futurs bouleversements devra, à coup sûr, permettre à la France non seulement de garder son rang mondial, mais de lui procurer dans ce domaine une confortable avance sur le reste des grandes puissances, par conséquent une sphère d'influence plus accrue. Dans la prochaine reconfiguration de l'Afrique, dans sa région nord, il y a la Kabylie qui, même en état de légitime défense, avait pris sur elle, en 2001-2003, le choix de la solution politique sur celui de la guerre. Le sentiment d'échec généré par ce choix, plus de 10 ans plus tard, risquerait dans un proche avenir d'avoir raison d'une telle option. Sachant que la Kabylie est le cœur de la francophonie, de la laïcité et des valeurs occidentales dans le bassin Sud de la Méditerranée, connaissant l'importance de la communauté kabyle dans l'Hexagone (environ 2 millions de personnes) et l'absence chez elle de besoin de manifestation de sa présence, il serait regrettable que la France ne fasse pas de la promotion politique des Kabyles et de la Kabylie un de ses atouts, et un de ses intérêts majeurs dans la région.

Je me tiens à votre disposition pour en parler de vive voix.

Avec tous mes compliments,

Paris, le 26 mars 2012

La Kabylie et la francophonie

Conférence donnée à la salle de la Saint-Jean Baptiste de Montréal, sur la relation du peuple kabyle à la langue française.

Au risque de conforter la thèse si chère, en Algérie, aux tenants de l'arabo-islamisme qui traitent les Kabyles de « Hizb Fransa », autrement dit de « Parti de la France », nous parlerons de la francophonie kabyle que le terrorisme intellectuel officiel a toujours présenté comme le danger numéro un sur l'arabisation en Algérie. À ce jour, il se trouve encore des acteurs politiques et culturels pour affirmer sentencieusement que la revendication linguistique berbère n'est en fait que le paravent derrière lequel se cacherait celle d'un retour à l'enseignement du français en Algérie. Celui-ci, pour eux, demeure toujours la langue du colonialisme et du néocolonialisme. Ils sont incapables de concevoir que le peuple kabyle puisse aspirer à sa propre langue. Pour eux, colonisé pour colonisé qu'il devrait l'être, autant qu'il le soit par la langue arabe. D'ailleurs, toute la politique scolaire algérienne est basée sur cet absurde postulat selon lequel l'unité nationale, entendez par là la disparition du peuple kabyle, se réaliserait par le biais de l'école arabisée qui, petit à petit, amènerait celui-ci à adopter la « langue nationale ». C'est en tant que « langue nationale » qu'est pompeusement décrétée la langue arabe en Algérie. C'est de cette façon donc que les tenants de l'arabisation arriveraient à uniformiser le champ linguistique, politique et culturel du pays, c'est de cette façon pensent-ils qu'ils se débarrasseraient du problème kabyle de manière définitive. N'allez surtout pas leur dire qu'ils sont en train de mener une politique de génocide culturel contre la Kabylie, c'est vous qui n'avez rien compris à leurs nobles desseins et qui êtes un ennemi de l'Algérie.

Après avoir longtemps combattu, puis vaincu la politique assimilationniste du colonialisme français, les Kabyles sont de nouveau, depuis 1962, devant le même défi face à l'Algérie arabisante. Les idéologues du régime en place oublient, ou feignent d'ignorer, qu'entre les peuples, d'un même pays ou non, les relations de paix et de cohabitation se font dans la réciprocité et non dans la domination des uns sur les autres. Aussi, tenons-nous à leur rappeler deux de nos principes fondamentaux.

1. La Kabylie aspire à la plénitude de ses droits, qu'ils soient politiques, linguistiques, économiques, sociaux ou culturels !

2. Elle a le droit d'avoir la préférence linguistique qui lui plait après sa propre langue, à commencer par la langue française largement usitée chez ses enfants, à l'intérieur comme à l'extérieur de ses frontières. L'histoire de la langue française en Kabylie avait pourtant mal commencé : par un viol colonial en 1857. C'est ce qui avait fait que pendant un siècle, le Kabyle rejetait la langue de son ennemi. Les écoles françaises qui avaient été implantées dès 1880 pour la formation d'élites indigènes susceptibles de servir de couche sociale intermédiaire entre la colonisation et les Autochtones étaient longtemps rares et presque vides. Même dans leur émigration en France, dès le début du 20e siècle, les Kabyles étaient restés en marge de la maîtrise de cette langue. Aussi paradoxal que cela puisse paraître, ce n'est qu'au lendemain de l'indépendance de l'Algérie, pour laquelle la Kabylie s'était pourtant engagée corps et âme, que les Kabyles se sont carrément rués sur l'apprentissage de la langue française. Symboliquement, la langue a changé de statut : elle n'est plus celle d'une domination étrangère, mais l'instrument de la promotion sociale et de l'insertion dans

la modernité. La Kabylie en a adopté l'usage sans renoncer à celui de sa propre langue que les élites de l'époque n'avaient malheureusement jamais pensé à enseigner ou à en revendiquer l'enseignement. Personne n'avait appris aux petits Kabyles scolarisés dont je faisais partie dans les premières années de l'indépendance que leur langue était digne d'être apprise à l'école. Non ! on sous-entendait qu'elle en était indigne. Ce n'est que plus tard, au « printemps berbère » de 1980, que la Kabylie a officiellement revendiqué l'enseignement des « langues populaires » ou maternelles.

Entre temps, depuis 1963 l'Algérie mène une politique d'arabisation de l'ensemble des cycles scolaires qui rogne sur celui de la langue française sans rien concéder au kabyle ou au berbère. Très vite les Kabyles refusent la langue arabe qui d'une part n'a pas à leurs yeux le prestige de la langue française et d'autre part hérite du terrible statut de langue de domination étrangère au nom duquel on leur demande de nouveau de renoncer à leur identité. Il est probable que ce soit, depuis le début des années soixante, l'engouement kabyle pour la langue française et le refus de s'arabiser qui font dire aux tenants de l'arabisme que la revendication amazighe n'est qu'un subterfuge pour la réhabilitation du français.

Nous remercions la Société Saint Jean Baptiste de nous donner cette occasion de clarifier nos positions. En tant que Kabyles nous ne nourrissons d'animosité à l'encontre de qui que ce soit qui ne cherche à nous dépersonnaliser. Nous rejetons des politiques qui ne sont pas conformes à nos aspirations, mais nous ne sommes ni contre les peuples arabes ni contre leur langue. Nous sommes avant tout pour la nôtre. Comme dans notre quotidien nous utilisons largement la langue française, ce dont nous sommes fiers, nous n'avons aucun complexe à la revendiquer pour notre futur système éducatif autonome. Nous sommes tout à fait en phase avec Kateb Yacine qui, de son vivant, considérait le français comme « un butin de guerre ». De ce point de vue, la décision du gouvernement de fermer les écoles privées, qui sont dans leur écrasante majorité en Kabylie, ou tenues ailleurs par des Kabyles, parce qu'elles enseignent en français, est une violation du droit du peuple kabyle de se doter de la langue ou des langues de son choix. Nous saisissons l'opportunité du sommet de la francophonie à Bucarest qui vient de se terminer pour en alerter les instances sur les atteintes algériennes à cette langue que nous avons en partage avec lui.

Nous proposons à cet effet de débattre des voies et moyens d'intégrer, dans les sommets à venir, des peuples sans états qui aiment et utilisent la langue française, ou des organisations qui s'en réclament. Nous formulerons en temps opportun, au nom de la Kabylie une demande d'adhésion au sommet de la francophonie. Nous espérons à travers cette démarche rendre service à notre peuple, à notre pays et à l'humanité. C'est une manière pour nous de participer à la construction des solidarités internationales pour un monde de paix et de prospérité, respectueux des droits des individus, des communautés et des peuples.

Montréal, le 5 octobre 2006

La crise de la laïcité en France est identitaire

Régulièrement, en France, la laïcité est réveillée par des estocades islamistes visant à en tester la vigilance, à en faire tomber quelques pans. L'auteur, dont la communauté immigrée n'a jamais revendiqué sa mosquée, jette un regard nouveau sur le sujet et propose des solutions. Toutefois, ce texte destiné à un quotidien parisien, en 2010, n'avait pas été publié.

La laïcité en France est en crise depuis plus de vingt ans. Elle est devenue illisible. L'islam en a tant brouillé les repères que la classe politique française, jusqu'au sommet de l'État, ne sait plus par quel bout prendre le problème. C'est vers la fin des années 80 que le voile islamique a commencé à défrayer la chronique. La position ambivalente de l'État, exprimée alors, devant l'Assemblée nationale, le 26 octobre 1989, par M. Jospin, ministre de l'Éducation nationale, n'a pas beaucoup évolué : pas de sanction légale contre ceux qui enfreignent l'une des règles de la laïcité. Malgré une lettre signée le lendemain même par des intellectuels de renom, mettant en garde contre le fait que « les appartenances ne doivent pas faire la loi à l'école », la situation a empiré. Aujourd'hui, le débat ne porte plus sur le fichu, mais sur le voile intégral et les prières collectives des islamistes dans les rues, au mépris des lois de la République. Les reculades progressives des gouvernements, de droite comme de gauche, font le lit de l'extrême droite. Ceux qui plaident pour la multiplication des mosquées en France pour éviter des prières de rue, savent-ils à quel prochain chantage islamiste ils exposent leur pays ? Hier encore, pour résorber le phénomène, ils pariaient sur le facteur temps et la politique d'intégration des communautés musulmanes issues de l'immigration. Aujourd'hui leur mise est perdue. Pour avoir refusé de recadrer à temps les adversaires de la laïcité, c'est celle-ci qui a reculé. Des stratèges, dans l'ombre, utilisent la laïcité comme une voiture-bélier contre les valeurs qu'elle incarne. C'est ce qui explique en partie le désarroi de la classe politique occidentale en général, et française en particulier, devant l'islam. Les traumatismes engendrés par la Seconde Guerre mondiale et par les guerres de décolonisation, conjugués à certaines failles apparues dans la définition de la laïcité, ont neutralisé la réflexion chez ceux qui sont en charge de l'application de loi. À cela s'ajoute la méconnaissance générale de cette religion d'implantation récente et qui a pris, chez les musulmans, la place libérée par l'idéologie marxiste après la chute du Mur de Berlin.

Pour remettre les idées à l'endroit, on a besoin de revenir au sens du concept. Certes, la laïcité n'est pas un dogme. Elle n'est là que parce que la France en a besoin. La première de ses missions est d'abord de prémunir la société française contre des périls internes mettant en cause la cohésion nationale. La séparation de l'église et de l'État en fut le premier pas. Elle devait consacrer l'ordre républicain contre le féodal d'avant 1789. Ensuite, elle trouva sa légitimité dans la nécessité de garantir autant la liberté de culte que la neutralité de l'État devant les citoyens et leurs croyances. La Loi de 1905, précédée des lois de Jules Ferry, avait fixé dans le marbre sa définition alors qu'il aurait fallu en revoir les termes à chaque fois que de besoin. La certitude l'a emporté sur la vigilance. Il aurait fallu une laïcité dynamique à la place de celle qui donne l'air d'être figée pour l'éternité. Le christianisme et le judaïsme qui s'y plient depuis 1905 montrent des signes d'inquiétudes devant la violation des règles par les tenants d'un islam radical dans l'Hexagone. La communauté juive ne se sent plus en sécurité en France.

Les règles de la laïcité montrent une inadéquation au contexte cultuel d'aujourd'hui. Elles sont inefficaces devant les nouvelles menaces qui guettent la paix civile. De nombreux glissements de sens ont été opérés au fil des décennies et ont fait perdre la première signification à ce mot. La réduction de la laïcité à la généreuse devise de la République, « liberté, égalité, fraternité » est à l'origine de cette impuissance des hommes politiques devant le danger que, faute de mieux, ils préfèrent minimiser. Ils laissent ainsi le créneau à l'extrême droite qui en tire la plus grande légitimité. Or, nous ne sommes plus dans la France d'il y a un siècle. La vieille loi a besoin d'un toilettage pour en réhabiliter la mission. Elle devra renforcer le contrat citoyen pour la défense des valeurs de la France, parmi lesquelles il y a l'identité française. Tant que celle-ci était intégratrice, elle n'y avait pas de nécessité à la défendre.

L'identité nationale ne reste ouverte que tant qu'elle ne se sent pas menacée. La forte immigration musulmane présente en Europe ces dernières décennies a suscité des craintes d'altération de la personnalité et de l'identité des peuples du Vieux Continent. L'extrême droite qui en fait son cheval de bataille a déjà commencé à enregistrer ses premiers succès électoraux.

Pour ne pas lui laisser le champ libre, les forces démocratiques françaises et européennes ont à se réconcilier avec leur propre thématique identitaire et y intégrer le respect des identités d'origine de chaque communauté immigrée pour ne pas les jeter dans les bras du gigantesque communautarisme religieux islamiste. Par exemple, la communauté kabyle en France qui est la plus nombreuse (près de deux millions de personnes) et la plus ancienne n'a, à ce jour, jamais exprimé ni même éprouvé le besoin de se doter d'une mosquée. Foncièrement laïque elle a eu le temps de faire siennes les valeurs de la République qu'elle a, par ailleurs, toujours connues dans ses villages d'origine. Donner de la visibilité aux minorités qui ne font pas dans le prosélytisme tout en valorisant leur identité d'origine est une nécessité pour résorber le phénomène islamiste. Les élites de ces communautés musulmanes ont la responsabilité de défendre les droits religieux des leurs, mais elles ne seront légitimes à le faire que si, par esprit d'équité, elles demandent d'abord à leurs pays d'origine l'application du principe de réciprocité sur les lieux de culte autres que musulmans. Au moment où l'on part en chasse, quelquefois en guerre, contre les chrétiens en terres musulmanes, il serait malvenu de revendiquer plus de mosquées et d'islam dans les pays chrétiens. La responsabilité des gouvernants des deux bords est entière.

Paris, octobre 2010

Première lettre ouverte à François Hollande, Président de la République française

François Hollande allait se rendre en Algérie. L'auteur, au nom de ses charges officielles, l'interpelle sur la lancinante question kabyle.

Monsieur le Président,

Vous allez effectuer un voyage officiel en Algérie. Vous savez que vous aurez des partenaires difficiles qui, pour des raisons de politique interne, cultivent une opposition quasi systématique à la France depuis 50 ans. L'identité de vue sur des questions d'actualité internationale que vous avez avec le voisin marocain est plus problématique avec ceux que vous allez rencontrer. Ceci sera d'autant plus vraisemblable que vous aurez pour interlocuteurs non pas ceux qui représentent la réalité du pouvoir, mais son apparence, et ce, quelles que soient leurs fonctions officielles. Vos conseillers et vos experts ont dû vous en prévenir déjà. Je vous écris en tant que président de l'Anavad, le Gouvernement provisoire kabyle. J'ai pour devoir et honneur, comme vous, la défense des intérêts de mon peuple, le peuple kabyle. L'exercice de son droit à l'autodétermination fera bientôt partie de l'actualité internationale. Par conséquent, il serait heureux qu'enfin, la France distingue nettement la Kabylie de l'Algérie.

C'est d'ailleurs cette confusion des peuples et des pays qui a été à l'origine de la guerre d'Algérie. La Kabylie n'a jamais admis son annexion forcée à l'ensemble algérien. Elle continue de le faire. Depuis 1962, la Kabylie reste le sujet brûlant de la dramatique actualité algérienne.

On peut en juger par les faits:

1. Conflit armé du 29 septembre 1963 au 16 mars 1964.

2. 1977 : Affront kabyle fait au dictateur Boumediene dans le plus grand stade d'Alger.

3. Soulèvement populaire en avril 1980 (appelé Printemps berbère).

4. 1985 : Création de la 1ère Ligue algérienne des droits de l'homme par des Kabyles dont la plupart des membres se sont retrouvés devant la Cour de sûreté de l'État qui les a condamnés.

5. Septembre 1985: manifestations violentes en faveur des prisonniers militants des droits de l'homme.

6. Octobre 1988: Grève générale en Kabylie pour laquelle le chanteur Matoub Lounès avait reçu à l'abdomen une décharge de Kalachnikov de la part d'un gendarme algérien.

7. Décembre 1991- janvier 1992: Le FIS rafle les législatives partout en Algérie, à l'exception de la Kabylie où il n'avait obtenu aucun siège, ni réussi ne serait-ce qu'à être en ballottage. L'arrêt du processus électoral par le pouvoir algérien serait dû uniquement, selon le Général Nezzar, à la situation de dissidence nationale dans laquelle se retrouvait la Kabylie laïque.

8. 1994-95: Boycott scolaire en Kabylie du primaire aux universités.

9. 1996 : Accord entre le pouvoir et les terroristes de l'Armée islamique du Salut ayant eu pour conséquence le transfert du terrorisme en Kabylie où, jusque-là, il était inexistant et y demeure toujours sans base sociale.

10. 1998 : Assassinat du chanteur Matoub Lounès et révolte populaire pendant plus d'un mois.

11. 2001-2003: Révolte populaire durant trois ans (150 morts). Création du Mouvement pour l'autonomie de la Kabylie ayant débouché sur la mise sur pied de l'Anavad au nom duquel j'ai l'honneur de vous adresser cette lettre.

Depuis l'arrivée de Bouteflika en 1999 à la présidence, la situation se caractérise par une tension plus accrue qu'elle ne l'a jamais été. En plus des trois ans de bras de fer quotidien du Printemps noir (2001-2003), il est bon de rappeler ces données :

– La Kabylie boycotte toutes les élections. La seule consultation qu'elle attend est le référendum pour son autodétermination.

– Bouteflika n'a jamais été élu par les Kabyles contre lesquels il se venge par des propos indignes. Il se sent en revanche dans l'obligation de nommer à chaque fois un Premier ministre Kabyle pour mener une sévère politique antikabyle.

– Les budgets alloués à la Kabylie sont réduits à leur portion congrue. N'eût été la communauté kabyle installée en France, évaluée à 2 millions d'âmes, les Kabyles mourraient de faim. Les ressources minières et hydrauliques kabyles profitent au régime et nullement à la Kabylie.

– Le déploiement militaire en Kabylie, décidé après la fronde de 2001-2003, a atteint des chiffres que la France n'avait pas engagés durant la guerre d'Algérie. Et dire que nous sommes en temps de paix ! Cela s'est traduit par une insoutenable insécurité : 80 kidnappings d'entrepreneurs kabyles en 6 ans, insalubrité publique, drogue et fléaux en tous genres et une politique salafiste digne des Ben Laden. Rien qu'en 2010, pas moins de 147 terroristes « repentis » ont été nommés comme imams pour fanatiser les Kabyles. Leur produit sera votre danger de demain.

– Depuis 2004, nos oliveraies et nos forêts sont systématiquement incendiées volontairement par des militaires qui en ont reçu l'ordre. Ce crime contre la nature est aussi un crime contre l'humanité. L'avancée du désert qu'il provoque va inexorablement atteindre la France.

Monsieur le Président,

La rencontre entre la France et la Kabylie a certes été violente, mais leur relation s'est apaisée au fil du temps. Nous ne voudrions en retenir que les aspects positifs et mutuellement bénéfiques. À l'exception de la condition coloniale qui nous était insupportable, le Kabyle a su acquérir auprès du Français bien des savoirs et des techniques. La France a trouvé en lui un ouvrier et un fonctionnaire, un cadre et un chercheur d'une rare qualité. Ils ont en commun des valeurs qu'ils veulent universelles comme la laïcité et la liberté. Cela s'est enrichi de pratiques et de besoins réciproques. Le Kabyle est devenu un élément positif dans la lutte contre l'islamisme dans les banlieues françaises. La langue et la culture françaises sont intégrées dans les facteurs de résistance que la Kabylie a développés contre son oppression identitaire et linguistique.

Il serait donc plus que jamais temps que la France admette la Kabylie dans la défense de ses intérêts. Elle aura un allié sans précédent dans son environnement sud-méditerranéen.

Durant cette visite que vous allez effectuer en Algérie, même si le Sahel et l'AQMI (le bras armé de nos généraux), l'Azawad et la Syrie seraient les points sur lesquels vous insisteriez, notre souhait est que vous feriez autrement que l'un de vos prédécesseurs. En effet, en 2003, M. Chirac avait ignoré à tort la douleur des dizaines de mères kabyles qui venaient d'être endeuillées par ceux-là mêmes qui lui déroulaient le tapis rouge. Rouge du sang de nos pacifiques jeunes manifestants qui venaient d'être assassinés par le pouvoir raciste algérien.

Défendre la francophonie en Kabylie sera, à coup sûr, profitable à la France. Son admission au sein de l'Organisation internationale de la Francophonie est l'une des aspirations du peuple kabyle. En attendant la reconnaissance internationale de son gouvernement provisoire, il serait pour le moins positif que vous fassiez admettre à vos interlocuteurs algériens la nécessité de la réouverture du Consulat de France à Vgayet (ex Bougie) et du Centre Culturel français à Tizi-Ouzou.

Dans l'espoir que votre voyage, associant la cause kabyle aux intérêts de la France, soit couronné de succès, veuillez croire Monsieur le Président en ma très haute considération.

Le 5 décembre 2012

France-Algérie : La Kabylie au cœur de l'éternel malentendu

Les griefs de l'Algérie contre la France ne concernent en général que leur attitude face à la question kabyle.

Les relations franco-algériennes peuvent-elles, un jour, se normaliser ? On peut toujours en rêver. Près de 50 ans après la décolonisation, la défiance entre Alger et Paris reste telle que la photo de famille trône toujours, côté algérien, sur le bureau des rancœurs et côté français sur celui de l'incompréhension et du malentendu. On se souvient que pour M. Kouchner, exaspéré, il y a lieu de faire le deuil de cette possibilité, au moins jusqu'à la fin de la génération de la guerre d'Algérie. Le ministre algérien des Affaires étrangères, M. Medelci, interviewé le 25/10/2010 sur la télévision satellitaire « Canal Algérie » a préféré de son côté incriminer les « erreurs de parcours » de la France. Les tensions entre les deux pays sont quasi permanentes. Au-delà des atrocités de la guerre d'indépendance (1954-1962) la menace de criminaliser le passé colonial français par le pouvoir d'Alger met à vif les nerfs de la diplomatie française depuis des décennies. De l'autre côté, Alger ne supporte pas deux éléments de la culture politique française : 1) l'indépendance de la justice française qui a permis, en 2008, de mettre sous contrôle judiciaire un diplomate algérien dans le cadre de l'enquête sur l'assassinat à Paris en avril 1987 de Me Ali Mecili. 2) la liberté citoyenne dont jouissent les opposants kabyles à Paris où ils ont pu mettre sur pied, le 1er juin 2010, leur gouvernement provisoire, l'Anavad.

Depuis la consolidation du régime militaire par le coup d'État de Boumediene en 1965, les relations franco-algériennes n'ont cessé de s'envenimer. Du refus d'entrée du vin algérien sur le territoire français en 1968, à la nationalisation, en février 1971, des hydrocarbures exploités par des compagnies françaises, du déclassement de la langue française dans l'enseignement algérien à la condamnation par la France de l'arrêt du processus électoral par les militaires algériens en janvier 1992, l'implication des militaires algériens dans l'assassinat des moines de Tibehirine (1995) chaque année a connu ses poussées de fièvre entre les deux pays. Cet état de fait a donc une permanence qu'il serait illogique d'attribuer au hasard ou aux caprices de quelques personnes momentanément investies de charges nationales. Les positions respectives, structurées par l'histoire, sont pour partie culturelles et, pour une autre, politiques.

Certes, au commencement, il y avait la colonisation. La conquête d'Alger en juillet 1830 avait été vécue côté français comme celle du pays de cocagne, du pays des « Mille et une nuits ». Les élites françaises développaient un orientalisme débridé que sublimaient les récits de voyage et les tableaux de peinture, tels ceux de Delacroix. La France du XIXe Siècle croyait sa victoire militaire de nature à lui assurer la régence d'un « royaume arabe ». La reddition de l'Émir Abdelkader en 1848 renforça l'illusion d'une victoire définitive permettant d'y établir pour l'éternité un DOM-TOM français. C'est la conquête de la Kabylie, à partir de 1857, soit près de 27 ans après le débarquement français à Sidi Ferruch, qui va donner des insomnies au gouverneur d'Alger et à Napoléon III. Malgré leur défaite à la bataille d'Icherriden, les Kabyles se réorganisèrent et s'insurgèrent massivement en 1871 et faillirent emporter l'ordre colonial dans leur élan. C'est l'intégration de la Kabylie dans l'Algérie française, à partir de là, qui sera à l'origine de la guerre de décolonisation. L'épisode de 1871 fut un tel point de rupture entre les Kabyles et le régime colonial que les deux parties se traitaient en ennemis jusqu'à l'indépendance de l'Algérie. La colonisation, à tort, n'a jamais cherché à s'allier aux Kabyles qui, chaque jour, ruminaient leur revanche, selon la formule prêtée à Léon Gambetta : « y penser toujours, n'en parler jamais ! » En concevant l'Algérie comme une colonie de peuplement, la France en a élargi le territoire au point d'y inclure de nombreux peuples, particulièrement les Kabyles. Cette diversité identitaire avait aussi pour objectif de ne pas permettre d'union entre les indigènes contre les colons. Les gouvernants de l'époque ne savaient pas que la condition de colonisé suffisait à elle seule pour liguer les autochtones contre un ordre colonial inique. On croyait que le tribalisme et les querelles « ethniques » étaient de solides garanties pour l'ordre établi. On sait aujourd'hui qu'il n'en était rien. L'alliance des indigènes contre le colonialisme a eu raison de la colonisation. Ce que l'on ignorait et que l'on continue de ne pas voir c'est que cette alliance, à l'initiative de la Kabylie, n'était que conjoncturelle. À l'indépendance, la lutte pour le pouvoir entre les ex-alliés est sans merci. Héritant d'un pays commun légué par la colonisation, le premier à s'en emparer s'échina coûte que coûte à le garder entier pour en profiter au maximum. Pour cela, il n'y avait pas d'autre choix que la dictature.

L'angle mort du champ de vision aussi bien de la France que de tous les anciens pays colonisateurs cachait l'inexistence de nation dans beaucoup de pays créés par la colonisation. Il n'y avait pas d'Algérie en 1830, il n'y a pas de nation algérienne aujourd'hui. Il y a une mosaïque de nations opprimées par un seul et même État. Les troubles qui s'y déroulent, les luttes de clans au sommet de l'État, les diverses décisions politiques qui se prennent, les mascarades électorales ont bien souvent pour soubassement des considérations identitaires, voire nationalitaires.

Les tentatives de réchauffement des relations diplomatiques entre l'Algérie et la France sont, par conséquent, toujours vouées à l'échec. À la demande française d'un minimum de respect de la démocratie et des droits de l'homme, réplique celle d'un renoncement de la France à ses valeurs et à sa laïcité. Quand bien même elle le souhaiterait, l'Algérie est prisonnière de sa base sociale qu'elle nourrit depuis bientôt 50 ans à l'arabo-islamisme et à la haine de la France. Ce dialogue de sourds est celui des couples qui ne regardent plus dans la même direction. L'Algérie se saisit de n'importe quel motif de discorde pour faire payer à la France de lui avoir légué la question Kabyle. La lutte quotidienne des Kabyles pour leur survie et leur dignité est celle qui marque au fer rouge, depuis 1962, l'histoire de l'Algérie. Elle ne peut qu'aboutir dès lors qu'au partage du pouvoir se refusent les tenants du régime, de crainte de perdre les leviers de commande. L'idée d'une autodétermination que porte la Kabylie est devenue l'aspiration profonde de son peuple.

Alors, la meilleure manière de contrer les Kabyles dans leur quête politique de liberté, de laïcité et de respect des droits humains est de les lyncher médiatiquement de manière permanente, de nourrir la haine contre eux et contre tout ce qui leur est associé : la France, l'Occident, les Juifs et la chrétienté. De ce point de vue, le combat kabyle est aussi celui du monde libre. Les dernières sorties de deux ministres algériens (intérieur et Islam) illustrent avec une pointe de racisme intolérable, l'exaspération d'un pouvoir devant un peuple qui lui tourne définitivement le dos. Le premier accuse la Kabylie de faire le lit d'Al Qaeda, le second, au contraire, de s'évangéliser. Comme si les évangélistes étaient des islamistes et inversement. Ils participent ainsi, chacun à sa façon, à une montée aux extrêmes entre la Kabylie et l'ordre en place.

La France qui avait méprisé la diversité identitaire des Algériens pendant la colonisation ne peut appréhender, de nos jours, la véritable nature du gouvernement algérien qui la contre depuis le 19 mars 1962. Si, depuis bientôt un demi-siècle, les relations franco-algériennes n'ont pas pu être empreintes d'un minimum de sérénité, il y a lieu de parier que cela ne changera pas de sitôt. En tant que Kabyles, nous regardons amusés la patrie des droits de l'homme, cette ancienne « fille ainée de l'Église », toujours nostalgique d'orientalisme, incapable de comprendre que la créature qu'elle a engendrée soit si dévorée par la passion islamiste et la haine de sa génitrice. En attendant, M. Manuel Valls, M. Laurent Fabius et, aujourd'hui M. François Hollande peuvent toujours se rendre à Alger où les doléances qu'on leur présente sont généralement aux antipodes des valeurs de la France.

Juin 2015

Deuxième lettre ouverte à François Hollande

Alors que la France s'interdit sur son territoire l'extraction des gaz et pétrole de schiste, François Hollande avait autorisé une société française à le faire sur les côtes kabyles.

Objet: Demande d'annulation du contrat d'exploitation de gaz de schiste dans les eaux territoriales de la Kabylie, octroyé par le régime militaire algérien à la compagnie française « CGG-Veritas », le 23 décembre 2012.

Monsieur le Président,

En 2010, après la catastrophe écologique et humaine de la plateforme pétrolière, Deepwater-Horizon, dans le Golfe du Mexique, l'UICN (Union Internationale pour la Conservation de la Nature et ses ressources) avait proposé un moratoire interdisant des forages offshores proches des zones peuplées. En soulignant le caractère extrêmement fragile et vulnérable de l'écosystème du bassin méditerranéen, notamment l'importance socio-économique des milieux naturels marins et côtiers de la Méditerranée, cette organisation internationale avait réitéré ses exhortations pressantes à l'adresse des États riverains de la Méditerranée. À cet effet, le Congrès mondial de la Nature, réuni à Jeju, en République de Corée, pour sa session du 6 au 15 septembre 2012, avait par le biais de la résolution WCC-2012-Rec-174-FR, demandé expressément aux États

Méditerranéens d'encadrer strictement le développement des politiques et des projets d'exploitation pétrolière offshore, en :

– refusant les permis d'exploration ou d'exploitation gazière, pétrolière ou de quelque autre nature, au large de sites naturels qui revêtent une importance nationale ou internationale, si des impacts potentiels et des risques nuisibles sont dûment identifiés.

– exigeant une application exemplaire de la réglementation, avec des études d'impacts complètes sur la biodiversité et par conséquent refuser ou suspendre tout projet d'exploration ou d'exploitation n'y répondant pas.

– refusant d'attribuer des permis d'exploration ou d'exploitation gazière, pétrolière ou de quelque autre nature en zone sismique ou à risque naturel connu et clairement identifié.

Cependant, ignorant toujours les recommandations des organisations internationales, comme à son accoutumée, le pouvoir militaro-mafieux d'Alger qui s'accapare les immenses réserves prouvées en pétrole et en gaz des peuples du Sahara, a annoncé fin 2013, à la surprise générale, sa décision de réaliser son premier forage offshore dans les eaux territoriales de la Kabylie, au large de la ville côtière de Vgayet (ex Bougie). Ne souhaitant pas vous faire endosser la responsabilité des risques de catastrophe à grande échelle encourus sur le double plan écologique et humain (protection des populations kabyles riveraines des côtes méditerranéennes), par le contrat d'exploitation qui a été attribué le 23/12/2012 par Alger à la société CGG-Veritas (Compagnie Générale de Géophysique-Veritas) de droit français, nous nous permettons, au nom du peuple kabyle, de vous interpeller sur une catastrophe humaine et écologique annoncée.

En effet, il est apparu à nos experts que la mise en œuvre des périlleuses opérations d'exploitation de ces gisements offshore pourrait engendrer des impacts majeurs et présentant des risques bien réels sur la vie des hommes et celle de l'écosystème à très grande échelle. Une catastrophe majeure d'une telle ampleur, si elle advenait, engagerait la responsabilité directe de la France. Aussi, l'État français ne saurait ignorer ses responsabilités morales et matérielles inhérentes aux désastreuses conséquences, non maitrisables, que la mise en œuvre de ce contrat provoquerait.

Monsieur le Président,

Du fait que le peuple kabyle ne dispose pas encore d'institutions officielles propres, internationalement reconnues, à même de veiller efficacement à la protection de ses intérêts supérieurs, au nom du peuple kabyle et de son Anavad (Gouvernement Provisoire Kabyle), je vous demanderais d'user des prérogatives que vous confèrent la Constitution et les lois de la République française pour intervenir d'urgence afin de résilier ce contrat. Je motive ma présente requête officielle par les considérations suivantes :

Considérations de santé publique, écologiques et environnementales :

Les seuls procédés industriels d'extraction de ces gaz de schiste permettant l'exploitation de tels gisements, avec un rendement acceptable, demeurent ceux basés sur la « fracturation » et la « perforation » hydrauliques. Cependant, ces méthodes sont unanimement jugées aussi dangereuses sur le plan sismique que hautement polluantes sur le plan sanitaire. C'est la raison pour laquelle votre ex-ministre de l'Écologie, madame Delphine Batho, déclarait le 20 juillet 2012 : « Nulle part dans le monde il n'a été prouvé que cette exploitation pouvait être mise en œuvre sans dégâts considérables sur l'environnement et avec les risques incalculables pour la santé ». En effet, les sources potentielles de risques sismiques et écologiques liés à ce procédé d'extraction sont nombreuses, notamment la mise en œuvre de fluides de fracturation (ou de perforation), composés de produits chimiques cancérigènes, à haut degré de toxicité. Une fois qu'ils atteignent les fonds marins s'ensuivra la destruction de ces derniers et la contamination à grande échelle de la chaine alimentaire qui portera gravement atteinte à la santé de nos populations.

D'ailleurs, cette technique expérimentée en Angleterre a provoqué, en 2011, les premiers séismes de cette île qui n'en connaissait presque plus depuis 1580. Or, vous n'êtes pas sans savoir que toute la rive sud de la Méditerranée est sujette à une sismicité des plus redoutables au monde. Quelles pourraient être les conséquences, y compris sur le sud de la France, si un mouvement tectonique venait à être provoqué par la mise en pratique de la perforation hydraulique au large de Vgayet ? Il va sans dire que la part de l'imprévisible est susceptible d'en démultiplier les effets dévastateurs.

Considérations juridiques :

Les eaux territoriales kabyles ainsi que les richesses naturelles qu'elles recèlent sont une propriété inaliénable de la nation kabyle. Tant que le statut juridique officiel de l'entité kabyle n'est pas encore défini démocratiquement et entériné à travers un suffrage universel de l'ensemble de ses citoyens, elle ne saurait, de quelque manière que ce soit, être définitivement considérée comme partie intégrante de l'Algérie.

En effet, j'ai le devoir de porter à votre connaissance qu'un grave contentieux subsiste toujours entre la Kabylie et les autorités d'Alger. La nation kabyle est en rupture ouverte avec le gouvernement d'Alger et ne prend plus part à ses élections depuis 1999. Aussi, à travers ses mouvements de masse, elle ne cesse de revendiquer officiellement son droit à son autodétermination pour clarifier définitivement son statut juridique tel que le lui confèrent les dispositions des textes et chartes reconnues par le droit international. Le libre exercice de ce droit restituera à la nation kabyle sa dignité et sa liberté et permettra à son peuple de protéger efficacement les ressources naturelles de son territoire au bénéfice de ses générations futures. Par ailleurs, nous le croyons, ceci sera bénéfique aussi bien pour la paix, la stabilité, la coexistence pacifique que pour la prospérité économique des peuples de l'ensemble du pourtour méditerranéen, dont la France.

Considérations d'éthique :

Sur le plan de l'éthique, je considère que ces gisements de gaz de schiste que recèle la Kabylie, s'ils venaient un jour à être exploités, selon de nouvelles technologies prémunissant la salubrité des populations et ne portant aucunement atteinte à l'équilibre écologique local et l'écosystème, devraient profiter avant tout au peuple kabyle et non à un régime militaire et assassin comme celui basé à Alger. Par ailleurs, votre Premier ministre, monsieur Jean Marc Ayrault, vient de déclarer dans une interview accordée au quotidien *Le Parisien* du 02/03/2014, qu'en France « la loi interdit aujourd'hui l'exploitation des gaz de schiste ». Il ajoute : « Il n'y a pas un euro prévu pour la recherche d'une autre technologie dans le programme des investissements d'avenir ». Aussi, me voyez-vous si désappointé d'apprendre que la France, par principe de précaution et pour la protection de ses populations et de son environnement, s'interdit l'exploitation de ce type de combustible fossile sur son propre territoire pendant qu'elle autorise ses entreprises à le pratiquer en Kabylie. Ne serait-ce pas là une autre attitude néocoloniale française ? Car, pour des considérations élémentaires d'éthique, il relève d'une telle évidence que ce qui est nocif, nuisible, voire létal pour le peuple français, l'est également pour le peuple kabyle. Si le régime colonialiste algérien s'empresse de brader à tour de bras, les richesses naturelles de la Kabylie, c'est en raison de sa conviction que l'avènement d'une Kabylie libre est non seulement inéluctable, mais aussi si proche. Il y pratique déjà la politique de la terre brûlée pour y miner l'avenir. Sinon, et ce malgré les conseils de prudence et l'avis négatif unanime de ses propres experts, comment expliquer qu'il s'entête tant à mettre à exécution l'irresponsable projet d'exploitation des gaz de schiste en offshore à Vgayet, par perforation hydraulique, autrement que par sa volonté de malveillance, voire par racisme, envers la Kabylie et le peuple kabyle ?

Monsieur le Président,

Le contrat confié par le pouvoir algérien à la compagnie française CGG-Veritas est une catastrophe humaine et écologique annoncée. Vous en porteriez, si elle advenait, toutes les responsabilités. La France a mieux à faire qu'à participer à la déprédation des richesses naturelles des peuples sans défense, comme ceux qui n'ont pas encore d'État reconnu. Elle gagnerait largement à aider le camp de la liberté contre celui des dictatures qu'elle a soutenues jusqu'ici. Elle s'honorerait à faciliter l'exercice du droit à l'autodétermination des nations comme celle de la Kabylie. L'émergence de celle-ci sur la scène méditerranéenne ne sera jamais de trop pour œuvrer de concert avec la France et les peuples méditerranéens pour la paix, la stabilité politique comme pour la prospérité économique dans la région.

L'Anavad ne manquera pas, dans les jours à venir, de proposer un moratoire à la communauté internationale pour que les pays et les entreprises étrangères s'interdisent de contracter avec le régime militaro-mafieux et illégitime d'Alger dans le domaine de l'exploitation des richesses minières kabyles.

Avec toute ma considération personnelle.

Paris, le 10 mars 2014

Autour du kidnapping et de la décapitation d'Hervé Gourdel

Après l'assassinat le 22 août 2014, d'un joueur de football camerounais, Albert Ebossé, dans les vestiaires du stade de Tizi-Ouzou, un alpiniste français, fut attiré dans un guet par les services algériens qui l'avaient livré à la mort en Kabylie. Les deux opérations consistaient à susciter auprès de l'opinion internationale, la condamnation de la Kabylie dont la diplomatie en faveur de son droit à l'autodétermination gagnait des sympathies. C'était pour mettre un terme à ces dernières que deux hommes furent lâchement assassinés.

Le kidnapping d'Hervé Gourdel, suivi de son assassinat par un groupe islamiste armé ayant fait allégeance à l'État islamique au Moyen-Orient, soulève à juste titre une grande indignation à travers le monde. Les Kabyles en sont à la fois horrifiés et révoltés. Ils sont profondément choqués d'apprendre le sort tragique réservé à ce malheureux citoyen français, mais ils sont particulièrement en colère que cet ignoble crime soit commis sur leur territoire. Ils s'en sentent salis, comme s'ils en étaient coupables ! Les médias internationaux, particulièrement les médias français, les accablent en présentant la Kabylie comme le fief d'AQMI et de l'islamisme. C'est pour rendre justice au peuple kabyle que je me sens en devoir de défendre son honneur, en remettant les événements dans leur contexte. Bien sûr, il n'y a pas pire aveugle que celui qui ne veut pas voir. Et dans un monde où l'information est d'abord émotionnelle, face à des images manipulées et présentées, pour certaines, sous un angle plutôt qu'un autre, mon écrit peut paraître dérisoire et donquichottesque.

En premier lieu, revenons sur le contexte du drame.

1. La Kabylie est laïque et anti-islamiste

Pour avoir investi dans sa quête de liberté et de reconnaissance de son identité, durant les trente années de dictature arabo-islamiste du FLN, la Kabylie, fer de lance du berbérisme, n'a jamais été gagnée par le raz de marée islamiste algérien. Toutes les élections pluralistes qui se sont déroulées depuis 1990 sont là pour le prouver.

La Kabylie est laïque depuis des siècles. Sa laïcité n'est pas le fait d'une décision violente à la turque, ou d'une loi à la française. Non ! Elle est simplement culturelle et répondait au besoin de liberté de chaque individu et de chaque village, mais aussi à la nécessaire solidarité entre tous. Bien qu'elle soit devenue majoritairement musulmane, elle a continué de cultiver la tolérance et le respect de toutes les croyances.

2. Le Terrorisme islamiste n'est pas kabyle.

Du fait que l'islamisme est basé sur l'arabo-islamisme, il ne pouvait que rencontrer l'opposition des Kabyles. Les terroristes islamistes, bien qu'il y ait parmi eux de rares recrues locales, sont pour l'essentiel des étrangers à la Kabylie. Ils viennent d'ailleurs.

Le terrorisme islamiste n'a été transféré en Kabylie qu'à partir de 1997, lorsque le pouvoir algérien avait conclu un accord de paix avec l'Armée Islamique du Salut (AIS). Pendant cinq ans de terrorisme ayant ravagé Alger et ses environs (1992-1997) la Kabylie faisait figure de pays voisin, paisible et sûr. C'était la Suisse locale. Malgré quelques rares incursions dont notamment furent victimes, Mohand Aouchta, Rabah Stambouli et Nabila Djahnine, le terrorisme islamiste sévissait plutôt ailleurs, mais surtout contre des Kabyles qu'il considère comme les seuls à lui être hostiles, dans leur écrasante majorité. Il assassinait à travers toute l'Algérie, mais on enterrait souvent en Kabylie (Tahar Djaout, Rachid Tigziri, Mahfoud Boucebci, Smail Yefsah, Katia Bengana, Hamid Mahiout....). Par ailleurs, les Kabyles furent les premiers à s'organiser et à prendre les armes contre eux, dès 1995.

3-) Le terrorisme islamiste est l'alibi pour l'occupation militaire de la Kabylie.

Le pouvoir algérien qui, dès son installation en 1963, s'était heurté à l'opposition armée de la Kabylie, n'a eu de cesse d'échafauder des plans pour humilier celle-ci et la dépersonnaliser, surtout par la politique de répression et d'arabisation. Même si la Kabylie était relativement épargnée par le terrorisme islamiste, c'est surtout chez elle que l'armée va le plus se déployer, pour ne plus la quitter.

L'accord signé entre le pouvoir et l'AIS avait besoin d'un bouc émissaire : leur ennemi commun, la Kabylie qui refusait de s'arabiser et d'accepter un État arabo-islamique. Mais la fin du terrorisme posait problème au régime algérien. Comment justifier en l'absence d'actes terroristes la présence de l'armée en Kabylie ? Il y a eu donc conspiration contre elle. Les terroristes sont autorisés à se venger contre les Kabyles comme ils le veulent, et l'armée est chargée de leur y garantir la liberté d'action et l'impunité. Ce sont les barrages militaires qui servent à ce jour de protecteurs de la libre circulation de ces nervis. Ce sont ces derniers qui viennent de revendiquer la décapitation d'un homme qui ne leur avait rien fait.

4-) Bouteflika n'a qu'un objectif : détruire la Kabylie par l'insécurité

Bouteflika est arrivé au pouvoir avec la ferme intention de détruire la Kabylie. Dès sa première campagne électorale (1999), il déclara à Tizi-Ouzou : « je suis venu dégonfler votre ballon de baudruche ! » À sa deuxième campagne, il dit à Vgayet (Bougie) où il fut accueilli avec des jets de pierres : « Kabyles ! De loin je vous voyais des géants, mais de près vous n'êtes que des nains ! » À son troisième mandat, il humilia la Kabylie en faisant courir derrière lui le fils d'un valeureux écrivain kabyle ;

il était chargé par les services algériens de mettre sur les épaules de Bouteflika qui faisait semblant de l'ignorer, un burnous, symbole de l'honneur et de la considération kabyles.

Il décréta une « concorde nationale et prit le parti des jeunes terroristes en disant que « si j'avais leur âge, je serais l'un des leurs ! » Au bout de deux ans de son premier mandat, il organisa la tuerie du « printemps noir » en Kabylie dans laquelle on dénombra près de 150 morts et des milliers de blessés, dont 1200 handicapés à vie. C'était l'occasion d'occuper militairement la Kabylie. Il commença à envoyer des troupes et à installer des casernes partout.

Ensuite, les kidnappings d'entrepreneurs commençèrent. Cela va permettre de semer la terreur en Kabylie.

Il organisa un référendum bidon boycotté par la Kabylie pour amnistier tous les crimes politiques et donna son aman aux terroristes islamistes qu'il a fini par envoyer en tant qu'imams en Kabylie.

L'étape d'après consiste à détruire la Kabylie par la désinformation.

Durant son dernier mandat dans lequel il n'a pas fait la moindre apparition publique, très diminué physiquement, sa volonté demeure de détruire l'image de la Kabylie.

Faute d'avoir réussi à la domestiquer comme il l'escomptait à son arrivée au pouvoir, il y a dix ans, il se promet d'en abimer l'image.

Le maintien du terrorisme en Kabylie, alors que celui-ci est quasiment inexistant ailleurs, permet de faire passer, auprès des médias internationaux et des chancelleries, la thèse suivante :

« Le pouvoir algérien se bat contre le terrorisme islamiste. Il fait de son mieux et il mériterait donc le soutien de l'Occident. Mais comme le terrorisme ne subsiste qu'en Kabylie qui se bat contre ce même pouvoir, donc ce sont les Kabyles qui seraient, sinon les complices des terroristes islamistes, du moins leurs alliés objectifs, leur rempart contre les assauts du pouvoir en place ! » Par conséquent, la Kabylie est à mettre au ban de l'humanité et le pouvoir algérien est à encourager dans sa lutte contre le terrorisme islamiste. Diabolique, mais ça marche!

Ainsi, de la Kabylie bastion de la démocratie et de la laïcité, grâce à l'insécurité que le pouvoir y entretient artificiellement, on en donne l'image de « bastion du terrorisme islamiste », de « fief de l'AQMI ».

On oublie de dire, ou en fait semblant d'ignorer que:

1) Les militaires algériens ne sont nullement entravés dans leur action par les populations kabyles. Ils s'y déploient en toute liberté.

2) Les Kabyles, s'ils ne sont pas d'accord avec le régime fasciste algérien, ils sont encore plus opposés aux islamistes.

3) Les militaires et les terroristes islamistes sont tous armés, seuls les Kabyles sont désarmés, et ce dès le début de l'apparition du phénomène terroriste en 1992-93.

5-1) Bouteflika: détruire la Kabylie par l'infamie.

Avant de quitter le pouvoir, Bouteflika s'est juré de donner le coup de grâce à la réputation de la Kabylie et des Kabyles en en donnant l'image la plus hideuse possible. Depuis la mise sur pied de l'Anavad, le Gouvernement Provisoire Kabyle en exil, Bouteflika jure de se venger par n'importe quel moyen. Il a donc sorti sa nouvelle tactique. Commettre des atrocités en Kabylie contre des étrangers et en accuser les Kabyles. De cette manière, il pense pouvoir, entre autres, en paralyser l'action diplomatique.

C'est ainsi qu'au mois d'août dernier, un joueur de l'équipe kabyle, d'origine camerounaise, fut assassiné dans les vestiaires du club à Tizi-Ouzou. Les services s'étaient auparavant chargés de créer des troubles et d'entrainer des jets de pierres des spectateurs sur les responsables de leur club. Ainsi, on présenta le joueur africain comme une victime de ces jets de pierres et non d'un assassinat organisé pour ternir l'image des Kabyles. Aucune des versions inventées de toutes pièces par les scénaristes du pouvoir n'est, jusqu'ici, invraisemblable.

Aujourd'hui, dans des conditions pour le moins suspectes, c'est un Français qu'on fait enlever au cœur même de la Kabylie et qui vient d'être décapité.

Hervé Gourdel n'a-t-il pas été carrément livré par les services algériens à ses ravisseurs ? Nous sommes fondés à nous poser cette question. Une information judiciaire vient d'être ouverte à Paris alors qu'à Alger, il n'en est encore rien. J'espère que les accompagnateurs de l'otage décapité seront entendus par les juges français.

Dans une version des faits, livrée par le site internet du quotidien « Liberté » (mercredi 24 septembre 2014, 9 h 50) par Salim Koudi, intitulée : « Enlèvement d'Hervé Gourdel, ce qui s'est réellement passé » on relève cet étrange détail : « les cinq accompagnateurs du Français ont été séquestrés dans la forêt avoisinant Aït Ouabane, durant toute la nuit de dimanche à lundi, avec Hervé Gourdel, avant d'être libérés dans la matinée. « Ils sont arrivés à Tikjda vers 16 h 30, hier (lundi, *ndlr*) après une marche à pied de plusieurs heures et se sont directement dirigés vers la caserne militaire. »

Pour quelqu'un qui connait la Kabylie, on ne peut marcher plus d'une heure sans tomber sur un village. Comment se fait-il que ces accompagnateurs libérés le matin n'aient pu atteindre qu'à 16 h la caserne de Tikjda ? On en tombe des nues ! Ils ont dû dormir en cours de route !

Par ailleurs, toute la presse algérienne fait état d'un déploiement de pas moins de 1500 militaires pour un ratissage sur les lieux de l'enlèvement. Cela n'a permis jusqu'ici ni de sauver la malheureuse victime ni de retrouver sa dépouille, encore moins ses ravisseurs. Pourquoi, avec tous les moyens modernes que le régime utilise pour la surveillance d'un territoire connu pour être désert comme le parc du Djurdjura, on soit devant un tel échec et aujourd'hui, un tel drame ? On en vient à déduire de deux choses l'une : ou cette armée est incompétente, ce qui est une insulte pour ses plus hauts gradés, ou on la promène au sens littéral du terme, c'est en faire le corps de tous les coups tordus dont le dernier a eu pour conséquence la décapitation d'un homme.

Ce que l'Occident devrait en retenir est que le régime algérien n'est digne d'aucune confiance puisqu'il n'a aucune crédibilité.

Le soutenir revient à couver le terrorisme qui, demain va s'infiltrer dans chaque chaumière et qui fera des villes européennes et américaines ce qu'il fait aujourd'hui de la Kabylie.

La Kabylie martyrisée, souillée par tant d'humiliations, a besoin de son propre État pour assurer sa sécurité et celle de son environnement. Seule une Kabylie indépendante est en mesure de garantir sur son territoire, voire au-delà, la sécurité des personnes et des biens.

Paris, le 25 septembre 2014

Le Rapport Stora :
La Kabylie face à la France et l'Algérie

Le président Emmanuel Macron, dans un souci d'apaisement des relations franco-algériennes, a confié à l'historien français d'origine algérienne, Benjamin Stora, la mission de lui proposer des solutions mémorielles. Le rapport ainsi rendu public, en janvier 2021, occulte totalement le rôle capital de la Kabylie dans le drame entre les deux pays. Cette réaction, parue sur le journal en ligne Causeur *recadre le débat sur le pivot de la guerre d'Algérie : la Kabylie.*

Le « rapport Stora » sur l'histoire de la colonisation française de l'Algérie, suscite des polémiques davantage sur ses recommandations que sur son contenu. Bien sûr, conformément à la lettre de commande du président Emmanuel Macron, il a pour mission non pas de réécrire l'histoire, mais de trouver des solutions pour une normalisation des relations entre les deux pays. Du côté français, on pense que ces relations sont empoisonnées par des « effets de mémoire » contre lesquels il y a lieu d'allumer des contre-feux que Stora a résumés en 21 propositions pour le moins controversées.

En réalité, un postulat de base erroné a entrainé une erreur de casting. Ce postulat suppose que c'est la mémoire de la guerre d'Algérie qui serait à l'origine de l'incapacité des deux pays à stabiliser leurs relations. Cela relève davantage de l'intuition que de l'analyse politique. La France a eu, avec ses voisins européens, des guerres autrement plus douloureuses et plus meurtrières que celle menée en Algérie, sans pour autant que cela pèse négativement sur leurs cordiaux rapports actuels.

Complexe d'Œdipe

Cette idée de base reflète la méconnaissance du type d'État mis sur pied en Algérie, à partir de 1839. Un État d'essence coloniale, en charge d'un territoire, tracé à l'équerre et trois fois plus grand que sa métropole, devait fatalement se détacher d'elle à un moment ou un autre de son histoire. C'est comme les cas de l'Australie, des États-Unis, du Canada ou de la Nouvelle-Zélande par rapport au Royaume-Uni, pour ne citer que ceux-là. Par ailleurs, basé sur des discriminations à l'encontre des autochtones, il assumait une forme d'Apartheid qui devait entrer en conflit avec les valeurs de la République. C'est dire que les velléités d'indépendance n'étaient pas que du côté des « indigènes ». Cela s'était vérifié lors de la tentative de putsch des généraux en 1961, quand ceux-ci comprirent que de Gaulle les lâchait. Si l'OAS avait remporté la guerre, ses partisans auraient de toute façon proclamé leur indépendance vis-à-vis de la France. C'est le complexe d'Œdipe à l'échelle des États. Cette volonté de défier la métropole a été exacerbée au lendemain de la passation de pouvoirs, en 1962, entre Paris et Alger, non pas à cause des douleurs de la guerre, ceux qui ont pris le pouvoir n'y avaient pas participé (c'étaient des « planqués » au Maroc et en Tunisie), mais à cause de ses multiples fragilités fondamentales. Depuis sa naissance à ce jour, l'État algérien est un État sans nation, chargé de gouverner des nations sans État (Kabyles, Touaregs, Chawis, Mozabites, Hartanis,...). C'est un État illégitime, car aucune de ses nombreuses constitutions n'est issue d'une assemblée constituante. Il ne peut donc survivre que sous forme d'une dictature qui, pour se donner un minimum d'assise sociale, se doit de verser dans une forme de populisme. C'est ce populisme qu'il doit nourrir en permanence par des défiances et des bravades contre la France (la cible évidente), mais aussi contre Israël, le Maroc et les États-Unis. Et quand il trouve un terrain sensible à son chantage, il pousse indéfiniment son avantage. C'est pour cette raison qu'il ne faut pas prendre au sérieux les récurrentes demandes de repentance émanant des officiels Algériens, car destinées à une consommation interne. L'un des mérites du « rapport -Stora » est justement d'y opposer une fin de non-recevoir. Quant à l'erreur de casting, elle réside dans le fait de demander à un historien d'apporter des solutions politiques qui ne relèvent pas de son domaine. Quand le politique a besoin de convoquer l'affect, il aurait été plus judicieux de s'adresser à un « psy ». L'historien n'est pas un bricoleur d'éteignoirs de « mémoires enflammées ».

L'impasse sur la Kabylie

Toutefois, quand bien même ce rapport n'avait pas à réécrire l'histoire, il n'avait pas à faire l'impasse sur la Kabylie qui, de bout en bout de la colonisation, était l'acteur principal de la résistance, puis de la guerre d'Algérie. Il prolonge scandaleusement, à son tour, un déni et une sanction historique officiels. La France a pardonné à l'Allemagne ses guerres les plus meurtrières, mais refuse de passer l'éponge sur la résistance kabyle contre sa domination coloniale. La Kabylie, d'essence démocratique, est la mère de la liberté et de la dignité face à tous ceux qui ont essayé de coloniser la région. Elle a combattu la domination turque, puis française et, aujourd'hui, elle se bat encore contre la domination algérienne. Ce rapport, en refusant de lui restituer sa place dans l'histoire liée à l'Algérie coloniale, loin de l'enterrer, lui fait juste constater que l'Histoire est un champ de batailles aussi impitoyables qu'interminables et dans laquelle elle se donne le droit de reprendre ce qui lui appartient. Et qu'on se le dise : tant qu'elle n'aura pas recouvré la plénitude de sa souveraineté, elle restera un facteur aggravant de l'instabilité régionale. Cependant, il faut écouter Stora dont le rapport ne doit pas être réduit à ses propositions mal accueillies. Il dit des vérités simples qu'il serait bon de prendre au pied de la lettre, telle que celle-ci : « Les polémiques sur le passé, de la conquête coloniale française au XIXe siècle à la guerre d'Algérie des années 1950, ne cessent de rebondir. Dans ces querelles incessantes, il est possible de voir la panne de projets d'avenir entre les deux pays ». Il n'y a pas que « panne », mais faillite de tout projet d'avenir entre la France et l'Algérie. Il serait temps que la France change de vision sur ses anciennes colonies. Il y a lieu de réaliser que le fait d'avoir fracturé délibérément des peuples par des frontières aux fonctions de rideau de fer, d'avoir fait des États pays comme des centres de concentration des peuples est un grand crime. Il ne s'agit pas de s'en laver les mains au prétexte que « celles et ceux qui détiennent entre leurs mains l'avenir de l'Algérie et de la France n'ont aucune responsabilité dans les affrontements d'hier » (dixit Emmanuel Macron). Soutenir, de nos jours, les dictateurs africains contre les aspirations des peuples à la liberté est du même ordre que le fait colonial ainsi dénoncé.

La Kabylie comme des centaines de peuples, en Afrique et en Asie, demande réparation non pas matérielle ou symbolique, mais politique : revenir, conformément aux conventions internationales, à l'exercice du droit des peuples à disposer d'eux-mêmes. Réhabiliter ce droit pour le peuple kabyle et pour tous ceux qui le demandent, participerait incontestablement à la reconstruction d'un monde et d'une humanité apaisés et réconciliés.

23 janvier 2021

Cinquième partie

La Kabylie dans le monde ou l'impérieuse nécessité d'admission dans le concert des nations

La Kabylie et son environnement international

Ce chapitre était destiné à mon tout premier livre, Algérie, la question kabyle *(Michalon, 2004). Sa formulation d'alors n'avait pas permis de le publier. Aujourd'hui, il trouve parfaitement sa place dans cette cinquième partie de ces 20 ans de réflexions dans le feu de l'action.*

Jusqu'en 2001, la Kabylie avait du mal à se concevoir en tant qu'acteur international. Son annexion à l'Algérie française lui a fait perdre son statut de pays et son accès à la diplomatie. Alors que le royaume de Bougie signait, jusqu'au XVe siècle, de nombreux traités avec les Européens, y compris avec le souverain pontife ; et qu'à sa suite, le royaume de Koukou entretenait d'excellentes relations avec celui d'Espagne, du XVIe au XVIIIe siècle, la Kabylie qui était un contrepoids à la piraterie ottomane de la Régence d'Alger, est anéantie militairement par la France en 1871. C'est en cherchant contre celle-ci, des alliances avec ses voisins nord-africains qu'elle va s'égarer et se laisser prendre au piège de l'indépendance algérienne. Ensuite, la guerre perdue contre l'Algérie (1963-1965) la prive à ce jour d'une reconquête de sa souveraineté et d'un retour sur la scène internationale. Après cette malheureuse entreprise, les élites kabyles n'ont pas pu se donner les moyens politiques et idéologiques d'une reprise en main de leur patrie. Pour reprendre ses forces, la Kabylie avait besoin d'un certain temps de récupération. Entretemps, la terreur politique du régime algérien la désoriente et la contraint plutôt à s'accommoder de son statut de région d'Algérie, au lieu d'envisager de s'en libérer.

Secrètement, ses intellectuels à la vision déformée par tant d'années d'égarement dans l'algérianisme, pensaient pouvoir conquérir, un jour, le pouvoir par la ruse et la démocratie et parvenir *in fine* à kabyliser l'Algérie. Une lubie et une erreur stratégique monumentale ! C'est ainsi qu'en attendant ce jour improbable, le peuple kabyle devrait patienter et endurer de criminels choix diplomatiques de ceux qui le dominent et, comme au temps de la France, regarder de nouveau impuissant, sa jeunesse envoyée mourir sur des théâtres d'opération (Palestine, Sahara marocain) dans des guerres qui ne sont pas les siennes. Dès lors que son destin continue de lui filer tel du sable entre les doigts, il ne lui reste qu'à prier pour que la sagesse, voire la pitié, imprègne ceux qui ont le droit de vie et de mort sur lui. Ce n'est qu'après le brutal et douloureux réveil du Printemps noir que la Kabylie s'aperçut que pour protéger ses jeunes de la violence armée du pouvoir algérien, il lui fallait démarcher les instances internationales. Mais au nom de quelle autorité allait-elle le faire ? Elle apprend à ses dépens que la diplomatie est le privilège des États dans la cour desquels elle n'a pas sa place. Même ce qu'elle espérait secrètement depuis les années 80, bénéficier d'une intervention occidentale sur la base du droit d'ingérence humanitaire, n'a pas eu lieu quand elle en a eu besoin en 2001. En effet, au Printemps noir (2001-2003), lorsque les autorités algériennes avaient ouvert le feu sur nos jeunes manifestants, nous nous sommes retrouvés désespérément seuls. La France avait timidement commencé à manifester de l'intérêt pour les événements qui secouaient durement la Kabylie et les télévisions françaises, elles au moins, massivement captées sur la rive sud de la Méditerranée, en relayaient l'information. Le Quai d'Orsay, par la voix de son ministre des Affaires étrangères, M. Hubert Védrine, avait même exprimé ses inquiétudes sur la situation qui prévalait chez nous. Mais à partir du 11 septembre 2001, une chape de plomb retomba sur notre drame. Nulle déclaration étrangère n'était venue réconforter la Kabylie et plus aucune information n'avait filtré dans les médias sur son malheur. C'est ce silence des puissances et des médias occidentaux qui nous a fait prendre conscience sur la nécessité de nous doter d'une diplomatie informelle pour alerter l'opinion internationale sur le drame kabyle.

Bien que les diplomates occidentaux, en poste à Alger, aient commencé à faire des déplacements en Kabylie pour s'entretenir avec ses acteurs politiques les plus en vue, leur démarche consistait davantage à rassurer leurs capitales sur le caractère pacifique de l'évolution de la situation kabyle qu'à les inciter à user de leur influence sur le gouvernement algérien pour arrêter la violence qu'il nous infligeait. C'est aussi depuis le 11 septembre, dans la foulée de sa mobilisation pour se protéger, que la Kabylie en est venue à exprimer ses propres positions sur des sujets d'intérêt international en organisant des marches de solidarité avec le peuple américain au lendemain des attentats terroristes contre les Twin Towers. Ses structures informelles ont envoyé des délégués et des communiqués à l'ambassade des USA tout en scandant quelques fois dans la rue des slogans en faveur d'Israël, par défiance à la position algérienne. C'est là le début d'un processus d'autonomisation de la vision politique de la Kabylie sur des événements qui agitent d'autres pays et d'autres peuples. Cela n'aurait pas été possible quelques années auparavant. C'est l'évolution du monde, la chute du Mur de Berlin et la mondialisation, qui nous ont amenés à entrer par effraction dans les couloirs feutrés de la diplomatie en vue d'impliquer l'environnement international dans la solution du conflit qui oppose Alger à la Kabylie. Partout en Europe et en Amérique du Nord, les Kabyles se mettent en mouvement pour sensibiliser l'opinion de leurs pays d'accueil ou d'adoption sur leur patrie d'origine, la Kabylie. Ainsi, des meetings, des sit-in et des marches ont périodiquement lieu là où ils se trouvent, depuis 20 ans. Les partis kabyles (FFS, RCD), insérés dans le système politique algérien et ayant démissionné de leur rôle de porte-paroles de la Kabylie, ont été disqualifiés par la rue pour parler en son nom, et ce fut la société civile kabyle qui essaya de faire entendre sa voix. L'Association des Taxis kabyles de Paris organisa en juillet 2001 un convoi jusqu'à Strasbourg où ses représentants furent reçus au Parlement européen dont une résolution en faveur du « peuple berbère de Kabylie » était adoptée, un mois auparavant. La communauté kabyle à travers le monde se mobilise. Aux USA et au Canada se sont tenus plusieurs sit-in devant la Maison-Blanche et de nombreuses conférences à New York, Washington, Philadelphie, San Francisco, Philadelphie ou Chicago ont eu lieu. Toutefois, et de manière résolue, c'est le MAK qui a enfourché le cheval de la diplomatie pour plaider la cause du peuple kabyle à travers le monde, aidé plusieurs fois par le Congrès mondial amazigh, une ONG pan-berbère.

Aujourd'hui, la Kabylie est placée, tant bien que mal, sur l'échiquier international et bénéficie de sympathies par-ci et de réticences par-là. C'est un processus qui ne peut qu'aller de l'avant à mesure que sa question s'internationalise et élargit son champ d'audience. Elle finira par avoir la reconnaissance à laquelle elle ouvre droit en tant que peuple déterminé à siéger aux Nations unies de tout temps, des pays accordent des représentations diplomatiques à des peuples en lutte, généralement armée, pour leur indépendance. De nos jours, la violence est récusée par tous à commencer par nous qui avons dès le départ refusé d'y recourir même en état de légitime défense. Pour donner plus d'efficacité à notre démarche pacifique, il ne nous reste que les moyens des technologies modernes de l'information et du lobbying. Pour ne pas subir éternellement la répression à huis clos, nous avons à recourir aux médias et aux relais politiques des grandes puissances. Ce n'est qu'ainsi que les cris qui fusent de la poitrine d'un jeune kabyle qui tombe sous les balles des policiers, des gendarmes ou des soldats algériens, seront entendus et pourront susciter partout, réprobation et condamnation du colonialisme algérien. C'est de cette manière que les « décideurs » basés à Alger apprendront à, au moins, réfréner leurs instincts de mort, faute de nous respecter ou de reconnaître la légitimité de notre aspiration à l'indépendance. Les États, les organisations non gouvernementales et tout ce que l'on désigne par le générique « instances internationales » sont à mettre devant leurs responsabilités face au drame kabyle. Un seul mot de leur part sur nous et c'est une victoire sur la violence et l'effusion de sang. La guerre et ses atrocités.

L'éventualité d'un nouveau massacre en Kabylie est à prévenir et cela nous oblige à continuer de sillonner le monde pour le sensibiliser aussi bien sur la légitimité de notre droit à l'autodétermination que sur le potentiel explosif qui découle du déni d'existence du peuple, doublé d'une répression chronique par les autorités algériennes. L'irruption de la diplomatie kabyle dans les couloirs des chancelleries est diversement appréciée. Il faudra probablement quelques années encore pour que cette démarche d'un peuple sans État, se posant en interlocuteur international, soit agréée par les plus sceptiques. Les habitudes mettent du temps à changer. Pour autant, beaucoup de portes nous ont été ouvertes et c'est l'essentiel pour nous. Le Mémorandum déposé à l'ONU en 2017 est un acte historique de premier plan. Envoyé à tous les chefs d'État des grandes puissances et des organisations politiques internationales, il est un jalon de notre reconquête de notre souveraineté. Nous savons tous que ce sont les intérêts qui mènent le monde et que tous les pays auxquels nous nous sommes adressés pèsent d'abord ce qu'ils peuvent tirer comme profit d'une éventuelle Kabylie émancipée et ce qu'ils risquent de perdre avec les autorités algériennes, en se prononçant en notre faveur. La Kabylie est aujourd'hui, très riche. Son dynamisme entrepreneurial, son potentiel touristique, ses forêts de liège, son sous-sol et ses ressources en eaux sont à même de lui garantir une florissante économie. Mais sa plus grande richesse réside en ses enfants et en leur potentiel intellectuel doublé d'un attachement viscéral à l'instruction, la modernité et leurs valeurs ancestrales comme la démocratie, la tolérance religieuse et le respect des droits humains. Enclavée dans un ensemble géopolitique globalement acquis à l'idéologie islamiste, elle peut montrer à son environnement immédiat, une fois indépendante, qu'il y a d'autres voies possibles que l'intolérance, et ce, sans pour autant avoir à perdre son âme ou à se faire phagocyter par le grand méchant loup qu'est pour eux l'Occident. La hiérarchie des intérêts a par ailleurs modifié la donne géostratégique. Tant que les intérêts économiques étaient supérieurs aux intérêts sécuritaires, particulièrement ceux des hydrocarbures, la Kabylie ne pouvait pas intéresser certains grands pays. Maintenant que le terrorisme islamiste a révélé leur point névralgique, et devant le déclin du pétrole comme source d'énergie mondiale, elle représente une chance et un enjeu d'une extrême importance pour la marche des peuples vers un monde de paix, de prospérité et de respect des règles démocratiques sur l'échiquier international. Son engagement pacifique pour la conquête de ses droits légitimes est un exemple à diffuser à travers la planète pour sortir des bourbiers tchétchène, palestinien, cachemiri, afghan, malien, ivoirien…

C'est ainsi que de nombreux députés européens ont montré de l'intérêt au cas kabyle. Mais le pays le plus réticent à l'émancipation de la Kabylie est notre deuxième pays, la France. Cette terre des savoirs et des Lumières, de nos passions et de notre chair, de nos rêves et de nos chimères, cette planète réputée inaccessible, mais que nous parvenons à atteindre grâce à la chance, qui d'un visa, qui d'une bonne étoile à traverser sain et sauf la Méditerranée sur un bateau pneumatique de fortune, cette France est l'Amérique des Kabyles. Malheureusement, la politique étrangère de ce pays est prisonnière de ses dogmes politiques quasi moyenâgeux qui l'empêchent de sympathiser avec le peuple kabyle. Et c'est dommageable pour nous comme pour lui. En restant crispée sur son modèle jacobin qui ne cadre pas avec la revendication d'indépendance de la Kabylie, la France risque de perdre toute l'Afrique du Nord, voire au-delà. Il est souhaitable que l'Élysée et le Quai d'Orsay en prennent enfin conscience et ajustent leur vision sur la Kabylie et sa légitimité à émerger en tant qu'État ami, sur la rive sud de la Méditerranée. C'est toute l'influence de la France dans ce sous-continent qui, à terme, en dépend.

La diplomatie est toujours en devenir. La sceller à des dogmes est préjudiciable au rang et aux intérêts de l'Hexagone. Peut-être avons-nous tort de ne pas démarcher les pays arabes proches du gouvernement algérien. En dehors du Maroc qui a une assise culturelle amazighe semblable à la nôtre, les États dits arabes ont les mêmes référents culturels et idéologiques que l'Algérie officielle. Leur différence d'alignement international ne nous est pas d'un grand secours puisqu'ils assimilent les Kabyles à d'autres Juifs et la Kabylie à un autre Israël. Nous devrions les rencontrer si tant est qu'ils en acceptent l'éventualité.

Forum social européen : La Kabylie et l'Europe

Le Forum Social Européen, dans son édition d'aujourd'hui, a eu du mal à faire une place à un débat sur la Kabylie. Les organisations moyen-orientales qui siègent dans son comité préparatoire ont manifesté une hostilité insoupçonnée à inscrire la question kabyle à l'ordre du jour des ateliers programmés du 12 au 15 novembre 2003. Cette opposition illustre toute la difficulté qu'il y aura, pour les altermondialistes, à construire une autre Europe et un autre monde avec les vieilles idées, les vieux réflexes et les vieux problèmes qui saturent encore l'actualité. Pour quelques « progressistes » associations, il faut que le « monde arabe » qui fait de la question palestinienne son cheval de bataille, occupe le maximum d'espace pour parvenir à le faire passer pour la seule victime du monde. Ainsi, pour faire entendre la voix des Arabes il faut éteindre toutes les autres ; pour amplifier la voix de la Palestine, il faut étouffer celle de la Kabylie. Décidément, l'humanité a encore un long chemin devant elle pour se concevoir solidaire.

Le Mouvement pour l'Autonomie de la Kabylie salue toutes celles et tous ceux qui se sont battus pour que nous soyons ce soir à cette tribune. C'est une victoire de la justice et du bon sens que d'avoir permis à la Kabylie de sensibiliser l'opinion internationale sur son drame et sa douleur afin de prévenir d'autres massacres de ses enfants, comme celui du « printemps noir » 2001, par un pouvoir algérien qui dénie aux Kabyles le droit d'être un peuple. Le Forum Social Européen pourra, sans aucun doute, tirer profit de l'étude de la question kabyle et de la façon dont agissent celles et ceux qui militent en faveur de sa solution. En effet, bien que se retrouvant depuis longtemps en situation de colonisée, d'opprimée, et depuis avril 2001 en situation de légitime défense, la Kabylie demeure pacifique et persévère dans sa volonté à résoudre son problème avec l'État algérien par des moyens démocratiques. De ce point de vue, la Kabylie est un autre Tibet, moins le Dalaï-Lama, et le dynamisme en plus. La démarche kabyle, en inspirant d'autres peuples encore opprimés, participe à l'apaisement des conflits dans le monde en les orientant sur des voies de solutions politiques négociées, ainsi qu'à éviter des guerres dont les séquelles psychologiques demeurent toujours autant de feux pouvant déclencher à tout moment d'autres incendies ou à transformer de jeunes idéalistes en bombes humaines, comme cela se voit ailleurs. Région méditerranéenne, proche de l'Europe, la Kabylie a surtout été pour la France une source de main d'œuvre depuis la fin du XIXe siècle. Aujourd'hui, il y a, approximativement, plus de deux millions d'Européens d'origine kabyle qui, en gardant le lien avec la Kabylie, y diffusent et nourrissent des valeurs qui jettent les ponts entre nos deux rives et génèrent une culture de la complémentarité, du respect de chacun et des vertus du dialogue aux antipodes du terrorisme et des intégrismes. La Kabylie, en étant une sorte de chancellerie de l'Europe sur le sol nord-africain, est une chance offerte à tous, à l'Europe comme à l'Afrique du Nord, de développer de fructueuses relations de coopération et d'échange équitable. Le FSE se doit donc d'intervenir par ses relais et ses médias pour faire connaître à l'échelle internationale le problème kabyle et pour arrêter la répression qui frappe en permanence son peuple.

Par sa détermination à construire son autonomie régionale, à se faire sans avoir à défaire l'Algérie ni à remettre en cause le principe de l'intangibilité des frontières héritées de la colonisation, elle montre à l'Organisation de l'Unité Africaine (OUA) la manière de solutionner, à moindres frais politiques, les conflits dont est grosse toute l'Afrique. En effet, cette dernière charcutée au gré des intérêts de l'Europe coloniale des siècles derniers, a de la peine à trouver la paix dans des pays où le pouvoir est avant tout affaire de domination militaire et d'une ethnie sur d'autres. La construction nationale pour chacun d'entre eux est, au mieux, une épreuve à haut risque lorsqu'elle n'est pas qu'un leurre. Dès lors que la démocratie y est synonyme de la mort des peuples et des identités minoritaires au profit de la communauté ethnique majoritaire, dès lors que la démocratie y est gangrenée par des relents de racisme, elle constitue une menace permanente contre la paix. Seuls des systèmes fédéraux ou d'autonomies régionales sont en mesure d'apporter la stabilité politique et la paix civile dans les pays africains. L'humanité est interpellée pour pousser l'Afrique et les ex-colonies en Asie, vers des conceptions de pouvoirs régionaux afin d'atténuer les tensions nationalistes à l'intérieur de chaque pays. La prospérité des peuples en dépend. Le Forum Social Européen qui aspire à changer le vieux continent en attendant de changer le monde a également à repenser les flux migratoires humains. De tout temps les hommes et les femmes fuient la misère et la guerre, partent à la recherche de la vie et de la liberté. Les quatre-vingt mille Kabyles sans-papiers en France sont de ceux-là. Ils ne sont pas là pour s'enrichir, mais pour se mettre à l'abri du danger en attendant que leur chère terre de Kabylie retrouve enfin calme et sérénité qui leur permettront, demain, d'en faire le bastion du respect des libertés, des droits humains et de la justice sociale. Ils sont aujourd'hui acteurs dans le FSE et participent à la construction d'un autre monde plus humain et plus équitable. Si ce Forum les abandonne aux charters de rapatriements que voudrait affréter le gouvernement français, en accord avec celui d'Alger, il aura failli à sa mission de bâtir un autre monde en fermant les yeux devant le crime de les livrer à leurs bourreaux. Les Kabyles sans-papiers ouvrent droit à une régularisation de leur situation en France en tant que réfugiés de guerre.

Saint-Denis, le 13 octobre 2003

Israël : Cheval de Troie ou bouc émissaire ?

Exposer le vendredi 27 mai dans l'hémicycle de l'Assemblée nationale française les risques majeurs d'une guerre civile en Algérie lorsque l'État est amené à faire croire « à l'Algérien moyen que les Kabyles seraient de nouveaux Juifs et la Kabylie un autre Israël ».

Pour les Algériens, en général, Israël est, à coup sûr, le mal absolu érigé en État. Pour le commun d'entre eux, il est l'émanation la plus perfide des chrétiens et de l'Occident, leur poste avancé dans la région, pour détruire l'islam et le « monde arabe ». Par conséquent, la guerre contre lui serait légitime et pourrait être considérée comme une guerre sainte dont la finalité, qui est sa destruction, devrait aussi s'accompagner de l'extermination des Juifs. Ainsi, il n'est pas rare de rencontrer des individus regrettant qu'Hitler, en son temps, n'ait pu aller au bout de ses horribles projections. Les principaux responsables de cet État de fait ne sont autres que les plus hauts dirigeants du pays qui, depuis des décennies, font du matraquage médiatique contre Israël une préoccupation de tous les instants. C'était, je me souviens, à l'occasion de la guerre des Six Jours (juin 1967) que Boumediene, en expédiant au Moyen-Orient un contingent d'élite de l'armée algérienne composé presque exclusivement de Kabyles qu'il aimait tant envoyer au charbon, avait déclaré : « Nous sommes avec la Palestine, qu'elle ait tort ou raison ! ». La messe était dite.

À partir de cette date, les propos officiels diffusés par les médias contre Israël étaient d'autant plus redoutables qu'ils ne souffraient d'aucun contre discours à même d'en tempérer la teneur chez nos compatriotes. C'étaient des incitations quotidiennes à la haine des Juifs, assimilés collectivement à « l'entité sioniste », expression par laquelle était désigné Israël dont l'Algérie ne reconnaît toujours pas l'existence et qu'elle accuse de tous les maux sur la terre. Le parti unique était l'opinion unique. Sans être « psy », chacun peut deviner les ravages que de tels messages peuvent générer comme réflexes et attitudes négatives chez les individus et les groupes qui leur étaient soumis. Malgré cela, une frange de la société, particulièrement la Kabylie, et quelques rares élites refusaient d'en être victimes. En effet, au lendemain de l'inattendue poignée de main à Rabat entre Ehud Barak et Bouteflika, derrière le cercueil du roi Hassan II, des journalistes d'Alger décidèrent de se rendre en septembre 1999 en Israël. Ils voulurent dédramatiser le contact avec ce pays et ouvrir la voie à une relation d'État à État. L'initiative tourna court. Ce fut un tollé général dans les médias publics et arabophones et jusqu'à la présidence de la République qui les accusèrent de « haute trahison » suite à ce voyage chez « l'ennemi ».

En septembre 2003, en acceptant une invitation de m'exprimer sur un plateau de TFJ, pourtant télévision française, j'avais reçu de nombreuses menaces de mort. Comme vous le constatez, je suis toujours vivant. Hélas! Ce n'est plus le cas pour mon fils aîné qui a été assassiné le 19 juin 2004 à Paris (lire l'article de Guy Millière). En cultivant la haine du Juif en Algérie, l'État est parvenu à y instaurer un terrorisme politique et intellectuel qu'il est encore très dangereux de braver. Quant à la Kabylie qui est opprimée au nom de l'arabo-islamisme, elle espérait en vain depuis longtemps un regard, une compassion de la part de la communauté internationale, Israël compris, pour aller de l'avant, défendre ses droits démocratiques et ses enfants. De ce fait, elle n'hésite pas, souvent par défi au régime en place, à exprimer dans la rue son soutien à l'État hébreu.

Le 22 décembre 2001, lors d'une manifestation à Tizi-Ouzou, l'une des capitales de la Kabylie, j'étais le témoin privilégié d'un événement que je croyais jusque-là impossible. Lors d'une marche de protestation contre l'arrestation de quelques délégués populaires kabyles, un très grand carré de jeunes manifestants qui se faisait filmer devant l'hôpital de la ville, scandait en arabe, d'une seule voix : « *Djich, chaab, maa-k a Sharon !* », c'est-à-dire, « l'armée et le peuple sont avec toi Sharon ! » Dans un pays dit arabo-musulman, c'était plutôt osé. Ce n'était là, bien sûr, que la monnaie de la pièce rendue au parlement algérien qui, quelques jours auparavant, avait observé une minute de silence à la mémoire du jeune Palestinien tué par une balle perdue de l'armée israélienne, alors que nos députés avaient superbement ignoré la centaine de jeunes manifestants kabyles que les gendarmes algériens venaient d'abattre de sang-froid. Autrement, le peuple kabyle souhaite vivement que la paix se fasse entre Israël et ses voisins.

Cependant, si Israël est un véritable bouc émissaire pour les masses arabes, il est aussi un excellent Cheval de Troie pour leurs dictatures en place. En manipulant leur opinion publique à travers la condamnation quotidienne du « sionisme », ces régimes se relégitiment en permanence et repoussent chez eux, chaque jour un peu plus, l'échéance d'une ouverture démocratique et d'une alternance au pouvoir. En Algérie, il est courant de faire diversion à l'intérieur du pays en associant Israël à la Kabylie pour légitimer la répression contre celle-ci et contre l'émancipation du peuple kabyle. En se révoltant en 1980, la Kabylie fut accusée d'avoir été à la solde de l'étranger et du… Mossad. C'est ce genre de dérive qui, petit à petit, a amené l'Algérien moyen à prendre les Kabyles pour de nouveaux Juifs et la Kabylie pour un autre Israël. Bouc émissaire, Israël l'est aussi pour la France de ces toutes dernières années qui estime qu'il est au service exclusif des États-Unis, contre les intérêts de l'Europe en général et de l'Hexagone en particulier. C'est, entre autres, sous cet angle de vue que l'on peut comprendre la relance de la « politique arabe » de la France chiraquienne.

Dans ce cas, la Palestine et les Arabes ne seraient, à leur tour, que son cheval de Troie.

En fait, de notre point de vue, Israël et la Palestine sont disposés de manière symétrique sur l'échiquier international. Quand l'un est le bouc émissaire d'un pays, l'autre en est son cheval de Troie et inversement. Dans l'imbroglio des intérêts géopolitiques du monde d'aujourd'hui, on fait toujours, qu'on le veuille ou non, le jeu de quelqu'un d'autre. Tout dépend de quel côté on se place. Avec les très nombreuses interférences et interactions des acteurs internationaux, il est difficile de se soustraire au statut de coupable idéal. Celui qui parmi ces derniers détient la puissance médiatique sur un territoire donné y désigne l'accusé et prononce la sentence.

Malgré cet État de fait, doit-on pour autant renoncer jusqu'à sa propre existence pour ne pas encourir les foudres de guerre de ceux dont on contrarie les desseins et à la volonté desquels on refuse de se plier ? Pour ne pas être taxé de pion d'un côté ou désigné comme victime expiatoire de l'autre, devrait-on se laisser faire dans un monde où il n'y a pas de place pour les faibles ? Ne devrait-on pas plutôt regarder chaque partie d'un conflit pour ce qu'elle est pour elle-même et non pour les autres, pour ce qu'elle revendique et non pour ce dont on l'accuse ? Il y a certes des « marionnettes » politiques un peu partout, dans chaque pays et à travers le monde entier. Mais force est de reconnaître que les acteurs qui en acceptent le rôle ne le font que par intérêt, par diversion et rarement sous la contrainte. En vérité, non seulement ils ne se laissent pas faire, mais ce sont eux qui manipulent le marionnettiste. Dans cet ordre d'idées, je pense qu'Israël et la Palestine sont des acteurs majeurs qui n'ont aucunement besoin d'aller prendre leurs ordres chez l'Occident ou chez les pays arabes et/ou islamiques, tout comme la Kabylie qui revendique son autonomie régionale n'est inféodée qu'à sa propre aspiration à vivre dans la dignité, la liberté, la démocratie et la paix. En réalité, chacun d'entre ces deux acteurs agit en fonction de ses propres intérêts et non en fonction de ceux de ses pseudo tuteurs. Le monde politique gagnerait énormément à se départir de ce réflexe manichéen qui consiste à diaboliser tout adversaire ou tout acteur pour lequel on n'a pas encore prévu de case dans laquelle il serait neutralisé.

Chaque peuple a le droit de vivre sur sa terre et d'être respecté par son environnement dès lors qu'il respecte lui-même celui-ci. C'est de cette façon que le monde deviendra celui de la paix à la place de celui de la guerre, celui de la coopération et du dialogue entre les peuples plutôt que celui des conflits et des égoïsmes, celui de l'ouverture sur les autres au lieu de celui des replis sur soi.

Assemblée nationale française lors du colloque AFIDORA,
le 27 mai 2005

La guerre du Liban, vue de Kabylie

Pour, entre autres, se substituer au fragile État libanais, tester la vigilance d'Israël et sa capacité de riposte ou tout au moins faire condamner « l'entité sioniste » par l'opinion internationale, pour faire diversion sur des régimes en difficulté au plan international, mais qui le sponsorisent, le Hezbollah a commis des actes belliqueux, à partir du Liban, contre « l'ennemi sioniste ». Il s'en est suivi, du 12 juillet au 14 août 2006, une guerre atroce dont, heureusement un cessez-le-feu vient d'être conclu sur pression des Nations Unies. Il faut souhaiter qu'une paix définitive puisse s'établir le plus tôt possible dans cette partie du monde. Nous revenons sur ce conflit après ce silence des armes, hélas encore fragile. Quels en sont les facteurs nouveaux? Quelle a été l'attitude des pays arabes et quels en sont les conclusions, non pas pour le Liban et le Moyen-Orient, mais pour nous, l'Algérie et le monde?

La nouveauté dans la conduite de la guerre, aujourd'hui, est l'apparition de deux facteurs qui, jusqu'à un certain degré, influent sur l'issue des combats: l'opinion et la géopolitique. La prise en compte de la force des médias, des images qu'ils diffusent, d'une part et de l'environnement international d'autre part, est une nécessité pour les stratèges et les états-majors. Leur négligence par l'une des parties au conflit peut s'avérer désastreuse sur le but recherché. Il en est ainsi de ce qui s'est passé pendant plus d'un mois au Moyen-Orient où le Liban a été de nouveau le théâtre d'une guerre dont les civils, particulièrement des femmes et des enfants, ont fait chaque jour les frais. Les images insoutenables qu'en ont diffusées en temps réel des télévisions friandes de films d'horreur ne pouvaient laisser indifférents ceux qui les voyaient. La conscience humaine, qui en est salutairement heurtée et révoltée, n'accepte pas ces carnages incessants que provoquait le déluge de feu s'abattant sur le sud du Liban et le nord d'Israël. Seule la logique de guerre y restait insensible. On le sait maintenant : une guerre qui ne trouble pas l'opinion finit souvent par dépérir d'elle-même. Le conflit entre l'Irak et l'Iran, on s'en souvient, s'était éteint de guerre lasse après avoir, huit années durant (1980-1988), lamentablement échoué à émouvoir et à mobiliser l'opinion internationale. L'opinion est devenue un enjeu important pour les belligérants. Elle est une sorte de renfort de troupes qui ne se dépêchent pas sur le théâtre des opérations, mais qui, composées de téléspectateurs, d'auditeurs de radio ou de lecteurs de journaux et magazines, commencent à influer sérieusement sur l'issue des conflits à travers les cris d'indignation qu'elle fait entendre de plus en plus fort des quatre coins de la Terre. Ainsi, en cette ère de la mondialisation et du multimédia, la communication fait plus que jamais partie de la guerre. Communiquer c'est faire de la propagande, c'est-à-dire désinformer, mentir, travestir les faits. Lorsque l'image vient conforter votre message, vous faites mouche à coup sûr. On en déduit que, présentées d'une certaine façon, les larmes sont des armes. Redoutables. Par l'entremise de l'image, elles transforment une victoire militaire en une défaite politique en montrant les pertes humaines et les destructions que l'ennemi a dû commettre pour en sortir gagnant. La guerre est une horreur absolue. Il n'y en a pas de propre. De nos jours, le vainqueur est toujours passible du Tribunal Pénal International (TPI). Et, dans l'affaire du Liban, le Hezbollah, défait militairement, est quand même arrivé à ses fins en amenant Israël à frapper là où les dégâts collatéraux sont ahurissants : les bâtiments habités à partir desquels les miliciens islamistes tiraient leurs roquettes contre les villes « ennemies ». Israël a, dès son engagement, gagné la guerre sur le plan militaire, mais il l'a perdue sur le plan politique à cause du peu de soin qu'il a porté à la gestion de son image et du peu d'intérêt qu'il a accordé à son environnement international. Les rapports de forces entre puissances étrangères induisent toujours des interférences sur le moindre conflit éclatant çà et là à travers la planète. Depuis que la division binaire du monde selon Yalta est reléguée au musée de l'Histoire, les déséquilibres actuels, issus de la chute du Mur de Berlin, révolutionnent les relations internationales. Les velléités d'une Europe candidate à l'occupation de la place de l'ex-Bloc de l'Est, face aux États-Unis, a amené la majorité de ses pays à une position plus favorable aux Arabes contre Israël. Loin de nous l'idée de le lui reprocher, elle défend ce qu'elle pense être ses intérêts du moment. Nous constatons juste que pour notre malheur, et nous pensons pour celui des Européens également, elle donne de la voix au Hezbollah que l'on n'hésite plus à présenter comme « La résistance libanaise ». Au lieu de lui faire endosser au moins une part responsabilité dans le malheur et la destruction de son pays à travers les actes de provocation dont il s'était rendu coupable et par lesquels il a déclenché la violente réaction d'Israël, on est en train d'en faire le futur dictateur du pays. Au lieu de le démasquer comme l'un des pions, avec le Hamas palestinien, d'une nébuleuse internationale terroriste islamiste, on est en train de lui conférer une respectabilité internationale qu'il ne manquera pas de retourner demain contre ses soutiens d'aujourd'hui en Europe, l'Occident et tout ce qui ne sera pas chiite. Continuer à en faire le symbole d'une résistance nationale contre l'occupation israélienne, c'est disqualifier ipso facto toutes les autres forces politiques libanaises à postuler, demain, à la moindre légitimité à gérer leur pays. Tous ceux qui entretiennent l'amalgame entre peuples libanais et Hezbollah contribuent, consciemment ou non, à piéger l'avenir de la paix et de la démocratie non seulement au Liban, au proche Orient, mais, aussi, en Afrique du Nord, en Europe même et à travers le monde entier.

Par ailleurs, concernant ce conflit, il me semble qu'il a fait l'objet d'une surmédiatisation, d'une médiatisation disproportionnée par rapport à son ampleur. Bien entendu, si cela n'obéissait qu'à des considérations strictement morales, nous nous en réjouirions. Chaque vie épargnée est une victoire de la raison et de l'Humanité sur la cruauté et la bestialité. Il fallait que cette barbarie au Liban cesse au plus vite, mais il y avait et il y a toujours lieu de mobiliser aussi par l'entremise de ces mêmes médias cette même opinion internationale pour arrêter les violences au Sri Lanka, en Côte d'Ivoire, en Somalie, en Irak, en Afghanistan… D'un autre côté, il ne faudrait pas que cet arrêt des hostilités au Liban ne soit qu'une trêve qui serait mise à profit par les islamistes pour compromettre un peu plus, et pour longtemps encore, toute solution définitive sur cette terre trop martyrisée, trop brûlée, cette terre qui, peut-être plus que toute autre au monde, a besoin de paix, de réconciliation et d'amour. Il faut en extirper les germes de la haine et du racisme. La résolution 1701 des Nations Unies devrait être mise en application en aidant l'État libanais à se réapproprier le monopole des armes sur son territoire. L'Occident aurait tort de ne considérer, à l'instar de l'Amérique à l'étranger, que ses intérêts à la place de ses valeurs. Personne ne semble avoir tiré toutes les leçons du 11 septembre 2001. Pourquoi n'a-t-il pas mobilisé et ne mobilise-t-il toujours pas, comme il le fait pour le Liban, son opinion pour le Darfour où des centaines de milliers de personnes ont été tuées et continuent de l'être et où des millions d'autres ont été déplacées par les milices se réclamant de l'arabisme et de l'islamisme ? Doit-on fermer les yeux devant des massacres et des exactions commises par des communautés ou des institutions dès lors qu'elles sont arabes et/ou musulmanes ? A-t-on le droit d'opprimer, de réprimer des peuples et de violer tous les droits humains dès lors qu'on se réclame de l'arabisme ou de l'islamisme comme c'est le cas en Algérie par rapport à la Kabylie ? Les victimes des violences politiques ne seraient-elles pas égales, n'auraient-elles pas le même statut selon qu'elles sont d'une origine ou d'une autre ? N'y a-t-il pas danger de racisme humanitaire ?

La réaction des pays arabes au drame libanais a versé dans le délire médiatique anti-israélien. Il est inutile de dire qu'il a toujours observé un silence coupable lorsqu'il s'est agi de la Kabylie. Les télévisions officielles et privées ont matraqué, et continuent toujours de le faire, leur opinion à longueur de journée avec des images insoutenables enrobées de discours haineux contre l'État hébreu. D'ailleurs, les 3500 roquettes tirées par « la résistance libanaise », autrement dit le Hezbollah, ont toutes été présentées comme autant de victoires et de hauts faits d'armes du mouvement chiite qui a déjà rongé et liquéfié l'État libanais. Leurs pauvres victimes civiles comme une bénédiction de Dieu. On attise la haine du Juif au Proche Orient et on récolte dans « le monde arabo-musulman » des vocations de Kamikazes prêts à se faire exploser, n'importe où dans le monde, pour la cause d'Allah y compris contre leur propre patrie et contre leurs coreligionnaires, leurs frères de religion. Pourquoi, les sunnites d'Irak assassinant, chaque mois depuis trois ans, deux mille chiites ou Kurdes en moyenne, ne révoltent-ils personne dans les pays arabes ? Massacrer d'autres Arabes parce qu'ils sont chiites, d'autres musulmans parce qu'ils sont kurdes serait de la « résistance » comme toutes ces télévisions les présentent généralement ?

En Algérie, pays qui se considère parmi ceux dits « arabes » le discours officiel et les médias publics participent tous d'une entreprise de mobilisation en faveur des soldats du Hezbollah en tant qu'incarnation de la résistance nationale libanaise contre « l'ennemi » et « l'agresseur » sioniste. Les dirigeants algériens feignent-ils d'ignorer qu'en incitant le citoyen à la haine contre l'ennemi israélien, ils sont en train d'encourager la « résistance » islamiste contre l'État algérien lui-même et la société tout entière ? Les 3500 terroristes libérés depuis quelques mois pour cause de « réconciliation nationale » décrétée en dépit du Droit et du bon sens vont-ils se contenter de se tourner les pouces devant ces discours ? Ces terroristes élargis ne sont-ils pas en train d'être confortés dans leur conviction que seule la violence paie ? Ne sont-ils pas renforcés dans leur foi en la victoire prochaine du règne d'Allah sur terre, de la mise sur pied d'un Califat arabo-islamiste régi par la charia sur toute l'étendue des pays musulmans actuels dont les frontières vont être abolies et les identités fondues dans la « oumma islamique » ? En tous les cas, dans notre pays, la solidarité au nom de l'Islam et de l'arabisme est en train d'opérer. Même le FFS, en Kabylie, en semble gagné. Ses élus régionaux, plus royalistes que le roi, viennent même de voter, à Vgayet, une aide de 7 millions de dinars pour le Liban, ce qu'ils n'ont pas fait pour les victimes du « printemps noir » de Kabylie. Curieusement, seules ces assemblées kabyles auraient été « discrètement sollicitées » pour prendre position sur la guerre du Liban afin de les médiatiser. Qu'Oran et Constantine condamnent Israël n'intéresserait personne en haut lieu. La voix de la Kabylie est, apparemment, si forte à l'étranger que le régime la recherche désespérément pour son image de marque à l'extérieur du pays. Nous nous demandons toujours pourquoi, chez les Algériens, cette solidarité si prompte à se manifester dès qu'il s'agit des Arabes et du Moyen-Orient est si inexistante lorsqu'il s'agit des malheurs qui touchent la Kabylie et son peuple. Pire ! À chacun des drames de notre région, il y a comme une jubilation mal contenue çà et là, sur le territoire national. Il n'y a qu'à voir les réactions de Louiza Haboune qui vomit tout ce qui est kabyle, de feu Nahnah ou de son successeur, de Belkhadem ou d'artistes sur scènes dont, par mépris, nous taisons le nom… D'un autre côté nous nous étonnons chaque jour de la manière dont, en matière de morale, les donneurs de leçons s'assoient chaque soir sur les principes qu'ils énoncent le matin, particulièrement chez les acteurs politiques occidentaux. N'est-il pas venu le temps de se pencher, avant tout sur les conflits armés existants pour les régler, mais aussi d'envisager des solutions politiques à tous ceux qui risqueraient d'éclater ? Il faut le dire ! La colonisation, puis la décolonisation de l'Afrique et de l'Asie nous ont légué un monde d'injustices et de déséquilibres épouvantables. Elles ont fait de ces deux continents une poudrière dont, aujourd'hui, personne ne peut empêcher les explosions.

Maintenir en l'état, par des artifices, le monde anciennement colonisé reviendrait à léguer, à notre tour, aux générations futures des conflits capables d'anéantir jusqu'à l'espèce humaine. La tutelle internationale qu'exerce encore les ex-métropoles sur leurs anciennes colonies ne participe en aucune façon d'une démarche de paix, de prospérité entre les peuples qui sont ainsi sacrifiés sur l'autel de la logique des États en place et de la géopolitique. La ministre française de la Défense, répondant le 13 juillet 2006 sur une radio parisienne à un journaliste lui demandant « pourquoi n'envisage-t-on pas de solution fédérale pour le conflit qui sévit en Côte d'Ivoire ? » répondit, je cite de mémoire : « Vous vous rendez compte de ce que cela risquerait de provoquer ? Toute l'Afrique est candidate à des solutions de cette nature ! » Ne vaut-il pas mieux, Madame Alliot-Marie, pour l'Afrique, d'être candidate aux solutions fédérales et d'autonomies régionales à la place de celles du génocide rwandais et des guerres civiles au Tchad, en Somalie, en Côte d'Ivoire, au Cachemire… ? En tous les cas, la Kabylie souhaiterait une solution politique à tous ces drames et, pour ne pas revivre le sien, elle exprime son aspiration à disposer de son autonomie régionale et de la reconnaissance de son peuple.

La guerre du Liban dont le destin vient d'être scellé par l'action israélienne et les négociations menées par les USA et la France à l'ONU marque une nouvelle étape de l'évolution des relations internationales dans le cadre d'une mondialisation qui se fait au forceps. Le monde est à refaire dans tout ce qui a été l'espace colonial des XIXe et XXe siècles. Et si l'on n'y prend garde, des images comme celles qui nous sont parvenues du Liban, vont nous arriver de ces deux continents, de plus en plus massives, de plus en plus violentes et barbares. L'opinion, elle aussi, devrait apprendre à distinguer le grain de l'ivraie sinon, avec les déchaînements des passions que l'information et ses images diffusent de plus en plus en temps réel, bonjour les dégâts !

Kabylie, le 15 août 2006

Gaza : coup d'État du Hamas

Les Palestiniens, pris en otage dans la Bande de Gaza, souffrent le martyre en servant de bouclier humain dans une guerre qui leur est imposée par les milices islamistes du Hamas et leurs alliés de Damas et de Téhéran. Les médias à l'origine des clameurs d'indignation qui montent des quatre coins du monde face aux horreurs d'une guerre retransmise en direct et dont se saisissent des propagandistes passés maîtres dans la manipulation de l'opinion internationale, seraient plus avisées de se retourner contre les bourreaux de la liberté des Palestiniens, c'est-à-dire les intégristes du Hamas, émules de Khomeiny et de Ben Laden.

C'est pendant la guerre du Liban, en été 2006, que la maîtrise de cette ignominieuse ingénierie a été acquise.

La méthode est restée simple et d'une terrible efficacité. En premier lieu, il faut amener Israël à la faute en le provoquant par des tirs de roquettes à partir de quartiers populeux, d'écoles ou d'hôpitaux afin que sa riposte touche inévitablement le plus de civils possible, des femmes et des enfants de préférence. On en montre, ensuite, à la télévision les corps déchiquetés et le tour est joué. Les condamnations pleuvent et Israël apparaît aux yeux du monde comme le Barbare du XXIe Siècle, alors qu'il ne fait que défendre son droit à la vie, droit contesté sans ambigüité et ouvertement par les islamistes de tout bord. Cependant, l'opinion occidentale qui s'arrête souvent à l'émotionnel ne voudrait ni voir ni comprendre les raisons du réflexe militaire israélien. Celui-ci n'aurait qu'à ne pas tomber dans le piège de ses ennemis. Elle oublie qu'en réagissant de la sorte, elle encourage à Gaza ce qu'elle diabolise chez elle : le terrorisme islamiste. Ignore-t-elle aussi que les intégristes islamistes considèrent Israël comme une entité impure et illégitime ?

Le 9 janvier 2009 à Alger, les islamistes sont redescendus dans la rue. À aucun moment, ils n'ont scandé de slogan en faveur de la Palestine. Ils ont crié : « Par nos vies, par notre sang, nous te sauverons, Ô Hamas ! »

Ainsi, derrière la réprobation internationale des horribles conséquences de cette situation, s'opère en réalité, une monstrueuse supercherie, un coup d'État dont le monde libre pourrait pâtir. On délégitime l'autorité palestinienne et son Président Mahmoud Abbas. On enterre le Fatah républicain au profit des intégristes du Hamas, dont on fait insidieusement le vrai représentant des Palestiniens, comme on a érigé en 2006 le Hezbollah au rang de seule force politique libanaise. Comme lui, le Hamas ne brandit pas le drapeau de sa patrie, il brandit ceux de l'Arabie Saoudite et de l'Iran, considérés comme la bannière de l'islam. Tout le monde oublie que cela ne fait pas deux mois que le Hamas a chassé le Fatah de la Bande de Gaza en en exterminant par les armes tous les représentants. Lui qui n'a pas hésité à massacrer ses propres frères pourquoi épargnerait-il, demain, ses adversaires étrangers ?

L'urgence aujourd'hui est d'isoler le Hamas sur le plan politique et diplomatique, de rétablir Mahmoud Abbas dans son statut de Président palestinien, d'asseoir son pouvoir en l'aidant à constituer un gouvernement républicain attaché au respect des droits de l'homme et soucieux de l'avenir de liberté et de démocratie de ses citoyens. L'action que mène dans ce sens l'Égypte est éminemment importante. Il faut l'encourager. Même si le régime égyptien a, lui aussi, beaucoup à balayer devant sa porte en matière des libertés publiques et du respect des Égyptiens, il n'empêche que sa ligne de conduite dans cette crise de Gaza est très positive. Elle aide les Palestiniens à se diriger vers la construction de leur pays, se tourner vers la paix et la culture de la coexistence pacifique. L'histoire lui en sera reconnaissante. De son côté, Israël a intérêt dans ses futures négociations, à donner la chance aux colombes palestiniennes pour ne pas demeurer éternellement assiégé, perpétuellement en guerre. C'est la seule manière de ne pas encourager l'émergence de l'extrémisme islamiste autour de lui, de ne pas donner prise à des manipulations de la question palestinienne par des régimes criminels qui, pour ne pas perdre leur dictature, focalisent constamment le regard du monde sur cette plaie de l'humanité.

Certaines des gauches occidentales qui sont incapables de se réinventer un idéal de société conforme à leurs valeurs, plutôt que de prendre le contre-pied de tout ce que font les États-unis, devraient peut-être comprendre qu'il n'est pas sain de tuer moralement Israël au motif qu'il ne les convie pas à son propre enterrement.

D'autres drames au Darfour, au Kivu, en Gambie, en Côte d'Ivoire, en Kabylie, au Somali- Land, au Sri Lanka, au Kurdistan, en Afghanistan et en pays touareg (Niger, Mali, Lybie, Algérie)… sont largement minorés et ne suscitent pas de mouvements de foule. L'humanitaire et la compassion sélectifs sont l'expression d'un racisme qui ne dit pas son nom. Les victimes de la violence politique et militaire sont égales devant la mort, quelle qu'en soit l'identité.

15 janvier 2009

1er congrès des autochtones francophones à Agadir : La solution des autonomies régionales pour la prévention et la résolution des conflits

Depuis la chute du mur de Berlin, de nombreux conflits ont éclaté, çà et là, dans les anciennes colonies européennes et les Balkans. En général, ils mettent aux prises, soit des peuples d'un même pays, censés former une même nation, comme au Rwanda, en Somalie, en Côte d'Ivoire, au Soudan et en Afghanistan, soit des peuples opprimés par un État, comme les Kurdes en Turquie et en Irak, les Kabyles en Algérie ou les Touaregs au Mali et au Niger, les Tchétchènes en Russie.

Aussi, est-il temps de se poser les vraies questions pour désamorcer cette poudrière sur laquelle sont assis de nombreux États africains et orientaux depuis qu'ils ont accédé à leur indépendance. Bien que notre intervention, aujourd'hui, ne concerne que les Autochtones francophones, notre propos n'en est pas moins valable pour ceux anglophones, même si leur décolonisation a été moins violente que la nôtre, les lusophones ou, dans une moindre mesure les hispanophones.

Prévention des conflits

Quelles sont les causes essentielles de ces conflits ? Si la communauté internationale peine à faire la paix au moment où la violence se déchaîne, ne serait-il pas plus sensé de se doter des moyens de les empêcher ? Jusqu'ici, l'ONU s'est davantage préoccupée des incendies déclarés que de leur prévention, n'y aurait-il pas lieu pour l'avenir, d'envisager des modes de gouvernance et des règles de droit à même d'assurer une relative stabilité internationale? C'est ce qui devrait être l'un des défis des instances internationales pour ce 21e siècle.

Les causes des conflits

Souvent, les conflits ont pour source des injustices inadmissibles et insupportables pour les opprimés. Les conflits violents d'aujourd'hui ont changé de nature. Ils ne sont plus comme auparavant le fait de frontières ou de volontés impériales. Ils découlent davantage de problèmes internes, à chaque État souverain, qu'externes. Les plus courants sont ceux ayant pour motifs les dénis identitaires et le monopole du pouvoir au profit exclusif d'un groupe communautaire ou régional dans des pays multiethniques. Beaucoup de théoriciens et d'acteurs politiques imputent encore cela à l'absence de démocratie. Il suffirait, selon eux, que ces pays y accèdent pour que ces problèmes disparaissent d'eux-mêmes. C'est là, malheureusement, où siège l'erreur: dès lors que les clivages, pour ne pas dire les lignes de fracture traversant les sociétés sont d'abord ethniques avant d'être politiques, la loi du nombre qui avantage un peuple au détriment d'un ou plusieurs autres dans un même pays n'est plus de la démocratie, mais de la dictature. Les haines entre peuples dominants et dominés y renvoient souvent à des injustices similaires à celles de la colonisation. Il y a par conséquent incapacité, en première instance, de la solution démocratique, au sens occidental du terme, à résoudre les conflits ci-dessus. La démocratie est le poumon d'un pays tant qu'elle met en œuvre des partis et des leaders charismatiques porteurs d'idées politiques et de projets de société au moyen du débat public. Lorsque ce sont des peuples qu'elle met en compétition, elle cesse d'être une pratique politique pour se transformer en une véritable guerre. L'objectif n'est plus une simple conquête du pouvoir, mais la domination ethnique. C'est un colonialisme d'un type nouveau. Alors, la haine et le ressentiment deviennent de tous les côtés les seuls éléments mobilisables, à portée de la main du premier venu et qui font office de règles de fair-play entre les différents protagonistes. Le pays n'en est plus un. Après ses lézardes, sa partition est inscrite en filigrane d'un irréversible processus historique de démantèlement.

Si, même en Europe, cette démocratie dont Churchill disait qu'elle était « le pire des systèmes après tous les autres » n'a pu être une solution ni pour les peuples de l'ex-Yougoslavie, ni pour les Corses et les Bretons en France, les Basques, les Catalans et les Canariens en Espagne, ni encore pour les Irlandais et autres Ecossais au Royaume-Uni, comment pourrait-elle l'être pour nos pays aux compétences et à la culture démocratique particulièrement en deçà des exigences de l'heure ?

En effet, les classes politiques au pouvoir, dans les pays anciennement colonisés, se basent toujours sur la souveraineté de leur État pour justifier, sur le plan international, leur légitimité à légiférer contre le Droit à l'intérieur de leurs frontières respectives. Malgré l'apparition, au début des années 80, de la notion de « devoir d'ingérence humanitaire internationale » le principe de non-ingérence dans les affaires intérieures de chaque pays reste la règle observée presque par tous. Tant que les intérêts de l'Occident ne sont pas remis en cause, celui-ci ferme complaisamment les yeux sur les injustices et les exactions commises par des États contre leurs propres peuples.

Si ce mode de fonctionnement du monde génère toujours autant de conflits, c'est en raison d'une évolution historique du monde qui a induit une incompatibilité avérée entre le droit des États et le droit des peuples. Celui-ci reste d'ailleurs à préciser. La charte des droits des peuples adoptée à Alger en 1976 mériterait une révision et une nouvelle consécration, cette fois solennelle, par la communauté internationale. Il serait même vital que le droit des peuples y prime sur le droit des États. Les Etats issus de la décolonisation, dans l'écrasante majorité des cas, a violemment confisqué, à son profit exclusif, le fragile équilibre qu'il devait y avoir entre lui et la société, entre lui et les peuples qu'il gouverne, et auquel il préfère sa dictature. L'état-nation y reste donc problématique. Si on y ajoute le fait que les pouvoirs en place entretiennent volontairement une confusion entre l'État et la Nation tout en nourrissant la haine entre leurs différents peuples à l'intérieur de leurs frontières afin d'empêcher toute émergence d'une société civile à même de lui faire contrepoids, il n'y a plus de place à une évolution salutaire de la situation en dehors d'un système de gouvernance autonome pour chacun des peuples qui composent chaque pays.

La problématique de l'État-nation

Jusqu'ici, dans chaque pays décolonisé, il existe un État, mais pas de Nation, au sens de communauté solidaire dotée d'une conscience de soi, d'une identité collective et d'un projet d'avenir commun. En fait, cet État est confronté à plusieurs nations irréductibles à l'une d'entre elles. Elles n'arriveront à en former une autre que volontairement, par adhésion et non par coercition, par contrainte. Donc, une nouvelle nation est toujours possible en théorie, mais à condition qu'elle soit la somme des nations coexistant dans un même pays et non en tant que fusion de celles-ci dans l'une d'entre elles qui les domine numériquement, politiquement ou militairement. On voit d'ailleurs toute la difficulté éprouvée par l'Europe à en bâtir une, même à travers une démarche volontariste de ses États membres. Ne l'oublions jamais, toute nation se bat toujours contre sa mort. L'autre évidence que l'on a tendance à ignorer est le fait que c'est la nation qui crée l'État et non l'État qui crée la nation. Les processus de formation des nations se sont toujours réalisés in fine par la mise sur pied d'un État. Malgré des problèmes de frontières qui restent longtemps en suspens, une nation matérialise, en général, son existence en se donnant un État pour se faire respecter à l'extérieur et pour organiser le fonctionnement de sa société, y faire régner l'ordre et la sécurité à l'intérieur. Dans les pays décolonisés, nous sommes dans le cas de figure inverse : l'État est déjà créé par et pour le colonisateur, indépendamment des différentes nations ainsi asservies par lui.

Même si le mouvement national s'est souvent formé conjoncturellement sur la base de l'opposition commune au colonialisme de l'ensemble des composantes régionales de chaque pays, il n'a jamais été dit qu'une fois leur « libération » acquise, ces peuples renonceraient à leurs différences identitaires, linguistiques et culturelles et, parfois confessionnelles pour vivre en paix entre elles. De toutes les façons, l'État colonial, repris tel quel par les nationaux après la décolonisation ne sert jamais les intérêts des peuples nouvellement indépendants. Il a pour base le déni et non le droit.

Ceci aggrave un peu plus la contradiction entre État et nation. On le voit très bien, à travers l'exemple des pays colonisés par la France dont le legs idéologique est justement très loin de la philosophie des Lumières qui, pourtant, fait toujours sa grandeur.

La France et ses responsabilités historiques

La responsabilité de la France dans la situation actuelle des pays anciennement colonisés par elle ne réside plus dans les discriminations d'antan. La plupart des générations actuelles vivant dans ces pays n'ont jamais connu le colonialisme. Pour la France, aujourd'hui, le débat ne doit plus porter sur « les aspects positifs de la colonisation » qui en appellent nécessairement leurs contraires, mais sur la manière d'aider ces pays à se démocratiser et se développer sans haine entre les peuples qui composent chaque pays, sans renoncer ni à leur pays actuel, ni à leurs droits légitimes en tant que peuples distincts à l'intérieur de ce même pays, ni enfin, à la francophonie.

Le monde a changé de base, mais la France est restée assise sur son vieux jacobinisme. Il est pour le moins surprenant que devant la perte d'influence qu'elle enregistre depuis quelques décennies déjà, qui s'est aggravée depuis la chute du Mur de Berlin et qui s'accélère depuis le redéploiement américain d'après le 11 septembre 2001, la France n'en analyse pas les facteurs et les conséquences et n'envisage pas sa propre révolution intellectuelle et idéologique pour endiguer ce processus de régression afin de regagner le terrain perdu. Il est urgent qu'elle réalise que le jacobinisme est condamné par l'Histoire. S'il n'est pas en fin de vie il n'est qu'en sursis. Si la France pouvait s'en rendre compte à temps, les conflits ivoirien, somalien, kabyle et touareg trouveraient aussitôt leur solution sans pour autant porter préjudice à l'image de la France ni à la francophonie vécue encore, à tort, par les arabo-islamistes algériens, comme, non seulement un reliquat du colonialisme français, mais surtout comme sa permanence.

L'encouragement de solutions fédérales ou des autonomies régionales en Afrique francophone, voire carrément des indépendances dans certains pays et pour certains peuples incapables de coexister dans la paix avec d'autres, est dans l'intérêt supérieur de la France pour être vécue partout comme le symbole de liberté et du respect des droits humains et des peuples qu'elle aurait dû toujours incarner. Il ne serait pas cohérent au regard de ses valeurs séculaires et de ses ambitions d'aujourd'hui de rejeter une telle perspective au prétexte que le fédéralisme correspondrait au modèle allemand et le système des autonomies régionales à l'espagnol. Sa langue reste, avec ses valeurs des Lumières et sa technologie moderne, le meilleur des vecteurs pour son influence sur des sphères géopolitiques très importantes à commencer par l'Algérie où la Kabylie reste un bastion de cette langue et de ces valeurs.

L'autonomie régionale pour la Kabylie

En redessinant la carte de l'Afrique, particulièrement dans sa partie nord, la colonisation française a fait perdre sa souveraineté au peuple kabyle qu'elle a fondu dans un premier temps dans la France des Doms Tom puis dans l'Algérie. Il ne s'agit pas pour nous de rouvrir des plaies de notre Histoire commune, mais d'essayer de cicatriser celles d'aujourd'hui. À partir du moment où la décolonisation n'est pas suivie d'une restitution de ses attributs de peuple et de nation à la Kabylie, celle-ci se retrouve piégée par sa propre histoire. Près de quarante-cinq ans après l'indépendance des Algériens, le conflit qui l'oppose encore au pouvoir antikabyle d'Alger ne trouve pas de solution. Tant que ce bras de fer était politique, la remise en cause du faux État-nation qu'est l'Algérie n'a jamais eu lieu. À partir du « printemps noir 2001 » où le pouvoir a tiré sur nos enfants pacifiques, nous avons perdu les dernières illusions qui nous restaient pour une évolution heureuse de nos revendications. C'est depuis cet acte irrémédiable que nous avons songé à la nécessité d'une reconnaissance au peuple kabyle de ses droits identitaires ainsi que de ses droits historiques nationaux légitimes dont celui de s'autogouverner dans le cadre d'un État régional. Ce dernier sera adossé et articulé sur l'État algérien dont il reste membre. Toute solution en deçà n'en est plus une.

Conclusion

C'est une formidable opportunité historique qui nous est offerte par ce premier Congrès des Autochtones francophones que nous tenons dans cette belle ville d'Agadir, capitale du Souss qui, parmi d'autres facteurs, était à l'origine de la première guerre mondiale. Cette rencontre est une chance pour l'avenir de la stabilité internationale. Elle est donc nécessaire et vitale pour tous les peuples de la Terre. Prévoir les conflits pour les désamorcer avant qu'ils n'éclatent est un pas qualitatif pour toute l'humanité. Des solutions existent pour tous les conflits opposant des peuples entre eux ou des peuples à leur État. Les autonomies régionales constituent des solutions qui maintiennent l'équilibre géopolitique et stratégique entre les puissances actuelles tout en donnant enfin aux peuples opprimés la possibilité d'accéder à la citoyenneté dans leur propre pays sans avoir à recourir ni à la violence ni à la sécession.

Agadir, le 3 novembre 2006

Du droit des peuples à disposer d'eux-mêmes

« Rien de ce qui résulte du progrès humain ne s'obtient avec l'assentiment de tous, et ceux qui aperçoivent la lumière avant les autres sont condamnés à la poursuivre en dépit des autres. »
Christophe Colomb

Au lendemain de la Seconde Guerre Mondiale et après des siècles de barbarie, l'humanité a enfin décidé de fonder le droit international sur celui des peuples. Si cela n'a pas pour autant mis un terme aux violences qui sont faites à ces derniers c'est parce qu'il y a eu erreur sur la marchandise. On prenait et on continue de croire que le vocable « peuple » désigne indistinctement toutes les populations qui ont la même nationalité. Il y a eu confusion entre Etat et peuple, confusion entre nation et pays. On a fait jouer le droit des pays créés par la colonisation à disposer d'eux-mêmes au lieu des peuples qui les composent. C'est ainsi qu'ils sont encore nombreux ceux qui, comme le peuple kabyle, ne sont pas encore parvenus à faire respecter leurs droits face à ceux qui les nient. Et pour cause ! Ce n'est pas le Droit qui va vers les peuples, mais les peuples qui vont vers leurs droits. Un droit non revendiqué n'en est pas un ! Un droit ne s'obtient que par celui qui le revendique, qui se bat pour l'arracher.

En vérité, le Droit International ne fait qu'instituer des principes et des cadres juridiques qui délégitiment l'oppression et le déni d'existence d'un peuple, du fait de son identité. Mais il n'y a de peuple que celui qui, au moins, en a (pris) conscience et commence à le revendiquer, à le crier haut et fort comme nous le faisons, à l'assumer. C'est alors qu'il doit apporter la preuve de son existence. Nous sommes dans cette phase historique où, n'existant pas du point de vue juridique, nous sommes tenus de faire la démonstration de notre existence en tant que peuple kabyle. Il est pour le moins étrange que le Droit assigne à un peuple nié la charge de la preuve de son existence, comme à un scientifique celle de sa découverte, ou à un policier celle qui confond le criminel. Et puisqu'il en est ainsi, revenons à une définition basique de la notion de peuple.

Un peuple est une communauté humaine partageant dans sa majorité un sentiment d'appartenance durable fondé sur un passé commun (réel ou supposé), un territoire commun, une langue, des croyances et des valeurs communes. Les Kabyles ont tous les critères définissant un peuple. En la matière, ils n'ont rien à envier à quelque peuple que ce soit sur la planète Terre, en dehors de la reconnaissance qui leur manque. Mieux! Les Kabyles sont l'un des peuples autochtones de ce pays appelé l'Algérie, ils y sont les descendants des premiers habitants du territoire sur lequel ils vivent. Ayant subi divers processus de colonisation, ils restent aujourd'hui sous domination linguistique, identitaire et culturelle arabe, minorisés politiquement au sein d'un Etats Nation qui ne les reconnaît pas en tant que peuple distinct, malgré leur propre organisation socioculturelle, leurs coutumes et leurs pratiques religieuses basées sur la laïcité. L'Etat algérien issu de la décolonisation prolonge les réflexes hérités de son géniteur colonialiste jacobin, réflexes faits de dénis et d'oppression de la différence identitaire. Il ne reconnaît pas le peuple kabyle qui l'affronta dès son indépendance. Le prétexte ayant servi de base à ce déni est la fragilité du sentiment d'unité nationale. Si celui-ci est si fragile que cela c'est probablement qu'il n'est que superficiel, voire artificiel. On ne forme pas un peuple ou une nation à la pointe des baïonnettes. Ce n'est pas parce que nous avions combattu ensemble contre le colonialisme que, pour autant, nous serions un et même peuple. L'Algérie ne sera viable que le jour où les peuples qui la composent vivront dans la reconnaissance mutuelle de leurs différences. Toute autre attitude reconduit ou renforce le déni qui finira par produire l'effondrement du pays, à moyen ou long terme.

Notre propos, aujourd'hui, est d'essayer humblement de baliser la voie d'une heureuse évolution qui épargnerait à l'ensemble de l'Algérie de violentes contorsions politiques que nous avons connues, au moins trois fois déjà, en Kabylie (1963, 1980, 2001). Les violences au Sud (Djanet, Tamanrasset) proches de l'Azawad ou le conflit du M'zab entre Mdabih et Mozabites sont annonciateurs de turbulences qui, si on ne fait rien dans le bon sens, iront se généralisant à l'ensemble des régions. Aussi, notre modeste contribution se propose de réexaminer la notion de « droits des peuples » contenus, entre autres, dans « la Déclaration Universelle des droits des peuples » (Alger le 4 juillet 1976), la « Déclaration de l'ONU sur les Droits des Peuples Autochtones le 13 septembre 2007 et la « Charte des Droits du peuple kabyle » (MAK le 14 août 2007).

Le principe fondamental, énoncé pour la première fois par Napoléon 1er, puis repris par le la Charte des Nations Unies le 26 juin 1945 est « le droit pour chaque peuple à disposer de lui-même » !

La Conférence de Yalta du 4 au 11 février 1945 dans sa « Déclaration sur l'Europe libérée » prévoyait, conformément à la « Charte de l'Atlantique », le «droit de tous les peuples à choisir leur mode de gouvernement».

La Charte des Nations Unis adoptée à San Francisco le 26 juin 1945 énonce dans son article 1, alinéa 2 : « Les buts des Nations Unies sont les suivants : « Développer entre les nations des relations amicales fondées sur le respect du principe de l'égalité de droits des peuples et de leur droit à disposer d'eux-mêmes… »

Il est notamment repris presque tel quel par l'article 1er du « Pacte sur les Droits civils et politiques » adopté le 19/12/1966 par l'ONU et ratifié par l'Algérie. Ce principe donne le droit pour chaque peuple de choisir librement le statut politique qui lui convient.

Mais au vu des nombreux cas de dénis d'existence opposés aux peuples minorisés et opprimés par des Etats, une « Déclaration Universelle des droits des peuples » est adoptée à Alger à l'initiative de Boumediene qui voulait un instrument juridique pour s'opposer à la volonté marocaine de « récupérer » le Sahara Occidental.

C'est la violence qui, dès l'introduction de ce texte, est validée en énonçant : « Que tous ceux qui, à travers le monde, mènent le grand combat, parfois les armes à la main, pour la libération de tous les peuples, trouvent dans la présente Déclaration l'assurance de la légitimité de leur lutte »

Son article I stipule : « Tout peuple a droit à l'existence » Tant qu'il s'agit des peuples des autres, on peut y ajouter plusieurs couches. L'Algérie ne se doutait pas qu'un jour, il y aurait pour elle un retour de manivelle en faisant consacrer dans l'article 4 que « nul ne peut être… soumis à des conditions de vie de nature à compromettre l'identité ou l'intégrité du peuple auquel il appartient » et elle ajoute dans son article 15 : « Tout peuple a le droit de ne pas se voir imposer une culture qui lui soit étrangère ». La Déclaration, sur le même ton ajoute dans son article 19 : « lorsqu'un peuple constitue une minorité au sein d'un Etat, il a droit au respect de son identité, de ses traditions de sa langue et de son patrimoine culturel » Elle conclue enfin, dans son article 28 « Le rétablissement des droits fondamentaux d'un peuple, lorsqu'ils sont gravement méconnus, est un devoir qui s'impose à tous les membres de la communauté internationale » ; Autrement dit, le droit à la diplomatie est implicitement reconnu aux peuples niés dans leur combat pour l'existence. Ainsi, comme dans le cas de l'Etat algérien, on peut faire la morale aux autres, tout en ayant les mêmes travers que ceux qu'on dénonce. La bosse du chameau voisin est toujours plus proéminente. Le peuple kabyle, et tous les peuples amazighs, sont dans les cas de figure décrit par cette Déclaration commanditée et parrainée par le régime algérien. Seule la répression les contraint à plier sous le joug identitaire et culturel arabo-islamiste. Aujourd'hui, nous avons acquis la conscience, la compétence et la sérénité nécessaires pour dénoncer ces dénis et affirmer haut et fort nos droits. Ceci est d'autant plus aisé que la « Déclaration de l'ONU sur les peuples autochtones » adoptée en plénière le 13 septembre 2007 a été plus loin dans la précision de ces droits, à l'exception de celui de la violence, allant jusqu'à préconiser le droit pour chaque peuple autochtone à son autonomie régionale énoncé dans son article 4 : « Les peuples autochtones, dans l'exercice de leur droit à l'autodétermination, ont le droit d'être autonomes et de s'administrer eux-mêmes pour tout ce qui touche à leurs affaires intérieures et locales, ainsi que de disposer des moyens de financer leurs activités autonomes ». Concernant le droit des peuples à leur reconnaissance par les Etats, l'article 8 est particulièrement intéressant.

1. Les autochtones, peuples et individus, ont le droit de ne pas subir d'assimilation forcée ou de destruction de leur culture.

2. Les États mettent en place des mécanismes de prévention et de réparation efficaces visant :

a) Tout acte ayant pour but ou pour effet de priver les autochtones de leur intégrité en tant que peuples distincts, ou de leurs valeurs culturelles ou leur identité ethnique ;

b) Tout acte ayant pour but ou pour effet de les déposséder de leurs terres, territoires ou ressources,

c) Toute forme de transfert forcé de population ayant pour but ou pour effet de violer ou d'éroder l'un quelconque de leurs droits ;

d) Toute forme d'assimilation ou d'intégration forcée ;

e) Toute forme de propagande dirigée contre eux dans le but d'encourager la discrimination raciale ou ethnique ou d'y inciter

Article 14

1. Les peuples autochtones ont le droit d'établir et de contrôler leurs propres systèmes et établissements scolaires où l'enseignement est dispensé dans leur propre langue, d'une manière adaptée à leurs méthodes culturelles…

Article 9

Les autochtones, peuples et individus, ont le droit d'appartenir à une communauté ou à une nation autochtone, conformément aux traditions et coutumes de la communauté ou de la nation considérée. Aucune discrimination quelle qu'elle soit ne saurait résulter de l'exercice de ce droit.

C'est fort de notre légitimité en tant que peuple d'abord, autochtone ensuite, que nous avons élaboré, puis adopté lors du congrès constitutif du MAK, le 14/08/2007, la Charte des droits du peuple kabyle et de la Kabylie.

Université Mouloud Mammeri, Tizi-Ouzou

Déclaration de Ferhat Mehenni à Prague

Je viens pour la première fois en République tchèque. Le pays de la « Charte des 77 » restera pour nous et pour toute l'humanité un symbole de résistance pacifique d'un peuple contre sa domination par un pouvoir qui n'était pas le sien. Le « printemps de Prague » fut un tel séisme dans le monde de 1968 que l'une de ses répliques s'est appelée le « printemps berbère » de 1980 dont je suis venu commémorer l'anniversaire dans cette capitale historique de la « Révolution de velours » ; cette aire de la Raison où s'est réalisé entre deux nations sœurs, le premier divorce politique à l'amiable de l'Histoire contemporaine. Au-delà de la belle architecture de cette ville, alliant tradition et modernité, j'y trouve comme en Catalogne, en Flandre ou au Québec, au Pays Basque ou en Corse, en Ecosse ou en Kabylie, l'ancrage de tout un peuple dans une mémoire dédiée au combat identitaire. J'y trouve aussi, cette audace de l'idée européenne se construisant sur la base de l'adhésion volontaire des peuples et non sur la contrainte, le déni, l'humiliation ou la soumission.

En me penchant sur la trajectoire historique de la Tchéquie, j'ai l'impression de me mirer dans celle de la Kabylie, à quelques exceptions près. En se tendant la main, nos deux peuples pourront sûrement développer un compagnonnage fraternel et instructif. En attendant, nous poursuivons seuls notre voie vers la liberté. Sans la Kabylie, et pour la troisième fois, l'Algérie vient de réélire à sa tête un homme qui porte la responsabilité morale du massacre de 126 Kabyles, lors du « printemps noir » de 2001. En venant chez nous, fin mars 2009, dans le cadre de sa campagne électorale, accabler leur mémoire en défendant les gendarmes qui avaient tiré sur nos jeunes, Bouteflika a fait preuve de cynisme et d'arrogance, de haine et défiance qui ont toujours caractérisé l'attitude du régime algérien envers la Kabylie depuis, 1962. Hormis l'épisode de l'insurrection armée de 1963 et qui était typique de toutes les révoltes de l'époque dans les pays dits du « Tiers monde », pacifiquement et avec dignité, la Kabylie tient la dragée haute à un pouvoir qu'elle n'est toujours pas prête à reconnaître. De son côté le régime algérien qui se définit comme arabo-musulman n'a de cesse de fourbir ses armes et de mobiliser toutes ses ressources pour arabiser la Kabylie, la dépersonnaliser. Même les repentis terroristes islamistes qu'il a amnistiés, en dépit du Droit et du bon sens, sont transférés en Kabylie où il leur octroie logements et locaux de commerce pour s'y installer définitivement et œuvrer à convertir les Kabyles à l'islamisme, vecteur de l'arabisme. La dernière empoignade entre les deux parties est celle des présidentielles du 9 avril 2009 où Bouteflika a envoyé des troupes pour voter et faire voter de force la Kabylie. La bravoure des citoyens kabyles, face aux grenades lacrymogènes et autres assauts violents est telle qu'elle rappelle celle du peuple tchèque face aux chars soviétiques. De ce haut-lieu de la résistance et du civisme contre les politiques de l'infamie et de l'horreur, permettez-moi de louer devant le monde entier la vaillance du peuple kabyle qui, après tant d'épreuves, reste toujours debout, continue de se battre pour ses droits légitimes. Et c'est au moment où d'aucuns annonçaient sa fatigue et son renoncement politiques qu'il se dresse comme un seul homme pour boycotter les élections présidentielles. C'est à ce moment où d'aucuns croyaient chez lui, l'espoir enterré qu'à l'appel du MAK, il est descendu dans la rue pour dire clairement qu'il est décidé, plus que jamais, à prendre en main son destin et gagner respect et liberté face à son oppresseur, le pouvoir algérien.

Permettez-moi, à partir de cette patrie de Vaclav Havel, de saluer la mémoire de ceux parmi les miens qui sont tombés depuis 1963 pour notre liberté, de témoigner ma reconnaissance à toutes celles et tous ceux qui ont été torturés, blessés, incarcérés, handicapés à vie pour briser en eux la volonté de se battre pour leur identité. Permettez-moi de vous dire toute la grandeur et la noblesse du peuple kabyle qui, lui aussi, je l'espère, va accéder à la liberté dans un proche avenir.

Ferhat Mehenni

Prague, le 24 avril 2009

Allocution d'Aubervilliers. Commémoration du 8 mai 1945

Monsieur le Maire, Mesdames et Messieurs les élus, chers amis, *Azul fellawen*,

Le passé est un champ de ruines dont on cherche toujours le coupable. Puisque l'action des hommes, à travers le temps, n'est jamais innocente, elle est forcément un crime pour ses victimes. L'histoire est cette ultime instance où ces dernières espèrent trouver justice que seule la conscience humaine peut leur rendre. Mais la dialectique de la vie, transformant les éléments des contradictions en leurs contraires, surprendra sans cesse les hommes qui pensent agir pour des valeurs là où ils sont mus par des intérêts. Ainsi, les haines d'une époque sont forcément dépassées plus tard devant des menaces et des intérêts communs. Nous sommes réunis, le temps de cette cérémonie symbolique, pour redonner vie à ceux qui, le 8 mai 1945 en Kabylie orientale, étaient descendus dans la rue réclamer pour eux ce qu'ils venaient d'arracher pour la France : la liberté. Leur massacre avait sonné le glas de l'ordre colonial français en Algérie. Les ordres injustes sont toujours voués à la disparition. Nous, les petits-enfants, voire pour certains, arrières petits-enfants de ces martyrs, par fidélité à leur sacrifice, en ayant vu nos parents abattre le système colonial par une guerre qui a duré plus de sept ans, continuons dans la voie qu'ils nous ont tracée vers la liberté. En cette commémoration de la fête de la libération, je tiens à y joindre la mémoire de ceux et celles tombés pour la liberté et les droits du peuple kabyle que réprime, y compris dans le sang, le pouvoir algérien. Ainsi, le sang versé par les miens le 8 mai 1945 a été vivifié par celui qu'ils ont versé en 1963 puis en 2001. L'injustice qui frappe le peuple kabyle a une fin que nous essayons de rendre la plus proche possible. En attendant, si en tant que Kabyles, nous n'avons plus grand-chose qui nous oppose aux Français, nous souhaiterions que la France officielle cesse de cautionner les crimes que perpètre le pouvoir algérien contre le peuple kabyle. Dans cet ordre d'idées, nous refusons que l'assassin de nos enfants du « printemps noir », en l'occurrence M. Bouteflika, soit reçu à l'Elysée. D'ores et déjà nous appelons toutes les femmes et tous les hommes ici en France, à venir manifester avec nous la condamnation de cette visite annoncée pour la mi-juin, le jour où elle viendrait à être effectuée.

C'est une manière pour nous de rendre hommage, une fois de plus, aux martyrs du 8 mai 1945. A travers eux, la Kabylie rend hommage à tous les martyrs de la Liberté.

Aubervilliers, le 9 mai 2009

Côte d'Ivoire : la partition au bout des présidentielles ?

Contribution au lendemain de la parution de son ouvrage central Le Siècle Identitaire *auquel les violences engendrées par les présidentielles ivoiriennes venaient de donner raison.*

La crise politique ivoirienne est plus que jamais dans l'impasse. Les présidentielles qui viennent d'avoir lieu n'ont pas apporté l'apaisement que la communauté internationale en attendait. La Côte d'Ivoire se retrouve avec deux présidents. L'un se réclame des résultats promulgués par la Commission Electorale Indépendante et l'autre par le Conseil Constitutionnel. Etrangement, il n'y a pas plus de violence qui accompagne cet état de fait comme si, pour les Ivoiriens, cela allait de soi d'avoir deux chefs d'Etat. En dehors de la communauté internationale qui, de l'extérieur, veut imposer un président, la Côte d'Ivoire ne s'en porte pas plus mal. En vérité, les deux présidents sont légitimes, chacun pour son peuple. L'un l'est pour le Nord et l'autre pour le Sud. De toutes les façons, la Côte d'Ivoire vit coupée en deux depuis septembre 2002. Ainsi, les élections que l'Occident croyait être un remède à la crise ivoirienne n'ont fait qu'entériner une situation qui prévalait déjà depuis la rébellion du Nord. Au lieu d'attiser les haines entre les deux parties et d'inciter au génocide, ne serait-il pas mieux de prendre acte de cette réalité et de la consolider dans l'intérêt de la paix et du respect des droits humains et du suffrage universel ?

Nous savons que l'Occident ne conçoit pas d'autre moyen que le mode électoral pour trancher les questions de légitimité politique, dans un pays donné. Ceci est d'autant plus évident que son très long chemin vers cette solution lui a valu au moins deux guerres mondiales. Le prix payé pour en arriver là est si cher que cela lui semble évident de ne pas s'égarer dans de nouvelles voies d'impasse. Or, l'impasse est déjà là. Le problème ivoirien, guinéen ou kenyan, afghan ou iranien, est d'une autre nature que ce que l'Europe et l'Amérique ont dû vivre. L'Europe s'est faite par ses propres forces internes, l'Afrique et l'Asie par la colonisation qui, à quelques exceptions près, n'a pas réussi à y bâtir des pays viables, des nations. Il n'existe pas de nation unique en Côte d'Ivoire comme dans la plupart des pays africains. C'est ce qui explique les échecs des présidentielles kenyanes, guinéennes, gabonaises ou somaliennes, ou les mascarades algériennes, zimbabwéennes ou afghanes de ces dernières années. Les clivages traversant ces pays ne sont pas politiques mais identitaires. On y met aux prises non pas des programmes, des idées ou des partis politiques mais des peuples pour le contrôle du pouvoir. Là est le nœud gordien de cet imbroglio géopolitique dans lequel la décolonisation a mis le monde ! On a donc tort de prendre position en faveur de l'un des présidents ivoiriens. En le faisant, on encourage la guerre alors qu'on est censé rechercher la paix. On participe davantage d'une logique d'affrontement que de celle de l'apaisement. En se comportant comme elle le fait, la communauté internationale, ne résout pas le problème mais l'aggrave. Elle légitime des deux côtés le recours à la violence pour trancher le conflit qui risque de devenir aussi celui entre grandes puissances. En proclamant Ouattara seul vainqueur des présidentielles ivoiriennes, les pays occidentaux se condamnent à soutenir la rébellion du Nord contre le pouvoir du Sud. Ils ramènent la Côte d'Ivoire à sa case départ où les haines identitaires se sont, entre-temps, décuplées.

Le cas ivoirien n'est, déjà, pas isolé. Il n'est pas inédit non plus. Il ne manquera pas de faire bientôt des petits à travers le monde anciennement colonisé. Si, par de très fortes pressions internationales suite aux présidentielles afghanes, kenyanes, guinéennes ou congolaises, on a stabilisé momentanément la dictature, il n'est pas dit que le succès de cet interventionnisme international sera toujours au rendez-vous. Les seules solutions conjoncturelles, à même d'apporter un minimum de stabilité à ces pays mal faits, sont à chercher du côté du fédéralisme et des autonomies régionales. La Kabylie en revendique une, avant que pour l'Algérie aussi, ce ne soit trop tard. Toute autre voie mènera immanquablement vers la partition des pays concernés. Ce qui attend de toutes les façons, entre autres pays, la Côte d'Ivoire !

14 décembre 2010

Tunisie, Côte d'Ivoire, Soudan…
La fin de l'État postcolonial ?

En deux mois, trois pays anciennement colonisés ont marqué l'actualité internationale. La Tunisie, la Côte d'Ivoire et le Soudan. Même si les événements qui les ont mis sous les projecteurs sont différents, leur objectif est le même : dépasser l'État légué par la période coloniale.

Gouvernée d'une main de fer depuis son indépendance en 1957, la Tunisie connait les premières violences populaires en cinquante ans. La flambée des denrées alimentaires, symbolisée par un homme qui s'est immolé par le feu, avait probablement mis en relief l'abîme séparant la quiétude des gouvernants de la détresse des gouvernés. Mais elle n'en est que le prétexte. La cause essentielle réside dans l'impossibilité de l'alternance au pouvoir. À force d'empêcher un peuple de respirer, un pays de s'aérer par des élections démocratiques, on finit par produire ce type d'explosion qui, soudain, anéantit l'ensemble des repères. Le chaos laissé par la fuite du dictateur ne sera pas résorbé de sitôt. Ceux qui, pour arbitrer des litiges de succession et de légitimité politiques, se réfèrent encore à la Constitution ayant consacré le pouvoir personnel depuis plus de 50 ans, sauveront peut-être pour quelque temps le régime que les Tunisiens rejettent violemment. La « révolution du jasmin » risque de tourner court si une nouvelle constitution n'est pas rédigée par une assemblée élue à cet effet. Le glas a sonné aussi pour l'État postcolonial, en Côte d'Ivoire et au Soudan. La Côte d'Ivoire se retrouve avec deux présidents. Ce n'est pas la première fois que cela arrive en Afrique aux frontières scandaleuses. Contrairement à ce que la communauté internationale redoutait, cela n'a pas généré plus de violence qu'il n'y en avait ; comme si, pour les Ivoiriens, cela allait de soi d'avoir deux chefs d'État, légitimes. L'un pour le Nord et l'autre pour le Sud. De toutes les manières, la Côte d'Ivoire vit coupée en deux depuis septembre 2002. Le plus étrange dans cette affaire est que là où l'Occident voit un problème, les Ivoiriens, eux, trouvent leur solution. Ils préfèrent avoir deux présidents qu'une guerre de dix ans. Il serait donc plus avisé d'entériner un état de fait qui existe depuis la rébellion du Nord. Le mieux est de prendre acte de cette réalité et de la consolider par des frontières reconnues, dans l'intérêt de la paix, de la stabilité et du respect des droits humains. Imposer aux peuples ivoiriens un seul président, c'est, à coup sûr, les pousser à la guerre civile.

La guerre civile, celle qui a duré plus de 20 ans, vient d'être enterrée au Sud-Soudan. L'Accord global de Paix, signé le 9 janvier 2005, est mis en application par un référendum qui consacre la partition du pays. La nouveauté dans cette démarche est la pulvérisation, par voie démocratique, du principe de « l'intangibilité des frontières héritées de la colonisation ». Désormais, dans le monde anciennement colonisé, nous entrons dans une ère où les frontières vont souvent bouger. Cette étape marque la fin des États postcoloniaux. Les convulsions politiques de la Tunisie, la Somalie ou du Congo, d'Afghanistan, du Cachemire ou d'Irak sont celles de l'héritage étatique colonial agonisant. Les troubles vont, à terme, se généraliser à la plupart des pays dessinés par la colonisation, cet acte inaugural de la mondialisation. En effet, l'État qui les incarne y est encore celui-là même que la colonisation s'était donnée par la force pour imposer l'ordre international contemporain. Aujourd'hui, l'État postcolonial perd le nord. Cette mondialisation, dont il ignorait n'en être qu'une étape, réveille les peuples à leurs droits. Tout à coup, on lui demande de servir au lieu de réprimer, autoriser là où il interdisait... Pour cet État, la démocratie, c'est le monde à l'envers. Il se retrouve le jouet de l'Histoire qui l'a instrumentalisé avant de lui signifier sa fin de mission.

L'Europe gagnerait à adopter une attitude conciliatrice à l'égard des bouleversements géopolitiques que cela commence à engendrer. L'Occident en général, a plutôt intérêt à s'y préparer, les accompagner, voire les impulser pour ne pas avoir à les subir. Quelles que soient les nouvelles entités politiques qui prendront le relais, les intérêts occidentaux seront préservés. Par exemple, la France a regardé, impuissante, le régime tunisien s'écrouler. Elle n'a pas pu, non plus, imposer sa solution en Côte d'Ivoire. Ce n'est pas pour autant que ses intérêts y seront remis en cause !

Le cas tunisien pose un problème commun à tous les pays issus de la décolonisation : celui de la nature de l'État. Celle-ci, en étant d'origine coloniale, les condamne à n'être que des dictatures. Même si pour la Tunisie il existe encore une question identitaire berbère, les troubles d'aujourd'hui posent plutôt l'impérieuse nécessité d'en finir avec l'État postcolonial et son remplacement par un État de droit et de liberté. Un État qui est au service des peuples et des citoyens et non de la dictature.

Quant aux cas du Soudan et de la Côte d'Ivoire, ils montrent l'exemple de pays où les problèmes identitaires, laissés en suspens, ont prédominé au point de provoquer la séparation et l'éclatement du pays. C'est probablement ce qui arrivera à tous ceux qui, au nom de la raison d'État, nient les droits des peuples qui les composent. Le déni génère crispation identitaire et résistance. Le bras de fer qu'il engage porte en lui tous les risques de guerre et, en fin de parcours, ceux de la sécession. Dans ces pays, la seule manière d'éviter le pire est de les pousser au respect des identités des peuples par le truchement d'autonomies régionales ou de fédéralismes. Le Conseil de Sécurité de l'ONU, en votant la résolution 1813 qui entérine la proposition marocaine d'une autonomie régionale au Sahara, a envoyé un signal fort dans ce sens.

La Kabylie, que le pouvoir algérien refuse toujours de reconnaître, se bat déjà depuis dix ans pour son autonomie régionale. Elle montre également la voie à l'Afrique et à l'Asie des peuples en guerre, pour un combat pacifique. Même en état de légitime défense (127 manifestants tués par le pouvoir algérien entre 2001 et 2003) le peuple kabyle a préféré la politique à la guerre. La mise sur pied de l'Anavad (Gouvernement Provisoire Kabyle en exil) le 1er juin 2010 est de nature à en renforcer le processus. La reconnaissance de ce gouvernement par la communauté internationale va sûrement encourager, chez les peuples opprimés en mal d'existence, les options politiques les moins radicales. Nous aurons, ainsi, une évolution du monde, sinon heureuse, du moins beaucoup moins chaotique vers la fin des États postcoloniaux, ce boulet qui, depuis tant de décennies, occasionne à l'Afrique et à l'Asie d'interminables soubresauts.

21 janvier 2011

Les pays issus de la colonisation : La mondialisation et la démocratie

Après la Tunisie et l'Égypte, Bahreïn, Le Yémen et la Libye sont frappés de plein fouet par une vague inattendue de révoltes contre les dictatures en place. La mondialisation qui, depuis la décolonisation, s'est accommodée de ce type de régimes dans l'ensemble des pays anciennement colonisés n'en voudrait-elle plus ? Et pourquoi ? Quel nouveau type de pouvoir va remplacer ceux qui sont contestés : islamisme, démocratie ou néo-nationalisme ? Même si la prudence reste de mise, tant nous sommes habitués à une évolution de l'histoire en dents de scie, un minimum d'espoir est permis. En premier lieu, ce qu'on a appelé dans un premier temps des « émeutes » se sont avéré des révolutions. Deux dictatures en ont fait les frais : la tunisienne et l'égyptienne. Le régime libyen, l'un des plus liberticides au monde, est actuellement l'objet d'une contestation populaire qui en casse définitivement les fondements. Kadhafi est politiquement déjà mort. Le Yémen est toujours à la recherche de sa problématique unité. Le Sud qui a fusionné avec le Nord a vite fait de déchanter et d'y renoncer et ne reste dans l'union que le couteau sur la gorge. En Algérie, la dissidence kabyle n'ayant pas pu entrainer les Algériens dans ses tentatives de mobilisation contre le régime militaire et son dictateur Bouteflika, se recentre sur la Kabylie qui, à travers sa revendication d'une autonomie régionale, clame haut et fort autant son besoin de démocratie pour tous que celui de liberté pour elle-même.

Toutefois, limiter les révoltes actuelles et leurs aspirations à la démocratie aux seuls peuples et pays évoqués plus haut est trop réducteur. Les révolutions tunisienne et égyptienne ont juste attiré vers elles les projecteurs qui, momentanément, ont fait oublier, ou passer au second plan, la crise ivoirienne, le référendum du Sud-Soudan pour son indépendance, les plaies du Darfour, du Delta du Niger, du Congo, du Niger, les guerres en Irak et en Afghanistan, l'introuvable Somalie et sa cohorte de pirates…

Ce que nous voyons aujourd'hui n'est qu'un début. Bientôt, toute une série de pays anciennement colonisés va les suivre. C'est la conséquence d'une décolonisation bâclée. La colonisation avait pour mission de mondialiser. Mais elle n'avait ni recette ni plan. Alors, intuitivement, pour gérer ces immenses territoires, des administrations furent mises sur pied et des frontières tracées pour de nouveaux États qui seront discriminants au profit des Européens et de leurs relais indigènes. Pour que les peuples colonisés en supportent l'injustice, ces pays artificiellement créés seront enfin confiés aux autochtones, aux colonisés. C'est la décolonisation. L'indépendance ne fut rien d'autre que la passation de consignes des colonisateurs aux colonisés pour la gestion d'un Etat et de son administration, initialement conçus pour contrôler, réprimer et discriminer les populations, en contrepartie de la confiscation des richesses, des libertés et des droits à leurs citoyens. Paradoxalement, ce sont les pays qu'on croyait parmi les plus stables qui se sont effondrés les premiers.

Au fil des décennies, leurs dictatures sont devenues insupportables. Elles n'ont pas vu le temps passer et les nouvelles technologies arriver. Avec d'autres facteurs, ces multimédias ont participé à l'exigence de l'élévation des niveaux de vie, à celle de donner de la force aux aspirations de liberté chez tous ceux dont les dictatures castraient jusque-là les rêves. Assis sur le terrorisme nationaliste et politique, les pouvoirs qui squattent ces États ont érigé des dictatures conjuguant corruption et coercition, la carotte et le bâton par le biais d'un corps, ici policier, là, militaire! C'est ce type d'État qui est à la traine de la marche de la mondialisation qui, ces dernières années, accélère le pas. Ne pouvant pas suivre son rythme, la mondialisation les jette. Hier, ils étaient nécessaires, aujourd'hui, ils sont devenus encombrants. Désormais, ils doivent répondre de leurs crimes et de leur gabegie. Ces frontières, au moment de leur traçage, étaient si scandaleuses que l'on adopta, pour leur stabilité, le principe de leur intangibilité. En dehors du cas kurde, elles n'ont commencé à être remises en cause qu'à partir de la chute du Mur de Berlin. Les peuples ainsi « libérés » ont vécu leur nouvelle identité, leur nouvelle nation, depuis les années soixante, dans la terreur et l'oppression. Cette phase nationaliste devant consolider leur nouvelle Nation a produit au bout du compte des problèmes nationalitaires, des questions identitaires en passe de disloquer les pays créés de toutes pièces par la colonisation. En effet, ne pouvant être que des dictatures, les régimes de ces États ont été obligés de jouer sur les oppositions identitaires des divers peuples qui composent chacun de ces pays. Ils ont perverti le sens de la démocratie en mettant en compétitions électorales non des idées et des programmes, mais des peuples. Or la démocratie n'a de sens qu'à l'intérieur d'une même identité, d'un même peuple. Ce type d'État, naturellement dictatorial, prolifère sur les surfaces du globe anciennement colonisées. Il est encore plus scandaleux quand il discrimine non pas des catégories sociales, mais des peuples sous sa botte, par racisme. Cela devient tout simplement un nouveau colonialisme, interne cette fois. C'est ce qui s'observe en Afrique et en Asie. L'Afghanistan et l'Irak ne retrouveront la paix et la stabilité que le jour où leurs peuples accèderont à la maîtrise de leur destin par voie de fédéralisme ou d'autonomies régionales. Croire que tous les peuples afghans formeront une nation en commençant par renier la leur, qui est identitaire, est une vue de l'esprit. Espérer que les Ivoiriens repartent à la case départ avant la séparation du Nord d'avec le Sud n'est pas réaliste. Le Soudan a commencé son démembrement. De premier pays d'Afrique en termes de superficie, il va bientôt en devenir un nain. Le Congo est un marais nationalitaire que le génocide rwandais n'en finit pas de secouer. Ces systèmes mènent inéluctablement vers des indépendances de ceux qui en subissent l'impérialisme. La phase actuelle de la mondialisation va monter davantage les exigences du changement pour porter toute la planète à des niveaux de performance politiques, économiques, philosophiques de plus en plus supérieurs. Les régimes qui ne sont pas en mesure de s'adapter vont tomber. L'Occident n'a pas à s'effrayer de ce réveil des peuples et des identités à leurs droits légitimes à la reconnaissance, la liberté et la démocratie. Comme une vieille usine technologiquement dépassée, il y a une phase pour le démantèlement de ses machines, une autre pour les remplacer et enfin, la formation du personnel pour son adaptation aux nouveaux postes et à leurs règles. Ce sera la même chose pour les pays dépassés par le temps et les besoins de leurs peuples aux visions du monde supérieures à celle de leur État.

On craint, ici et là, particulièrement dans le monde musulman, l'émergence de nouveaux Iran. Rien n'est moins sûr. L'Iran ne tient debout que par la terreur contre ses propres citoyens. L'aspiration à la liberté de ces derniers finira par triompher du carcan actuel et du régime des Mollahs. Leur ordre est déjà condamné. En se positionnant contre le monde de la liberté, de la chrétienté et de la judaïté, il s'isole et se fragilise de plus en plus. Le risque actuel dans les pays sur lesquels souffle le vent de liberté est un risque militaire. L'armée dans ces pays est le seul corps organisé qui a la tentation permanente de contrôler la société. C'est, dans un premier temps ce qui va se passer en Égypte et en Tunisie. Mais l'armée elle-même n'a pas de compétences politiques. Elle sera de nouveau obligée de sous-traiter la gouvernance par des femmes et des hommes de talent, à même de répondre aux défis de la marche de l'humanité. Quel que soit le régime militaire qui va prendre le pouvoir après les révolutions populaires ou nationales qui viennent d'avoir lieu, il sera contraint à céder de plus grands espaces de liberté à leur(s) peuple(s).

L'optimisme est de rigueur.

Mars 2011

11 septembre 2001 : La barbarie à l'assaut de la civilisation

Les attentats islamistes du 11 septembre 2001 ciblaient des symboles de l'Amérique. Ils étaient la barbarie à l'assaut de la civilisation. Cependant, c'étaient des actes de guerre dont les résultats se sont révélés, à terme, à l'opposé de ceux qu'en attendait leur commanditaire, Ben Laden. Celui-ci, en rêvant de jouer à David terrassant Goliath, n'aura réussi à incarner qu'un assassin qui, moins de dix ans plus tard, a logiquement expié ses crimes. La démarche, bien que d'apparence inédite, fut néanmoins un patchwork de techniques déjà éprouvées : piraterie aérienne, prise d'otages et kamikazes transformant des avions en projectiles. Le tout était aux ordres d'un illuminé faisant de la mort du Juif et du Chrétien le moyen d'accéder aux vertes prairies du paradis d'Allah. Si l'indignation provoquée par ces attentats fut planétaire, dans les pays se réclamant de l'arabisme ou de l'islamisme, souvent des deux, les admirateurs de Ben Laden ne cachèrent pas leur joie. En Algérie par exemple, à l'exception de la Kabylie où des manifestations de soutien à l'Amérique étaient organisées, la sympathie d'un pays nourri à la haine d'Israël et de l'Occident était acquise pour les auteurs de ces actes terroristes. Les objectifs escomptés furent donc momentanément atteints : 1) Toucher l'Amérique sur son propre territoire, dans sa chair et dans son âme. Montrer ainsi que les USA étaient vulnérables et à la merci du premier qui osait la défier. 2) Susciter dans les pays arabo-musulmans des vocations terroristes pour renforcer, voire massifier les réseaux d'Al-Qaïda.

Ces attentats devaient être un prélude à une nouvelle guerre mondiale dans laquelle seul l'un des camps, celui des potentielles victimes, en l'occurrence le monde judéo-chrétien, était à découvert. L'ennemi se croyait d'autant plus à l'abri de représailles que toute riposte était problématique face à un belligérant invisible, presque inidentifiable. La guerre n'est plus conventionnelle. Elle n'oppose plus des États et des armées classiques. Ce n'est pas non plus un maquis de libération nationale ou de dissidence interne. Dans le cas d'Al Qaeda, il n'y a pas d'État, il n'y a pas de territoire qui lui soit propre. C'est une organisation d'un type nouveau semant l'horreur sur toute la surface du globe, et ciblant des lieux, des fois sans relation avec les intérêts américains.

La chute des Twin Towers au lieu d'être la défaite de l'Amérique a été sa résurrection. Sa cohésion interne en a été renforcée et son statut de victime lui a attiré la sympathie, y compris d'un monde qui, jusque-là, lui était hostile. La chute du World Trade Center fut en réalité celle d'un laxisme américain à l'égard des foyers développant la haine à l'encontre des USA, d'Israël et des pays occidentaux. La riposte fut d'abord chaotique. Mais bientôt, tirant les enseignements de l'ère Bush et de ses premiers tâtonnements, les États-Unis en collaboration avec le Royaume-Uni et la France trouvèrent la parade : faire tomber par leurs propres peuples des régimes dictatoriaux où les foyers de culture terroriste étaient entretenus, plus ou moins avérés. La Tunisie n'en était qu'un banc d'essai. Le refus jusqu'au bout d'une intervention au sol en Libye montre combien les cas afghan et irakien avaient servi de leçon. Dès le départ, les USA, dont le crédo est la liberté, savaient que la meilleure parade à la menace islamiste internationale était la démocratie. Les cas afghan et irakien ont juste montré que celle-ci n'allait pas avec une invasion militaire. C'est, du moins, l'une des exigences actuelles de l'histoire de l'humanité.

On le voit, les conséquences des attentats du 11 septembre 2001 sont celles d'un redémarrage du processus de la mondialisation de la démocratie. Contré pendant quelques décennies par la guerre froide au lendemain des indépendances des pays anciennement colonisés, il reprend difficilement après la chute du Mur de Berlin. Ce n'est qu'en 2011 qu'il redémarre, tant bien que mal. L'espoir fait l'Histoire. Il n'y aura de fin de l'Histoire qu'après la fin de l'humanité. Les peuples souffrant de frontières arbitrairement dessinées par la colonisation sont aujourd'hui le plus grand potentiel sur lequel devrait s'appuyer ce nouveau départ vers un monde de liberté, d'humanité et de démocratie. En réalité, c'est un nouveau processus qui devrait s'enclencher sous nos yeux, celui de l'universalisation des valeurs les plus saines de l'humanité, malmenées quelque peu par les actes de Durban II. Aujourd'hui, tout comme hier, le peuple kabyle entend peser de tout son poids, même s'il est plus que modeste, pour accomplir la part de mission que l'Histoire de l'Humanité lui assigne de nouveau. Toujours courageux et lucide, il œuvrera, en accédant à un statut majeur, à la paix, la stabilité et la fraternité entre les peuples et les continents. Sa mission est d'abord en Algérie où il aura à montrer la voie de la liberté et de l'affirmation de sa dignité, ensuite en Afrique du Nord où il sera le ciment de la paix entre les peuples, un acteur indispensable pour la modération et l'intercompréhension autour de lui. Le Gouvernement Provisoire Kabyle en exil, mis sur pied depuis le 1er juin 2010, réitère la condamnation des attentats du 11 septembre 2001 et réaffirme le soutien de la Kabylie aux côtés des démocraties majeures, au premier rang desquelles il y a les États Unis d'Amérique.

Paris, le 10 septembre 2011

L'Europe et les « printemps arabes »

Mas aselway, agraw n leqder, azul d aqvayli.

Les espoirs de changement politique suscités par les révolutions dites « arabes » à partir de décembre 2010 ont, un an plus tard, cédé la place sinon à l'inquiétude et la désillusion, du moins à l'interrogation. Le monde occidental en général et l'Europe en particulier, sont plus que jamais en quête de clés leur permettant de comprendre les dynamiques sociopolitiques et culturelles à l'œuvre dans cette zone géopolitique allant du Maroc à la Syrie, englobant au moins deux civilisations, arabe à l'est et amazighe à l'ouest. Ce questionnement serait dicté par le besoin d'anticiper les impacts que ces turbulences ne manqueront pas d'avoir sur le monde de la liberté et les relations internationales. Il nous semble qu'il serait sage que cette démarche, rationnelle dans l'absolu, ne passe par un prisme déformant : le conflit arabo-israélien. En effet, surdimensionné et surmédiatisé depuis plus de 50 ans, celui-ci provoquerait ce phénomène de fixation sur un point particulier aux allures d'œillères, nuisible à une réalité plus complexe et plus mouvante qui, en étant mal appréhendée, déboussolerait les états-majors censés disposer d'une riposte appropriée face à n'importe quelle éventualité. La géopolitique moyen-orientale était dans une bulle qui se résumait à une déstabilisation permanente d'Israël par les régimes arabes qui l'entourent et qui, de génération en génération, fortifiaient leurs fondations et leur stabilité sur leur opposition à l'existence de l'État juif. L'antisionisme sacralisé, voire sanctifié au nom de l'islam, était pour eux, leur meilleure assurance-vie contre les aspirations de leurs peuples à la démocratie. Pour dormir sur leurs lauriers, ces régimes diffusaient quotidiennement des tonnes d'islam enkysté de haine envers l'État hébreu et le monde chrétien qui le soutient.

Le conflit est ainsi resté insoluble

Les séismes politiques ayant ébranlé ces régimes avaient donc logiquement suscité de l'intérêt. L'espoir que le monde connaisse un début d'apaisement des tensions dans cette partie de la planète eut pour effet du côté du monde occidental de soutenir les efforts des populations pour la chute des régimes incriminés. Mais voilà que des ruines du despotisme oriental émerge l'islamisme au lieu et place de la liberté et de la démocratie qu'on attendait. Hélas ! On ne récolte que ce que l'on sème. Les régimes déchus et ceux en voie de l'être, longtemps soutenus par l'Occident pour les besoins de la guerre froide, ne peuvent générer d'alternatives démocratiques que chez de rares élites occidentalisées et sans prise sur le réel. La rue « arabe » mondialisée par la technologie moderne aspire au pouvoir non pas au nom de la liberté, mais de l'idéologie qui l'a tant bercée : l'islamisme. En prenant conscience de son pouvoir, cette rue entre violemment en compétition avec ses dirigeants pour leur disputer le leadership de cet islamisme. Elle estime qu'elle est plus compétente que ses autorités pour en finir avec Israël contre lequel elle a toujours été dressée. Le ver était déjà dans le fruit depuis longtemps. L'islamisme est une sorte de chrysalide, une phase incontournable dans la transformation des sociétés musulmanes en général et arabes en particulier, mais dont personne ne peut prédire la durée. D'aucuns pourraient être tentés de penser que l'arrivée des islamistes à la gestion des affaires pourrait les assagir, et à terme en résorber le phénomène. À l'appui d'une telle hypothèse, on prend volontiers l'exemple turc et on occulte le modèle iranien qui semble mieux correspondre à la rue islamiste en mouvement dans les pays de ces drôles de « printemps arabes ». Le phénomène est donc à surveiller de très près. N'oublions pas que son ressort essentiel et son objectif immédiat est le démantèlement de l'État d'Israël d'abord, la liquéfaction des sociétés occidentales ensuite, en les gangrénant de l'intérieur par le phénomène migratoire et son arrosage idéologique par les satellites télévisuels. Pour juguler cette gigantesque menace, l'intransigeance de l'Occident sur les valeurs universelles doit être de règle. Toutefois, pour en venir à bout, et au-delà du soutien qu'il y a lieu d'apporter aux organisations réellement démocrates, un changement de vision globale sur le monde dessiné par la colonisation est indispensable. Il faut sortir du Moyen-Orient pour mieux en appréhender les solutions.

En effet, en s'extirpant du conflit moyen-oriental et en prenant du recul, on découvre que ce qui est historiquement à l'œuvre est en réalité l'agonie de l'État postcolonial et non la montée islamiste qui n'en est qu'un épiphénomène limité aux pays dits musulmans. Car, il n'y a pas que dans les pays dits « arabes » que des changements politiques structurels profonds sont en train d'opérer. C'est le même processus qui est observé en Afghanistan, en Thaïlande, au Cachemire, au Kazakhstan, Kenya, Congo, Côte d'Ivoire, Mali, Philippines, en Somalie et en Algérie... La liste est très longue et concerne plus de la moitié des pays faisant partie de l'ONU. Ils sont tous incapables, sous leur forme étatique coloniale, de se stabiliser. Il est même trop tard pour eux de se viabiliser. Ils sont déjà en fin de vie. La mondialisation qui a repris ses droits à partir de la chute du Mur de Berlin a pour vocation de réunifier les peuples divisés par la force (Allemagne) et séparer ceux qui ont été regroupés par la même voie (Tchécoslovaquie, Yougoslavie). Pour s'en persuader, reprenons les éléments du décor.

La colonisation a fondé la mondialisation. Son objectif après l'intégration de toute la planète dans le système marchand européen était de créer des entités étatiques en mesure d'assurer une gestion plus aisée de ces territoires immenses et lointains, jusque-là inconnus. La décolonisation qui s'en est suivie était piégée par le tracé bâclé des frontières qui n'a nullement tenu compte de la réalité des peuples appelés à donner consistance aux pays ainsi créés. Aussi, des peuples comme les Kurdes, les Touaregs, les Pachtounes ou les Songhaïs ont été purement et simplement effacés de la carte du globe et se retrouvent par tronçons éparpillés sur des entités nationales qui les minorisent et les discriminent ou les mettent en rivalité de leadership politique national avec d'autres peuples. Au bout de 50 ans, la coupe est pleine.

En fait, il ne suffisait pas de créer un État pour qu'il génère sa nation. C'est cette incapacité à être un État-nation qui a mis à mort l'État postcolonial. Pourquoi ? Tout simplement parce que la mondialisation a un besoin vital de démocratie et que lui ne peut vivre qu'en dictature qui lui est consubstantielle. C'est sa nature même qui entre en conflit avec la mondialisation qui va le balayer.

Par ailleurs, la plupart des pays créés par la colonisation sont minés par le pluralisme identitaire de ses peuples. La meilleure solution, y compris contre l'islamisme dru et compact émergeant de ces « printemps « arabes », est de restituer à chaque peuple nié dans les pays où il sévit, le droit à sa reconnaissance et à la maitrise de son destin. L'investissement de chaque peuple dans la gestion de ses affaires aura des effets bénéfiques pour toute la planète : la diversification des acteurs démultiplie leurs intérêts. L'émulation entre voisins pour le développement favorisera la poursuite des intérêts particuliers à chacun d'entre eux, surtout en recréant le rêve de se réaliser sur sa terre et au profit de sa nation. L'immigration se raréfie et les convergences d'intérêts regrouperont par zones géographiques les peuples, non pas par la violence, mais sur la base de leurs intérêts bien négociés et loin de la haine qu'ils entretenaient entre eux. Actuellement l'islamisme surfe sur la négation des identités des peuples qu'il gangrène. Il suffirait que chacun d'entre eux reprenne conscience de son identité pour que la question religieuse redevienne ce qu'elle n'aurait jamais dû cesser d'être, une affaire privée.

L'exemple de la Kabylie est à ce titre édifiant. Ayant investi, depuis l'indépendance de l'Algérie, dans la quête de la maîtrise de son destin par elle-même, elle a échappé au raz de marée islamiste qui n'a fait qu'une bouchée de l'Algérie à partir de 1991. C'est à ce titre qu'il serait invraisemblable que le peuple de l'Azawad qui s'est rebellé au moins tous les 10 ans depuis l'indépendance du Mali contre Bamako trouve aujourd'hui dans l'AQMI ou le phénomène islamiste un quelconque ressort de son indépendance qu'il vient de proclamer. Le soutenir est aussi une manière pour le monde occidental de ne pas le jeter dans les bras de l'islamisme. Le monde occidental devrait se donner pour règle d'or d'accompagner les peuples qui s'éveillent à la vie en invitant les États qui les oppriment à négocier avec eux des formes d'autonomies régionales à l'espagnole ou de fédéralisme.

S'opposer à la marche de ces peuples vers leur liberté reviendrait à s'aliéner leur amitié pour très longtemps, sans pour autant les empêcher d'accéder, à la manière du sud Soudan ou de l'Azawad, à leur indépendance. Il est par ailleurs inconcevable que le monde de la liberté soit contre celle-ci, ou bien qu'il prenne le risque d'un génocide contre un peuple pour défendre l'intégrité territoriale d'une dictature. Le monde change en permanence. L'Occident est, lui aussi, en devoir de s'adapter au changement.

Madrid, le 25 avril 2012

Azawad : lettre ouverte à la communauté internationale (Secrétaire Général de l'ONU, membres du Conseil de Sécurité de l'ONU, Union européenne)

Monsieur le Président,

La proclamation d'indépendance de l'Azawad (Nord du Mali) par le MNLA, le 6 avril 2012 mérite, sinon d'être reconnue par la communauté internationale, du moins de ne pas la rejeter.

Le principe de l'intangibilité des frontières héritées de la colonisation a vécu. Il a été brandi à tort, des décennies durant, contre les peuples muselés et niés dans leur existence au nom d'une stabilité internationale qui n'a jamais totalement existé. Le temps est venu de le mettre au musée des États pour ouvrir les portes de la vie et de la liberté aux peuples qui en sont privés jusqu'ici. Il y va de la paix dans les pays décolonisés il y a 50 ans. Dans tous les cas, soit la communauté internationale consent à cette perspective, soit elle se fera barbare et cruelle en foulant aux pieds les valeurs les plus sacrées de l'humanité en livrant des peuples entiers à leurs bourreaux qui s'adonnent à la répression et l'effusions de sang, aux crimes contre l'humanité. Une telle posture, contraire au droit et à la liberté est inconcevable de nos jours. Les frontières coloniales sont de véritables bombes à retardement qui vont faire voler en éclats tous les pays qu'elles ont dessinés. Parce qu'elles ont été tracées contre la volonté de tous leurs peuples, qu'elles délimitent des espaces où seules des dictatures peuvent prospérer, il y a urgence à liquider les dogmes d'une époque révolue, celle de l'héritage colonial et du XXe Siècle, pour que l'humanité entre enfin de plain-pied dans la modernité du nouveau millénaire. Pour se prononcer sur l'indépendance de l'Azawad, il y a lieu de répondre à ces quelques questions.

1. Dans ces pays où les États sont opposés aux peuples, faut-il sauver les peuples contre leurs États ou sauver les États contre leurs peuples ?

2. Doit-on sacraliser les frontières des pays ou le droit des peuples à vivre en liberté ?

3. Peut-on se réclamer des valeurs de liberté et de démocratie pour son peuple et les refuser pour d'autres peuples ?

Parce que le droit des peuples à disposer d'eux-mêmes est supérieur à tous les autres, le peuple azawadien a le droit de proclamer son indépendance. Si un référendum n'a pu jusqu'ici avoir lieu, c'est parce que le pouvoir malien n'a jamais voulu en entendre parler. Dans le même ordre d'idées, faudra-t-il attendre que la Kabylie devienne violente, à son tour, pour se rendre compte que son combat pacifique pour son autodétermination n'a jamais été pris en compte ni par l'Algérie ni par la communauté internationale ? C'est pour toutes ces raisons que je vous demande de surseoir à tout rejet de cette proclamation en attendant que vous puissiez organiser sous votre autorité et en collaboration avec le MNLA et le pouvoir malien, un référendum d'autodétermination dans l'Azawad.

Respectueusement.

Paris, le 12 avril 2012

La révolution du coronavirus et sa lueur d'espoir

Dans sa vision des choses, l'auteur croit en la possibilité d'une reconfiguration géopolitique du monde, à l'ombre de la pandémie. Il plaide dans ce texte qu'elle se fasse en faveur du droit des peuples à disposer d'eux-mêmes.

En mars 2020, contre toute attente, l'ordre mondial s'est écroulé. Bâti sur les ruines du féodalisme, il avait connu son extension à l'ensemble des continents par la colonisation et s'était fortifié à travers des institutions internationales politiques, économiques et financières. Il avait pour moteur la rivalité entre grandes puissances militaires pour la domination du monde. Ceci a favorisé la course aux armements par le biais, entre autres, de l'innovation technologique.

Sauve-qui-peut et chacun pour soi

Une matière, invisible à l'œil nu, a eu raison de tout l'édifice qui s'est effondré comme un château de cartes. Un tsunami pandémique en a eu raison. En l'espace de quelques semaines il ne reste ni ONU, ni Europe ni une quelconque organisation régionale crédible. Le sauve-qui-peut et le « chacun pour soi » se sont emparés de tous les gouvernants qui ont tordu le cou à la notion d'alliances et de coopération internationale. Les stratèges militaires qui, jusque-là, n'incitaient leurs dirigeants qu'à (se) préparer des guerres, se surarmer pour dissuader d'éventuels adversaires contre des attaques ou des résistances se retrouvent devant un ennemi aussi inconnu qu'inattendu. L'arrogance de la puissance fait place à la panique générale qui aveugle les dirigeants devenus, en l'espace de quelques semaines, davantage soucieux de ne pas perdre la face devant leurs futurs électeurs que d'organiser une véritable riposte à la hauteur du défi pandémique. Sur le plan économique et financier, la folie de la surconsommation retombe du jour au lendemain, et devant la surabondance de gadgets à écouler à travers le monde, tous les États se retrouvent confrontés à une pénurie de masques, de blouses et une absence de médicaments et de traitements pour faire face à la maladie du coronavirus.

Révolution des mœurs

Exprimée plus poétiquement par « le monde devenu village », la mondialisation, censée ignorer les frontières des peuples et des nations, s'est vue brutalement freinée par le repli sur lui-même de chacun de ses pays promoteurs. Du coup, les États vassaux, en réalité esclaves, créés par la colonisation, se voient abandonnés à leur sort. Londres et Paris ne peuvent plus s'occuper du Commonwealth et de l'empire français en Afrique.

Les transformations sociales, que des réformes sociopolitiques et administratives n'arrivaient pas à imposer (télétravail, télécommerce, téléscolarité, télémédecine...), sont en passe de se réaliser par la menace du Covid-19. De nouvelles mœurs, de nouveaux comportements et de nouveaux modes de penser et d'agir commencent à s'installer. La pollution, contre laquelle aucun consensus international n'était possible jusque-là, du fait d'un paradigme économique devenu incontrôlable, est stoppée net depuis début mars 2020. Ni avions, ni voitures, ni usines ne déversent leurs fumées dans l'air. Les bateaux sont contraints de laisser en paix les mers et les océans. Comme s'ils en étaient le pendant, l'émigration du sud vers le nord s'est évanouie et le pétrole ne vaut plus grand-chose.

Un monde nouveau... sur quelles bases ?

Une révolution s'est brusquement imposée pour faire passer l'humanité d'un âge des puissances militaires et économiques vers celui d'un monde nouveau aux contours encore trop flous. Rien ne garantit qu'il puisse être meilleur, mais cette crise mondiale interpelle sur ce qu'est l'humanité, ses civilisations et ses choix d'organisation. La réflexion, qui mérite d'être engagée aujourd'hui, est de savoir sur quelles nouvelles bases on va reconstruire une humanité politique solidaire, respectueuse autant des droits des peuples que de leur diversité et de leurs richesses immatérielles ; respectueuse autant des communautés et des individus que de la nature, de la faune et de la flore. D'ailleurs, plutôt que de vivre sous la menace de nouvelles guerres entre nations, idéologies ou religions, ne serait-il pas le moment de réfléchir aux scénarios catastrophes aussi bien d'origines naturelles qu'humaines ? Cette pandémie du coronavirus ne serait-elle pas une sorte de répétition générale pour de funestes spectacles plus terribles les uns que les autres appelés à déferler sur notre Terre ? Peut-on se poser la question de savoir à quoi servirait tout l'or du monde en cas d'une météorite frappant de plein fouet notre planète ; de la fonte brutale des glaces polaires et des tornades et autres cyclones continentaux ?

Fermeture des frontières

Ce qu'il ne faut absolument pas refaire est de réfléchir avec les mêmes idées qui ont mené à l'effondrement général actuel. La philosophie doit reprendre ses droits et ses investigations tout en poursuivant la recherche scientifique et l'innovation technologique orientées vers le bien-être général de l'humanité, de la planète, des peuples, des espèces et des individus.

Aujourd'hui, peut-on mettre fin à l'injustice qui frappe des centaines de peuples auxquels on interdit l'existence par la loi du plus fort ? Si l'on parle difficilement de la Catalogne, de l'Écosse, du Québec en Occident, des Kurdes, on oublie complaisamment les Kabyles, le Darfour, les Baloutches... Les peuples d'Afrique et d'Asie auxquels l'ordre mondial qui vient de s'écrouler avait fermé la porte au nez doivent désormais se prendre en charge et ne compter que sur eux-mêmes, leurs ressources et leurs solidarités. Les pays occidentaux ne pourront pas rouvrir leurs frontières, pendant plusieurs années, sans risquer le retour sur leur territoire de la pandémie. Et leurs économies, fortement endommagées, ne seront plus en mesure d'apporter à l'Afrique et à l'Asie, les sempiternels « cautères sur des jambes de bois ».

Vers de vraies nations

La catastrophe humanitaire, dont on peut redouter l'impact important sur les populations démunies des pays dits sous-développés, peut catalyser l'émergence de vraies nations, dont la Kabylie, capables de s'organiser harmonieusement au détriment des États postcoloniaux comme je l'ai annoncé en 2010, dans mon livre *Le Siècle identitaire* (Michalon, 2010). C'est, là, l'une des conditions essentielles pour parvenir, demain, à un monde de paix, de liberté, de prospérité et de justice que l'humanité appelle tant depuis toujours.

La réflexion doit s'engager sur le nouveau modèle politique mondial à substituer à celui qui s'écroule sous nos yeux. Changer de paradigme est désormais vital. Le capitalisme est à dépasser par de nouveaux rapports sociaux plus apaisés et plus consentis par tous.

Pour le moment, personne n'en détient la recette miracle et c'est de l'effort collectif de réflexion que des solutions vont voir le jour. Aux XVIIIe et XIXe siècles, l'intelligentsia européenne, confrontée à l'agonie de l'ordre féodal, réfléchissait aux possibles modèles de substitution. Nous voici devant la fin de l'ordre capitaliste à remplacer, il faut l'espérer, par un ordre humaniste, basé sur le respect de l'être humain et de la nature auxquels la recherche scientifique et l'innovation technologique doivent être exclusivement dédiées.

Ce sera, déjà, dans ce contexte mondial inédit et tragique, une petite lueur d'espoir qu'il nous appartient d'entretenir et de répandre.

Causeur, le 14 avril 2020

Table des matières

Achevé d'imprimer par Corlet - 14110 Condé-en-Normandie
N° d'Imprimeur : 1466265 - Avril 2025 - Imprimé en France